리얼시리즈 6

죽음을 경험한 사람들

죽음 가까이에서 우리가 느낀 것들

우경하
임철홍
나경아
김나영
송대익
최은희
박선희
강승민
문영미
남규민
최순남
임해숙
최송실
이숙희
정남희
이대강
우정희

도서출판 등

리얼스토리 6

죽음을 경험한 사람들

죽음을 경험한 사람들 : 리얼시리즈 6

초판1쇄 발행 · 2022년 8월 5일 발행

지 은 이 · 우경하 임철홍 나경아 김나영 송대익 최은희 박선희 강승민 문영미
　　　　 남규민 최순남 임해숙 최송실 이숙희 정남회 이대강 우정희
펴 낸 이 · 유정숙
펴 낸 곳 · 도서출판 등
총괄기획 · 우경하
관　　리 · 류권호
디 자 인 · 김현숙
편　　집 · 김은미, 이성덕

주　　소 · 서울시 노원구 덕릉로 127길 10-18
전　　화 · 02.3391.7733
이 메 일 · socs25@hanmail.net
홈페이지 · dngbooks.co.kr

정 가 · 18,000원

■ 이 책은 저작권법에 따라 보호받는 저작물이므로 무단 전재와 무단 복제를 금합니다.
■ 이 책의 전부 또는 일부를 이용하려면 저자와 도서출판 〈등〉의 동의를 받아야 합니다.

| 프롤로그 |

한 번뿐인 인생, 가장 찬란한 햇빛으로

30대 후반의 나이에 찾아온 심한 우울증으로 죽음을 크게 생각한 경험이 있다. 감사하게도 우울증은 치유되었고 나는 새로운 사람이 되었다. 살아있음에 감사와 소중함을 느끼게 되었고 실행력이 매우 좋은 사람이 되었다. 이런 경험으로 내일 죽어도 후회 없는 인생을 살아야겠다고 결심했다. 내 경험과 깨달음을 세상에 전하고 싶었다. 이것이 내가 할 일이라고 믿는다.

나와 비슷한 경험이 있는 다른 사람들의 사연도 궁금했다. 어떤 경험이 있고 무엇을 느꼈는지, 사람들에게 어떤 메시지를 전하고 싶은지 들어보고 싶었다. 그를 통해 공통된 삶의 핵심 원리를 찾고 싶었다. 참여를 원하는 작가님들과 통화를 하면서 어떤 사연들이 있는지 묻고 들었다. 모두 일반적이지 않은 사연들이었고 감정이 이입되어 가슴이 아프기도 했다. 그러다 이런 일들이 우리의 현실이고 삶의 한 부분이라고 스스로 위안 삼아보았다. 모두에게 죽음은 현실임을 인정하게 되었다.

인생에서 확실한 것은 모두가 언젠가는 반드시 죽는다는 것이고 언제 죽을지는 아무도 모른다는 것이다. 이 사실은 우리에게 한 번뿐인 인생을 어떻게 살아야 하는지 생각해 보게 한다. 주변을 보면 인생에서 주어진 삶의 시간은 서로 다르다. 긴 생을 사는 사람도 있고 짧은 생을 사는 사람도 있다. 이것 또한 삶이 주는 운명이라는 생각이 든다.

일어나는 모든 일에는 이유가 있고 원인이 있다. 우리에게 이런 경험이 온 이유도 그러하다. 나는 우리에서 어떤 깨달음을 주기 위함이라고 생각한다. 그리고 그 깨달음과 지혜를 세상에 전하는 것이 우리의 역할이라고 생각한다. 우리가 이 책을 통해 전하고 싶은 내용은 삶과 죽음에 대한 이야기다. 우리의 이야기가 세상의 빛이 되길 바라는 마음으로 우리의 리얼한 죽음 이야기를 시작한다.

나연구소 & NA그룹 우경하 대표

| 추천의 글 |

이소희
계명대학교 교육대학원 국어교육 전공, 교육경력 10년, 한국작가협회 임원, 저서: 공저 종이책 『우리 엄마』, 『내 인생을 바꾼 사람들』, 전자책 『엄마라는 이름』, 출판 예정 『수상한 비밀일기』, 전화: 010-2511-6601, 메일: surryhi@naver.com

찬란한 오늘의 행복을 위해서

17년 전 엄마와 이별을 하며 내 삶의 첫 죽음을 경험했다. 늘 곁에 있어 소중한 줄 몰랐던 엄마와 이별을 할 수 있다는 사실은 돌아가시고도 한참이나 지나 실감할 수 있었다. 한동안 멀리 여행을 간 것이라 믿고 싶을 만큼 더 이상 곁에 엄마가 없다는 사실은 받아들일 수 없는 슬픔이었다. 죽음이 주는 무게는 꽤 오랫동안 슬펐다.

몇 년 전 보험 설계사님이 권유에 유언장 적기 체험을 해본 적이 있었다. 가벼운 마음으로 시작했던 유언장 적기는 결국 눈물을 쏟으며 끝이 났다. 늘 정신적인 지지를 보내주는 남편과 우리 아이들에게 마지막임을 알리고 그동안 행복했던 일들을 적는 순간, 특히 아이들과 함께 한 내 삶이 '죽음'이라는 단어로 맺음을 짓는다는 상상은 주체할 수 없이 눈물이 쏟아지게 했다. 그러고는 정말 마지막이 오는 그 순간까지 최선을 다해 가족들과 진심으로 사랑과 행복으로 충만한 하루하루를 보내야겠다는 다짐을 했던 기억이 난다.

'죽음은 우리 모두의 숙명이다. 아무도 피할 수 없다. 왜냐하면 삶이 만든 최고의 발명품이 죽음이기 때문이다.' 스티브 잡스가 스탠퍼드 대학 졸업식에서 한 말이다. 죽음이라는 것은 누구나 한번은 겪어야 하는 피할 수 없는 사실임을 강조하고 싶었던 잡스의 마음일 것이다.

우경하 대표님과 함께 진행한 공저가 어느덧 세 번째로 접어든다. 공저를 통해 작가님의 글로 죽음과 다시 한번 만나게 되었다. 특히 죽음을 가까이하며 감당해야 했던 마음의 상처, 우울증으로 주체할 수 없었던 날들, 인생의 밑바닥과 직면해야 했던 작가님들의 경험들과 마주하면서 마음이 아렸다. 하지만 작가님들의 글에선 죽음은 그저 슬픔으로 끝나지 않았다. 마치 바다를 찍으면 튀어 오를 수밖에 없는 공처럼 슬픔을 겪은 작가님들은 행복으로 나아가고 있다. 작가님들의 글을 함께하며 느낀 점은 죽음의 문, 그 뒤에는 반드시 행복으로 충만한 삶이 기다리고 있다는 것이다.

죽음! 그 단어는 무겁기도 하지만 또한 그 무게감은 우리가 다른 관점으로 삶을 바라볼 수 있는 생각의 변화를 가져다주기도 한다. 죽음이 다가온다면 그 어떤 일도 잠시 내려놓은 채 무엇을 해야 할지 스스로 깨닫게 될 것이다. 바로 찬란한 행복을 위해 오늘도 열심히 삶을 살아내는 그것만이 죽음이 우리에게 주는 진정한 의미라 생각한다. 마지막으로 독자님들에게 이 책과 함께 진정 행복한 오늘이 함께 하기를 진심으로 바라본다.

목차

프롤로그 6 ｜ 추천사 8 ｜ 에필로그 318 ｜

우경하 내일 죽어도 후회 없는 인생을 사는 사람　　　14
　　　　나에게 죽음은 공포였다
　　　　내 주변의 죽음들
　　　　백 년도 살지 못하는 우리 인생
　　　　내 미친 실행력의 비결
　　　　죽음 때문에 죽음 덕분에
　　　　내일 죽어도 후회 없는 인생

임철홍 죽음 가까이 가보니　　　33
　　　　4년 동안 2번의 죽음을 마주하다
　　　　죽음 앞에 나타난 2명의 귀인
　　　　빛나는 인생을 사는 것
　　　　죽음 앞에 마주한 인생 최고의 선물은?
　　　　아까운 인생

나경아 우리는 모두 행복해질 권리가 있다　　　49
　　　　죽음을 생각하다
　　　　조금은 다른 어린 시절, 그리고 상처
　　　　우리는 모두 행복해질 권리가 있다

김나영 죽음-그 화려한 부활　　　67
　　　　죽음이라는 사신
　　　　가족의 죽음이 남긴 것
　　　　넘어져도 다시 일어나다
　　　　죽음과 동행하는 법
　　　　죽음 그 화려한 부활을 위해
　　　　남겨진 자들을 위한 노래

송대익 죽음, 당할 것인가? 맞이할 것인가?   85
　　　죽음 경험과 웰다잉과의 만남
　　　죽음 맞이하기
　　　죽음 인식
　　　웰빙, 웰에이징, 웰다잉
　　　죽음의 의미와 사람들에게 하고 싶은 말

최은희 죽음에서 내 삶의 목표를 찾다   101
　　　일곱 살에 죽음의 문턱까지
　　　가족의 죽음
　　　우울증을 겪으며 생각한 죽음
　　　건강검진을 통해 돌아보게 된 나의 인생
　　　노력하는 인생의 가치
　　　하나님이 부르시는 그날까지 선한 영향력을 주는 삶

박선희 치매 아버지와 함께 한 수요일   119
　　　아버지가 사라졌어요
　　　아버지라는 이름의 불편한 동거
　　　아버지의 입원
　　　보이소, 나 좀 데려다 주소
　　　딸램아 내 데리고 어디든 가자
　　　죽음은 내게 용서를 가르쳤다

강승민 삶과 죽음, 그 사이에서 줄타기   139
　　　갑자기 찾아온 죽음의 그림자
　　　삶과 죽음, 그 사이에서 줄타기
　　　한 발자국 가면 삶, 한 발자국 가면 죽음
　　　감사하는 삶
　　　죽음과 동행하는 삶
　　　호랑이는 죽어서 가죽을 남기고, 사람은 죽어서 이름을 남긴다!

| 문영미 | 죽음을 마주보다 | 155 |

처음(서류상의 죽음)
놀람(죽음을 처음 보다)
슬픈 이별(따라온 죽음)
심각한 오류
나에게
죽음과 마주보다

| 남규민 | 지금 죽어도 괜찮으세요? | 173 |

이른 죽음 연습
처음이라 서툴렀던 이별
두 번째도 슬픔은 없었다
죽음 시그널
죽는다는 것은 기억이다
지금 죽어도 괜찮으세요?

| 최순남 | 인생의 막이 내릴 때 | 191 |

내가 생각하는 죽음
죽음에 대한 기억
내가 겪은 죽음의 고비
시아버님을 보내드리며

| 임해숙 | 어느 날 갑자기 | 209 |

원타임 대표
휴먼브랜드 공저
로드랜드 대학 치유학 박사
인체 리모델링 전문가
성공리더십/팔아야산다/시스템조직관리 강사
NLP/컬러도형 심리 테라피 전문가

| 최송실 | 죽음은 항상 나와 함께 | 227 |

죽음보다 더…
죽음 맛보기
저는 차라리 암을 선택할래요

관속에 들어가기 무서워요
평화로운 아버지의 죽음
죽음은 항상 나와 함께

이숙희 인생의 종착역 245
죽음의 의미
남동생의 죽음
남편의 갑작스러운 죽음
공원묘지 수난시대
이제는 정리해야 한다

정남희 삶이 치유다 263
나이 어린 스승의 3번 충고
2%의 부족함으로 만나게 되는 내면의 나
폐암 4기라는 이름의 시한폭탄
사람이 치유다
일일호시일 : 날마다 좋은 날
암은 삶의 위기였지만 나다움을 만나는 기회이자 기적

이대강 4번의 죽음이 가르쳐준 인생의 비밀 281
엄마의 가나 초콜릿
4번의 죽음이 알려준 인생의 중요한 비밀 4가지
죽어서도 사랑을 전할 수 있는 멋진 방법
당신 인생의 마지막 해피엔딩 장면은 무엇인가
사과 나무를 심을 것인가 vs 사람 나무를 심을 것인가

우정희 지금 죽어도 좋은 만큼 네가 사랑하는 삶을 살아! 299
죽음과도 같은 고통 이혼 : 한순간 사라져버린 존재, 나는 누구인가?
나의 죽음 경험
가족의 죽음 경험 : 아빠의 부재를 처음 느끼다
경제적 죽음 경험 : 다단계 코인 투자 사기
다양한 죽음 경험들
죽음 경험을 통해 성장한 것과 느낀 것

내일 죽어도
후회 없는 인생을 사는 사람
- 잘 죽는 법-

  15년간의 직장 생활을 마감하고 20년 4월 1일부터 1인 기업으로 사업을 시작했다. 모두의 '나'가 세상에서 가장 소중하다는 가치를 전하고자 〈나연구소〉를 설립했다. 하고 싶은 일들이 많아 끊임없이 시도하고 도전하며 나만의 길을 만들고 있다.
  좋아하는 사람들과 하고 싶은 일을 하고
  될 수 있는 최고의 내가 되어
  내일 죽어도 후회 없는 인생을 사는 꿈을 실천하고 있다.
  위대하고 거대한 나연구소 왕국을 건설하고 있다.

우경하 ●●●

- 직장 생활 15년, 2020년 4월 1일 1인 기업 시작
- NA 그룹 운영
- 소중한 나찾기 나연구소 대표
- 한국작가협회장
- 출판사 인생이변하는서점 대표
- 문학심리상담자 자격증 보유
- KAC 인증 코치 자격 보유(KAC 08761)
- 네이버 인물등재

이메일 dancewoo@naver.com
블로그 https://blog.naver.com/dancewoo
연락처 010-7533-3488

나에게 죽음은 공포였다

공포스러웠고 죽을 것 같았다. 평소의 내가 아니었다. 매일매일 마음속으로 살려달라고, 살고 싶다고 기도했다. 나도 내가 왜 이런지 알 수 없었다. 인지력과 기억력이 급격히 떨어졌다. 머리가 혼탁했고 바보가 된 느낌이었다. 그 영향으로 자신감과 자존감이 바닥으로 떨어졌다. 매일 해왔던 회사의 일상적인 업무도 낯설고 어렵게만 느껴졌다. 모든 일에 허둥대는 내 모습을 보며 '내가 왜 이러지?' 하는 의문과 두려움이 밀려왔다. 이런 내 모습이 무서웠다.

'무너졌다'는 표현이 생각났다. 30대 중반의 혈기왕성한 시기였고 다양한 사회생활과 인생 경험을 통해 나름대로 몸도 마음도 건강하다고 생각했기에 의아했다. 회사를 나가는 것도, 사람들을 만나는 것도 힘들고 어려웠다. 하루하루 버티는 것이 고역이었다. 회사에서 힘겹게 하루를 버티고 집에 오면 밥을 먹고 술을 마신 후 잠만 잤다. 아내에게 너무 힘들다고 매일 하소연했다. 주말에도 먹고 자기만 했다. 밖을 나갈 수가 없었다. 주말에 아내와 함께 시장에 갔는데 물건을 파는 상인들을 마주할 용기가 없어서 나는 아내 뒤에 숨었다. 나 자신이 너무도 한심했다. 아내와 아이들에게 미안했고 너무도 창피했다.

사촌 형이 갑자기 뇌출혈로 쓰러져 2년 넘게 몸 절반이 마비된 상태로 병원에 있는 모습을 보고 충격받은 일이 있었다. 그래서였을까? 나도 뇌에 이상이 있는 건 아닐까 하는 의문이 들었다. 그렇지 않다면 내 증상과 상황이 이해도, 설명도 되지 않았기 때문이다.

큰 병원 신경의학과에 갔다. 상담 후에 바로 CT를 찍었다. 다행이다 싶으면서도 이상한 점은 '이상 없음'이었다. 다음은 쌍문역에 있는 정신과 병원에서 상담을 받고 약을 처방받았다. 첫날부터 약 기운에 졸음이 쏟아졌다. 더이상 약을 먹지 않았다. 그 다음은 한의원에 가보았다. 원장님은 상담 후 과로와 스트레스 같다고 하시면서 한약을 한 재 지어 먹어보라고 하셨다. 한약도 큰 효과는 없었다.

그 당시 내가 생각하는 우울증의 원인은 스트레스와 과로였다. 회사에서 큰 프로젝트를 맡았는데 그 일이 나에게 벅찼다. 야근과 주말 근무도 이어졌다. 일도 힘든데다 미래까지 불안했다. 거기다 기름진 음식, 밀가루, 과자 등을 좋아하는 식습관과 운동 부족이 겹쳐 복합적이었다. 이런 일을 겪은 후 건강에 대한 관심도 높아졌다.

주변분들이 걱정하며 운동을 해보라고 권유했다. 자전거를 구입해서 집 근처에 있는 우이천을 달리기 시작했다. 시원한 바람을 맞으며 자전거를 타니 기분전환은 되었지만 크게 나아지지는 않았다. 답답하고 힘들었다. 그러다 동네 축제에서 우연히 단월드 회원들을 만나게 되었다. 무언가에 끌려 자리에 앉았다.

부원장님이 지압봉으로 머리와 손등을 눌러보더니 뭉친 곳이 많고 기운이 머리에 몰려있다고 했다. 내 증상과 상황을 설명하니 기점검을 해주겠다고 해서 다음날 바로 단월드 창동센터에 갔다. 원장님이 오셔서 정성스럽게 이곳저곳을 누르고 만져주면서 점검을 해주셨다. 에너지가 약하고 몸의 기운이 머리 쪽으로 많이 쏠려있다고 했다.

수련을 하면 좋아질 것이라는 말을 듣고, 바로 다음날부터 수련을 시작했다. 놀랍게도 단월드의 수련은 나와 잘 맞고 효과적이었다. 장운동, 발끝치기, 명상 등의 기체조를 매일 하다 보니 머리가 맑아지고 몸에 힘이 생겼다. 그리고 장이 제2의 뇌임을 알게 되었다. 장운동 위주의 수련을 통해 수승화강이 되었다. 두 달 정도 꾸준히 하다 보니 우울증도 점차 사라지고 집중력이 좋아졌다. 거기에 더해서 단월드에 있는 의식 성장 프로그램인 심성수련, PBM 등을 받으며 나는 다른 사람이 되어 있었다. 덕분에 우울증 이전보다 몸과 마음이 더 좋아졌다. 기운이 좋아지니 자신감도 생기고 일도 더 잘 되었다. 이런 경험을 통해 나는 많은 것을 깨달았다. 죽음이 현실임을 인정하게 되었고 살아있다는 것이 감사했다. 언제나 나 자신이 제일 소중하다는 사실과 시간은 유한하기에 죽기 전에 후회 없이 살아야겠다는 결심도 생겼다.

내 주변의 죽음들

내 나이 20살 때 아버지가 위암으로 돌아가셨다. 오래 못 살 것 같으니 병원으로 오라는 어머니의 전화를 받고 안동병원으로 내려갔다. 머리카락은 다 빠졌고 얼굴은 검게 물들어 있었다. 어떤 위로의 말도 제대로 건네지 못하고 따뜻하게 손 한번 잡아주지 못한 채 우물쭈물 있다가 병원을 나왔다. 그때를 생각하면 너무 후회된다.

그때 아버지의 나이가 46세였고, 어머니는 44세였으니 두 분 다 한창일 때였다. 젊은 나이에 죽음을 맞이하는 아버지의 마음과 죽어가는 사람을 옆에서 보고 남은 가족을 책임져야 하는 엄마의 심정이 어땠을까 …. 그때로 돌아간다면 두분의 손을 꼭 잡고 위로의 말을 전하고 싶다. 당시는 죽음이라는 말이 낯설었다. 무섭고, 두렵고, 생각도 하기 싫었다. 죽음을 생각하고 말하는 것조차 왠지 안 될 것 같고 불길한 일이라는 생각이 들었다.

고등학교 때 친구 몇 명이 죽었다. 그리고 아빠를 비롯해 할머니, 고모부, 작은할아버지 등도 돌아가셨다. TV에서도 여러 사건 사고들로 누군가가 죽었다는 이야기가 들렸지만 나에게는 동떨어진 남의 일처럼 느껴졌다.

죽음이 현실임을 인정한 뒤 내 삶은 많이 달라졌다. 다시 태어난 기분이었다. 그리고 겁이 사라져버린 듯한 느낌이었다. 세상에 죽음보다 더 큰 두려움과 고통은 없을 것인데 그것마저 인정하고 받아들인 사람이 무엇이 두려울까라는 마음이 들었다. 이런 경험과 생각들은 나에게 큰 깨달음을 주었다.

백 년도 살지 못하는 우리 인생

'백 년도 우린 살지 못하고 언젠가 헤어지지만 세상이 끝나도 후회 없도록 널 위해 살고 싶다' 내가 좋아하는 가수 김종환의 노래 〈백년의 약속〉 가사다.

몇 년 전 가족들과 제천으로 여름 휴가를 가는 차 안에서 이 노래가 흘러나왔다. 노래 가사가 평소와 다르게 내 마음에 들어왔고 갑자기 눈물이 핑 돌았다. 지금 내 옆에 있는 아내와 아이들도 언젠가는

다 죽고 헤어진다는 생각이 들어 갑자기 무섭고 두려워졌다. 서러움, 안타까움, 미안함 등의 감정이 올라왔다. 그리고 감사한 마음도 들었다.

그즈음 『죽기 전에 더 늦기 전에』라는 호스피스 병동 의사 선생님이 쓰신 책을 읽었다. 그분은 매일매일 죽는 사람을 가장 가까이에서 만난다. 저자는 '죽기 바로 전의 사람이 느끼는 감정은 공포와 두려움이 아니라 평화'라고 했다. 그리고 두렵고 무서운 것은 밝은 곳에 내어놓고 보라고 했다. 그럼 조금 덜 무섭다고, 죽음조차도.

죽음에는 다음의 5단계가 있다고 한다. 부정 – 분노 – 타협 – 우울 – 수용이다. 처음에는 죽음을 인정하지 않으려고 한다. 그 후 죽는다는 사실에 분노한다. 그러다 현실과 타협하게 되고 우울증에 빠진다.

마지막은 결국 죽음을 수용하게 된다고 한다. 대부분의 죽음이 예고 없이 오는 것이기에 이런 심적 변화를 거친다는 것이 매우 공감된다. 마지막은 역시 수용이다. 죽음을 인정하고 받아들이는 것이다. 인정하고 받아들이면 우리의 삶은 편안해진다. 죽음조차도 말이다.

우리의 인생에서 확실한 것 두 가지는 사람은 모두가 죽는다는 것과 언제 죽을지 모른다는 사실이다. 이런 현실을 직시하고 인정할 필요가 있다. 주변을 보면 죽음을 깊이 생각하고 인생을 사는 사람들은 삶에 대한 감사와 시간의 소중함을 더 크게 느끼고 이들은 삶을 다른 이들과 다르게 느낀다. 나 또한 죽음을 인지한 후 인생이 달라졌다. 주변에 보면 나이 드신 분들이 건강에 대해 더욱 관심을 가지고 운동도 더 열심히 하는 모습을 본다. 몸에 어떤 이상 신호가 올 때 우리는 더욱 운동을 열심히 하게 된다. 계기가 중요하다.

내 나이가 어느덧 43살이 되었다. 평균 수명이 80살이라고 봤을 때 절반을 살았다. 예전엔 40~50대가 되면 아주 어른이라고 생각했는데 내가 막상 이 나이가 되고 보니 그렇게 느껴지지 않는다.

요즘 60~70대의 나이에도 왕성하게 활동하는 분들을 보면 나이가 무색함을 느낀다. 나는 언제나 지금의 내 나이에 만족하고 행복하게 지낼 생각이다. 언제나 오늘이 내 생의 가장 젊은 날이다.

우리의 시간은 과거, 현재, 미래로 이어진다. 우리의 인생이 힘든 이유는 지금의 순간에 온전히 머물지 못하기 때문이다. 의식과 생각이 이미 지나가 버려서 지금은 존재하지 않는 과거에 머물면서 괴로워하고 후회하고 아직 오지 않은 미래의 시간을 걱정하기 때문이다. 죽음이 있기에 지금 이 시간에 온전히 머무는 것이 매우 소중하다.

내 미친 실행력의 비결

어느 순간 내 실행력은 매우 좋아졌다. 예전엔 전혀 그런 사람이 아니었다. 용기와 자신이 없어서 하고 싶은 일을 못하고 망설였고 후회했다. 하고 싶은 말을 못해서 늘 속만 태웠다. 자존감과 자신감이 매우 낮은 사람이었다. 그랬던 내가 지금은 자존감이 매우 높은 사람이 되었다. 여러 이유와 영향이 있지만 가장 큰 것을 꼽으라면 죽음을 경험하고 인정했기 때문이라고 말할 수 있다.

사람들이 죽기 전에 가장 많이 하는 후회는 '하고 싶은 것을 하지 못한 것에 대한 후회'라고 한다. 죽음이 현실임을 알았고 시간이 유한함을 몸으로 느꼈기에 죽을 때 후회 없는 인생을 살아야겠다고 선택하고 결심했다. 나는 인생의 목표 3가지를 세웠다.
첫째, 될 수 있는 최고의 내가 된다.
둘째, 하고 싶은 일만 하며 살고 좋아하는 사람만 만난다.
셋째, 내일 죽어도 후회 없는 인생을 산다.
내가 이런 목표를 세운 이유는 과거의 내가 이런 인생을 살지 못했기 때문이다. 나는 경상도 안동에서 장남으로 태어나 무거운 책임감과 왠지 모를 부담감을 늘 안고 살아왔다. 착한 사람, 좋은 사람 컴플렉스가 심했고 늘 남의 말을 잘 듣는 사람이 되야 한다고 배우고 자랐다. 내성적인 성격에 소심하고 나약해서 내 마음을 표현하지 못했다. 자주 가슴이 답답하고 무겁고 불편했다.

고향 안동에서 상경 후 직장생활을 15년 했다. 초반에는 일도 재미있고 성장하는 느낌이 들었는데 시간이 지날수록 내 삶은 내가 원하는 모습이 아니었다. 일이 힘들었고 재미가 없었다. 무엇보다 힘든 것은 성장하지 않는 내 모습이었다. 나는 열정이 식었다. 월급 때문에 수동적으로 일하는 내 모습을 보았고 한 달을 채우기 위해 귀한 시간을 낭비하고 있다는 생각이 들었다.

내 안의 무한한 잠재력과 가능성을 펼쳐 보고 싶다는 마음속의 외침을 들었다. 벗어나고 싶었다. 직장에서 만나는 사람들은 내가 선택한 사람들이 아닌 회사가 선택한 사람들이었다. 다양한 사람들이 모여 있다 보니 관계에 대한 스트레스도 심했다. 언제나 제일 힘든 건 일보다 사람이다. 직장 안의 사람들이 행복해 보이지 않았다. 나의 미래가 될 상사들의 삶이 불행해 보였고 그들처럼 되기 싫었다.

내 나이 41살에 용기 내어 퇴사했다. 회사에 다니면서 무자본창업, 1인 기업을 하는 사람들을 알게 되었다. 그들은 그동안 내가 만나왔던 사람들과 달랐다. 하고 싶을 일을 하며 살고 있었다. 삶과 배움에 열정이 있었고 모두가 긍정적이었다. 자신만의 경험과 강점을 살려 세상에 유익한 일을 하고 있었다. 그들이 부러웠고 그들처럼 되고 싶었다.

오랜 시간 직장 생활만 했기에 내가 잘할 수 있을까 하는 두려움이 올라왔다. 하지만 용기 내지 못하고 어영부영 시간을 보내버리고, 문득 이렇게 40대 중반이 된다면 난 무언가를 새롭게 시작할 용기가 더는 나지 않을 것 같았고 후회할 것 같았다. 아직 아이들이 어리고, 집에 들어갈 돈도 많고 아파트 대출금도 많이 남아 있었지만 나는 도전했다. 더 이상은 그렇게 살기 싫었다.

1인 기업가로 사업을 시작한 지 어느덧 3년 차가 되었다. 1년간은 퇴직금을 축내면서 지냈다. 들어오는 돈은 크지 않았고 가진 돈이 줄어들면서 마음이 불안하고 조급했다. 제대로 준비된 퇴사가 아니었기에 나에게는 모험이었다. 성장하기 위해 다양한 교육을 받고 많은 사람을 만났다. 나만의 콘텐츠를 찾기 위해 다양한 프로그램을 만들고 시행착오를 거쳤다. 그러다 보니 이제는 어느 정도 나만의 콘텐츠가 만들어졌고 사업도 안정화되었다. 이럴 수 있는 바탕에는 '시간의 유한성과 죽음'을 생각했기에 가능했다. 완벽해지려는 마음을 버리고 해보고 싶은 것은 망설임 없이 미루지 않고 바로 했다. 그러다 보니 성과와 결과물이 잘 나왔고 나는 폭발적으로 성장했다. 요즘은 주변에서 실행력과 추진력이 좋다는 소리를 많이 듣는다.

내가 죽음을 경험하고 인지하지 못했다면 어려운 일이었을 것이다. 남들을 부러워하고 내 신세를 한탄하고 원망하며 시간을 보냈을 것이다. 그러다 나이 50~60대가 되어 눈물 흘리며 후회했을 것이다. 그런 생각들을 하니 지금이 너무 다행이고 감사하다. 내가 좋아하는 말은 '알아서 하는 것이 아니라 하면 알게 된다.'다. 지금도 그렇다. 무언가 준비되고 알아서 하는 게 아니라 먼저 실행하면서 배우려고 한다. 이것이 내가 많은 일을 하면서 성과는 내는 비결이고 노하우다.

죽음 때문에 죽음 덕분에

그동안 내가 원하는 인생을 살지 못한 이유가, 살면서 생긴 고정관념과 편견 때문임을 알았다. 집에서 학교에서 사회에서 내가 보고 듣고 배운 말들이 내 성장과 변화를 가로막고 있었다. 내가 원하는 것을 이루기 위해선 생각과 믿음을 바꾸어야 한다는 것을 알게 되었다. 다양한 책과 영상을 보고 기존에 내 인생에 없던 새로운 사람들을 만나면서 생각과 믿음이 변하기 시작했다. 가지고 있던 상식, 믿음, 신념들이 깨지고 바뀌기 시작했다.

생각이 바뀌니 행동이 바뀌고, 행동이 바뀌니 습관이 바뀌고, 습관이 바뀌니 만나는 사람이 바뀌고, 만나는 사람이 바뀌니 인격이 바뀌고, 인격이 바뀌니 인생이 바뀌었다. 수동적이고 미래가 불안한 직장인에서 행복하고 자유로운 1인 기업 사업가가 되었다. 늘 남이 쓴 책과 강의를 소비하던 내가 책을 쓰고, 강의하는 생산자가 되었다. 내 생각과 지혜를 세상에 전달하는 일을 하는 작가, 강사, 사업가가 되었다.

나와 세상을 보는 관점도 변했다. 남에게서 나에게로, 외부에서 안으로 바뀌면서 내 안에 나라는 또 하나의 거대한 세상을 만났다. 나라는 사람이 우주 안에 사는 작은 존재가 아니라 내 안에 거대한 우주가 있음을 발견했다. 부족한 사람이 아니라 이미 충분한 사람임을, 한계가 있는 사람이 아니라 무한한 가능성을 지닌 존재라는 것을 깨달았다. 시간 또한 가는 것이 아니라 오는 것임을, 세상을 위해 내가 존재하는 것이 아니라 나를 위해 세상을 존재한다는 것을 알게 되었다.

모든 것의 답은 우리 안에 있다. 주변 환경과 다른 사람을 탓하는 것은 우리에게 아무런 도움이 되지 않았다. 안에서 문제와 답을 찾을 때 성장하고 발전한다. 코로나 때문에 힘든 사람도 있지만, 코로나 덕분에 더 잘되는 사람도 많다. 우리는 사실이 아닌 해석의 세상에 살고 있다. 중요한 것은 현실과 사실이 아닌, 그것을 내가 어떻게 바라보고 대처하는가이다. 죽음 또한 마찬가지다. 죽음이 있다는 사실과 현실을 무섭고 두렵게 바라보는 것이 아니라 죽음이 있기에 살아

있음에 감사하고, 주어진 시간에 내가 하고 싶은 일을 하며 내게 소중한 사람들에게 그 시간을 가치 있게 사용하면 된다.

깊이는 아니지만, 음양과 주역을 공부하면서 생각과 의식이 넓어졌다. 존재하는 모든 것에는 음과 양, 장점과 단점, 빛과 그림자가 있음을 알게 되었다. 세상, 사물, 사람, 현상을 바라볼 때 균형 잡힌 시야를 갖게 되었다. 한쪽에 치우치지 않는 양면을 두루 살피는 눈이 생겼다. 낮에 있기에 밤이 있고, 남자가 있기에 여자가 있고, 어른이 있기에 아이도 있다. 행복이 있기에 불행도 있고, 기쁨이 있기에 슬픔도 있음을 알게 되었다. 그리고 그들은 서로 상호 보완적이다.

산에 햇빛이 비치면 동시에 반대편에 그림자가 비치듯이 모든 것은 동시에 존재한다. 이것이 흔히 말하는 자연의 이치다. 죽음도 마찬가지다. 삶이 있기에 죽음이 존재하고 죽음이 있기에 삶이 존재한다. 그 둘은 떨어져 있는 것이 아니라 하나로 이어져 있고 서로에서 영향을 준다. 죽음이 있기에 삶이 소중하고, 시간의 유한함을 인지하게 되고, 소중함을 느끼게 된다. 유한함과 소중함을 느끼게 된다. 죽음을 두려워하고 무서워하기보다 죽음을 인정하고 감사하며 인생을 살아가려고 한다. 죽음이 있어 삶이 힘들고 무섭고 두려운 것이 아니라 죽음 덕분에 삶이 아름답고 소중하다. 죽음 '때문에'가 아닌 죽음 '덕분에'다.

내일 죽어도 후회 없는 인생

내일 죽어도 후회 없는 인생을 살고 싶은 생각과 마음이 간절하다. 글을 쓰거나 사람들과 대화 또는 강의할 때 이 표현을 자주 사용한다. 반복해서 생각하고 말하면서 내 안에 완전히 뿌리 내리게 하고 싶은 생각도 있다.

요즘은 과거엔 못 느꼈던 감정들을 많이 느낀다. 인생이 재미있다는 생각, 보람과 성취감, 설렘 등이다. 내 일이 세상을 아름답게 하고, 사람들에게 도움과 행복을 주기 때문이다. 직장 다닐 때는 일하러 가는 시간이 힘들고 마음이 무거웠지만 요즘은 아니다. 아침에 나만의 공간으로 가는 길이 즐겁고 설렌다. 일을 많이 오래 해도 지치거나 힘들지 않다. 내 인생의 주인이 되어 내가 선택한 길을 걷고 있다. 내가 좋아하는 사람, 나와 잘 맞는 사람들을 만나며 내가 원하고 하고 싶은 일을 하며 살기 때문이다. 주변 사람들도 내가 이런 마음으로 하루하루를 살아간다는 것을 느끼고 있는 것 같다.

지금의 나는 내가 원하는 것을 모두 다 이루었다고 생각한다. 앞으로의 시간은 누리고 즐기는 시간이고 성장과 배움의 시기다. 간절히 바라던 작가, 강사, 사업가가 되었고 내 생각과 감정을 자유롭게 표현하는 사람이 되었다. 당당하고 자신감이 있다. 우리 인생에는 내 힘으로 할 수 있는 일이 있고 내 의지로 할 수 없는 일이 있다. 내 힘으로 할 수 없는 일에 내 귀한 시간과 에너지 감정을 낭비하지 않고 할 수 있는 일에 집중하는 인생을 살아가니 참 마음이 편하다.

죽음 또한 그렇다. 내 의지로 되는 일이 아니다. 내일이라도 길을 걷다 죽을 수 있는 것이 우리의 현실이다. 실제로 그런 일들이 주변에서 심심치 않게 일어난다. 멀쩡하던 사람이 건강 악화, 교통사고, 자연재해, 각종 사고 등으로 목숨을 잃기도 한다. 당사자 본인도 가족들도 아무도 예측하지 못한 채 이별을 맞이한다.

인생에는 정답이 없다. 옳고 그름도 없고 이래야 하고 저래야 하는 것도 없다. 모두가 생긴 대로, 각자가 원하는 인생을 살아가면 된다. 류시화 시인의 책 중에 『좋은지 나쁜지 누가 아는가』가 있다. 나는 이 책의 제목을 좋아한다. 정말 그렇다. 좋은지 나쁜지 누가 알겠는가?

인생을 힘들게 오래 사는 것과 행복하게 짧게 사는 것, 많은 사람과 어울리며 사는 것과 소수의 사람과 깊이 교류하면 사는 것, 돈 많은 부자의 삶과 평범한 인생, 소비자의 삶과 생산자의 삶의, 직장인의 삶의 과 사업가의 삶, 정말 어느 것이 좋은지 나쁜지는 아무도 모른다. 그냥 각자가 선택한 삶을 살아가면 된다고 생각한다.

과거 내 인생은 무겁고 답답했고 불편, 불안했다. 그랬던 덕분에 가볍게, 편안하게, 자연스럽게, 자유롭게, 자신 있게 사는 인생을 늘 꿈꾸고 원해왔다. 하지만 애를 써도 그런 시간은 쉽게 오지 않았다. 그러다 죽음이 현실임을 받아들이고 나서 내 삶은 매우 달라졌다. 놀랍고 신비하게 변했다. 나라는 사람과 내 인생을 매우 매력적으로 만들어 놓았다. 이런 나의 깨달음과 믿음에 참으로 감사하다.

모두에게 말하고 싶다. "죽음은 현실입니다. 우리의 시간은 유한하고 짧기에 소중합니다. 당신은 부족하지 않고 이미 충분합니다. 더 이상 망설이거나 미루지 말고 한 번뿐인 소중한 우리의 인생, 하고 싶은 일만 하면 즐겁게 당당하서 자유롭게 살아가세요. 하고 싶은 일만 하며 살기에도 시간은 부족합니다. 당신은 이미 모든 것을 소유한 우주의 주인입니다. 누리고 즐기는 사람이 주인입니다. 찬란하고 아름다운 세상을, 내 인생의 주인이 되어 내일 죽어도 후회 없는 인생을 살아가길 원합니다."라고.

우리에겐 죽음이라는 선물이 있다.

죽음 가까이 가보니
- 죽음 끝에서 마주한 빛나는 인생 -

   20년 전 살면서 가장 비참한 순간은 도전 앞에 '시작을 망설이는 순간'이라 생각하고, 하나, 둘, 셋을 외치고 망설임 없이 세상의 중심에 위치한 호주로 워킹홀리데이를 떠났다. 그곳에서 새로운 자아를 발견하고, 지금은 〈워킹홀리데이센터〉를 설립해 17년간 대한민국 20~30대 청춘들에게 꿈과 희망을 주는 동기부여 멘토링 교육사업을 하고 있다. 저서로는 『호주 워킹홀리데이 바이블』이 있다.

   최근에는 코로나19의 위기를 기회로 극복해 집필에 성공한 2번째 저서로 『나를 깨우는 소리』를 출간에 시작을 망설이는 사람들에게 '시작의 힘'을 전파하고 있다.

   ※ 살다 보면 흔히 저지르는 두 가지 실수
   ① 아예 시작하지 않는 것
   ② 끝까지 하지 않는 것

하나, 둘, 셋 JUST START
시작을 멈추지 않는 자 운명까지도 앞서갈 것이다.

임철홍

임철홍 ●●●

○ 워킹홀리데이센터 대표
○ '호주슈퍼맨' 네이버 카페지기
○ 한국유학협회 20대 이사
○ 동기부여 강사
○ 심리 상담사
○ 나폴레온힐 최고위 CEO 과정 초대 부회장
○ 저서 『나를 깨우는 소리』, 『호주워킹홀리데이 바이블』

이메일 motive1000@nate.com
블로그 https://blog.naver.com/motivation10000
연락처 010-7566-7412

사명 : (고객을) 성공시키면, (나는) 성공한다!
구호 : 하나, 둘, 셋 Just start!

4년 동안 2번의 죽음을 마주하다

17년간 유학사업을 하면서 난 큰 사기를 당한 적이 있다. 고작 4년 전 일이다. "센터장님, 지금 큰일이 났습니다. 호주 시드니에 있는 매니저가 돈을 갖고 잠적했습니다." 믿고 있던 해외 직원이 회사 돈을 횡령해 호주 사업체가 모두 한순간 물거품이 되어 버렸다. 나는 당장 피해를 본 학생들을 위해 호주 시드니로 가서 문제점을 해결해 줘야만 했다. 결국 과도한 빚을 지게 되었고, 경영은 악화되고, 처음으로 직원에게 퇴사를 권유까지 하게 되었고, 심지어 나도 내 회사에서 퇴사를 준비해야만 했다.

결국, 모든 게 올 스톱이 되었다. 다시 일어나고 싶지 않을 정도로 인생에서 큰 핵폭탄을 맞은 격이었다. 결국 나는 왼쪽 귀가 급격한 스트레스성 외상으로 돌발성 난청 진단을 받고, 정신과 치료를 통해서 수면유도제를 복용 받아 생활해야 했다. 사람을 만나는 게 삶의 낙인 사람인 내가 사람을 만나는 게 세상에서 가장 무서웠고, 공포스러웠다. 이러다가 '노숙자가 되고, 병들어 죽을 수도 있겠구나' 하는 생각을 수천 번 해봤다. 어째서 나에게 이런 일이 일어난 것인가? 아이들은 3명이나 되고, 한참 많이 먹고, 많이 배울 시기인데 나의 불행이 가족의 불행으로 이어지는 것만 같았다. 결국 지금 이 순간이 멈추면 불안한 미래는 오지 않을 거라는 어리석은 생각을 했다.

매일매일 늘어나는 빚의 액수가 나를 더 이상 갈 곳 없는 낭떠러지로 몰아세웠다. 가족이 잠든 고요한 새벽 나는 아이들의 볼을 어루만지고 집을 나와 자동차의 운전대를 잡고 극단적인 생각을 하고 행동에 옮기고 말았다. 차량의 계기판은 100킬로에서 순식간에 200킬로를 달렸고, 순간 자동차의 주유 등이 깜빡거리자 지금 모든 게 이 상태로 멈췄으면 좋겠다는 생각에 순간 급브레이크를 밟고 시동을 끈 채 10분여 눈을 감고 도로 한 중간에서 죽음을 맞이할 준비를 했다.

'이제 모든 게 끝이구나'

10분도 채 되지 않은 상태였다. 순간 반대편 도로에서 생명의 골든 타임을 지키기 위해 쌍라이트를 키며 지나가는 앰뷸런스 소리에 나도 모르게 감고 있던 눈이 번쩍 떠졌다. 나는 지금 끝을 내려고 하고, 누군가는 그 끝에서 살려고 기를 쓰고 있는 게 아닌가?

캄캄하고 고요한 어둠 속에 울려 퍼진 앰뷸런스 소리에 나는 순간 정신이 번쩍 들었다. 지금 내가 도로 중앙에서 자동차의 시동을 끄고 뭘 하고 있는 거지? 라는 질문을 하자마자 망설임도 없이 하나, 둘, 셋에 자동차의 시동을 켜고, 갓길로 이동을 했다. 그리고 나서야 죽음 앞에 이유를 묻기 시작했다. 내가 죽으면 다 해결될까? 결국 죽으려고 애를 써봤지만 난 죽지 않았다.

만일 앰뷸런스 소리가 들리지 않았거나, 10분 이내에 내 뒤에서 차가 나타나 나를 발견하지 못하고 그대로 돌진을 했다면 나는 지금 이 글을 쓰고 있지 않을 것이다. 그리고 아무런 망설임 없이 하나, 둘, 셋에 차의 시동을 걸게 해주는 순간 3초의 행동이 나를 다시 살게 해주는 생명의 소리였다. 그래서 지금도 나는 앰뷸런스 소리만 나면 가던 길을 멈추고 조용히 눈을 감고, 마음속으로 하나, 둘, 셋을 외치고 다시 걷는 습관이 있다.

모든 사람이 죽음 앞에 가장 먼저 생각하는 대상은 가족일 것이다. 나 역시 마찬가지다. 그만큼 내가 평범한 사람이라는 뜻이다. 내가 죽으면 나머지 사람들 가족, 부모님, 고객, 그들에게 나의 책임을 대신 지게 하고 싶지 않았다. 그래서 나는 다시 태어나는 마음으로 살기로 했고 이때부터 죽음의 순간에 나를 움직이게 해주는 하나, 둘, 셋의 소리에 더 집중하게 되었다. 그 결과 난 불과 6개월 만에 경영을 정상화하고, 퇴사한 직원들까지도 원래 자리로 복직을 시켜내는 데 성공을 했다. 그리고 하루에 3분 글쓰기 훈련으로 첫 번째 자기계발서 책 『나를 깨우는 소리』를 출판하는 기적까지 일어나게 되었다.

하지만 신은 불과 1년도 채 되지 않아 나를 다시 버리고 말았다. 결국 나는 2번째 죽음의 순간을 마주하고 말았다. 2020년 2월 5일 전 세계적인 전염병인 코로나19로 호주 국경봉쇄로 하늘길이 막히자, 사무실의 인터넷도, 화분에 물을 주는 것도, 또다시 1년 6개월 전과 같은 상황으로 되돌아가고 말았다. 죽을 고비를 넘기고, 이를 악물고 1년 6개월간 살아가고 있는 나에겐 다시 회복을 불가능하게 한 대형 참사와도 같았다. 그만 인생의 불안한 물음표를 아무 생각 없이 마침표를 찍고 싶었다.

죽음 앞에 나타난 2명의 귀인

나는 내 죽음이 가족에게 불행을 안겨다 줄 거라는 생각이 가장 두려웠고 공포스러웠다. 아이들은 아빠를 잘못 만났고 아내는 남편을 잘못 만난 게 모두 내 잘못 같았다. 결국 나는 더 이상 버틸 힘도, 자신도, 심지어 가족에 대한 죄책감마저도 느끼고 싶지 않았다. 죽음을 마주하기 전에 내가 죽으면 보험금이 얼마가 나오는지 보험 회사에 확인을 해 보았다. 그 결과 60세 이전에 죽으면 1억이 나오지만 60세 이후에는 1억이 나오지 않는다고 했다. 내 나이 43살. 앞으로 17년간 내 인생의 가치가 고작 1억밖에 되지 않는다고?

죽음 앞에 마주하기 전 완전히 잘못된 계산 착오임을 깨달았다!

내가 죽음을 마주한다면 최소한 가족에게 빚은 짊어지게 하고 싶지 않았다. 17년간 나의 몸값이 1억밖에 되지 않는 사실에 화가 나서, 잠시 죽음 앞에 마주하는 것을 보류 해야만 했다. 이때부터 죽더라도 제대로 준비하고 죽어야 겠다는 생각을 하기 시작했다. 결국 나는 복잡한 생각을 비우기 위해서 독서를 하다가 2명의 귀인을 만나 나는 죽음의 정거장을 무심히 지나쳐, 희망의 정거장으로 향하는 부활의 시간을 갖게 되었다. 첫 번째 귀인은 바로 맹자이다. 〈맹자 고하 15장〉에 나오는 말이다.

天將降大任於是人也(천장강대임어시인야)

必先苦其心志(필선고기심지)

勞其筋骨(노기근골)

餓其體膚(아기체부)

空乏其身(공핍기신)

行拂亂其所爲(행불란기소위)

所以動心忍性(소이동심인성)

曾益其所不能(증익기소불능)

하늘이 장차 어떤 사람에게 큰일을 맡기려 하면 반드시 먼저 그 사람의 마음과 뜻을 괴롭히고, 그 육신을 피곤케 하고, 그의 배를 굶주리게 하고, 그의 생활을 곤궁에 빠뜨려 그가 행하는 일마다 힘들게 하고, 어지럽게 하는 것은 마음을 쓰는 중에도 참을성을 기르게 하기 위함이며, 지금까지 할 수 없었던 일을 능히 해낼 수 있도록 해주려 함이다. 죽음 앞에 서 있는 나는 맹자의 이 글귀를 보고 그 자리에서 크게 오열을 했다. 마치 내 상황을 그대로 적시해 주는 한마디로 뼈를 때리는 말이었다. '그래 나는 꿈 많은 사람이었지! 아직 더 보여줄 게 많이 남아 있는데…. 이게 끝이 아닌데.' 2번째 귀인은 '프리드리히 니체'다. 그는 말했다. '나를 죽이지 못한 고통은 나를 더욱 강하게 만들 뿐이다.' 니체는 고통이 주는 의미를 세상에서 제일 잘 아는 최후의 1인이 아닐까 싶다. 고통이 흘러간 뒤에 반드시 당신이 기다리는 결과가 온다는 걸 강하게 표현하는 웅심이 돋게 만드는 명언이다.

나는 죽음 앞에 계산 착오로 2명의 귀인을 만나고 나서부터는 알코올 대신 땀방울로 완전히 다른 방식으로 날려 버렸다. 나는 이때부터 거부권 없이 하루에 1시간씩 지금도 빠짐없이 땀을 흘리는 습관을 가져 첫 번째 죽음 앞에 멈춰 서게 해준 기적의 소리 하나, 둘, 셋 소리를 내면서 시작을 즐기는 삶을 살아가기 시작했다. 결국 40대에 찍기 힘들다는 바디 프로필을 찍어 세상에서 가장 멋진 나를 만나기도 했다. 이때부터 나의 경쟁상대는 타인이 아닌 어제의 나로 바꾸기 시작했고, 갑자기 Change 된 삶을 고작 영어 스펠링 하나만 바꿔 Chance의 삶으로 그리고 지금 빚을 지고 있는 삶도 조금씩 점 하나를 찍어 빛이 나기 시작했다.

빛나는 인생을 산다는 것

한번 지금 눈을 감고 상상을 해보자. 사람이 태어나서 처음 도착하는 곳이 어디인지? 바로 어머니의 자궁 속이다. 바로 세상에서 자신이 가장 빛나고, 신비스러운 탄생의 순간이다. 한마디로 우리의 삶은 원래부터 빛나는 인생이다. 그렇게 시간이 지나 그 빛은 더 빛나기도 하고, 희미해지기도 하고, 사라지면 죽음을 맞이하기도 한다. 설령 죽더라도, 자신의 이름은 자손들에게 불리고, 기억되고, 인터넷 사이트 어딘가, 화장터 단지함에 남겨져 외롭게 빛을 내기도 한다. 우리가 빛나는 인생을 산다는 것은 무엇일까? 남들보다 돈, 재산이 많아 부귀영화를 누리면서, 하고 싶은 대로 살아가는 삶인가? 아니다. 부귀영화를 누리는 삶도 결국 시간이 지나면 빛을 잃고, 자연의 순리대로 죽음을 맞이하는 것은 예정된 일이다.

나의 지인 중 건설업을 통해 천억 원대 자산가가 한 명 있다. 부러움의 대상이지만, 내가 원하는 삶이 아니다. 천억 원대의 재산을 보유하고 있는 사람은 천억 가지의 고민을 하고, 힘들어하는 삶을 살고 있다. 인간의 욕망은 마치 빠져나올 수 없는 블랙홀처럼 끝이 없지 않은가? 삶이 고통스럽고, 괴롭고, 버틸 힘이 없어 죽음을 맞이하는 순간이 오면 자신이 가장 빛났던 순간을 상상해보자! 지금 우리는 빛이 없어서 죽음을 맞이하는 게 아니라, 어둠 속에서 빛을 낼 용기가 없어서이다. 죽음과 마주할 용기가 있다면, 지금 이 글을 보고 있다면, 지금 숨을 잘 쉬고 있다면, 이 자체만으로도 우리는 이미 빛나고 있는 삶을 살기 위한 충분한 용기를 갖고 있는 것이다.

 죽음을 결심하고, 마주하게 되는 순간은 창피하고 부끄러운 게 아니다. 그만큼 내가 열심히 살아왔고, 동이 트기 전에 새벽이 가장 어두운 것처럼 앞으로 자신의 삶이 더 빛나기 위한 신호등의 빨간 불과도 같은 것이다. 그 신호등의 빨간불은 세상의 전류가 멈추지 않는 이상 반드시 초록 불로 변하게 되어 있다. 이런 순간들을 자주 경험하라는 것이 아니다. 이런 순간들이 갑작스럽게 닥치게 되면 상황을 재정의해 현재의 상황을 인정하고, 급하게 좋아질 거라는 기대를 낮추고, 천천히 그 상황을 회복시켜야 한다. 그리고 즐겨야 한다. 그리고 항상 감사해야 한다. 상황의 나아짐에….

 '죽고 싶다, 죽고 싶다.' 그만큼 간절히 살고 싶다는 말이다.

죽음 앞에 마주한 인생 최고의 선물은?

빛나는 인생은 결국 빚을 내다가 죽게 된다. 공교롭게도 빚이라는 단어에 점하나를 없애면 빛이다. 그 빚이 감당할 수 없으면 빛은 사라져 죽음을 맞이하게 되기도 한다. 인생이 이렇게 점 하나라도 해석이 달라질 수 있다는 뜻은 사소한 티끌, 말, 감정에도 소홀히 대해서는 안 된다는 것이다. 한 사람의 인생이 어떻게 될지는 그 누구도 모르는 일이다.

혹 죽음 가까이 가게 되면, 믿음의 그릇을 작게 해서 넘치게 해라!

갑작스러운 죽음 앞에 마주할 수 있는 용기가 있다면, 우리는 반드시 무슨 일이든 다 해낼 수가 있다. 자신에 대한 믿음이 없는 게 가장 큰 문제다. 일단 자신에 대한 믿음의 그릇을 작게 설정하고, 꾸준히 채워나가다 보면, 세상 그 어떤 낭떠러지에 나를 갖다 놔도 절대 흔들리지 않게 해줄 것이다. 우리가 죽음의 문턱 앞에 가지 않기 위해서는 혹은 죽음의 끝자락에서 유턴하기 위해서는 마음의 깜빡이를 켜고 제대로 유턴을 해야 한다. 그 깜빡이를 켜는 것은 바로 하루에도 꾸준히 자신과 대화하고 소통하는 것이다.

인생 최고의 보험은 사망보험금이 많은 게 아니라, 가장 오랫동안 자신과 대화하고 소통을 멈추지 않고 지속하는 것이다. 죽음 앞에 나에게 준 최고의 선물은? ____ 다.

혹시 부귀영화(富貴榮華)라는 말을 알고 있는가? 사전적 의미는 '재산이 많고 지위가 높으며 귀하게 되어서 세상에 드러나 온갖 영광을 누림'이다. 하지만 내가 최근 4년간 2번의 죽음 끝에 마주한 부귀영화는 다른 뜻이었다. 죽음 앞에 마주하니 진정한 부귀영화란 드러나고 보이는 게 아니라 나 스스로 지금의 중심이 되어 죽음이라는 순간이 나에게 찾아온 귀한 손님이 되어 내가 살아도 죽어도 나는 영원히 내가 기억하고 누군가에게 기억되는 빛나는 사람이라는 것이다.

1. 부(富) 부할 부: 부의 축적 '지금'(세상에서 가장 비싼 금)
2. 귀(貴) 귀할 귀: 귀한 '손님'
3. 영(榮) 영화 영: '영광스러운 나'
4. 화(華) 빛날 화: '빛나는 나'

바로 죽음의 끝에서 나에게 준 인생 최고의 선물은 바로 '나' 였다.
지금 죽을 준비가 잘 되었는가?
아니면 지금 죽기엔 인생이 너무 아깝진 않은가?
혹은 가족들이 이 무게를 감당할 만한가?
내가 죽지 않고 살아있다면, 살게 된다면 나는 앞으로 지금보다 잘

할 수 있을까?

마침표 대신 물음표를 던져 죽음 앞에 망설이는 자신에게 답을 해 보자.

당장 물음표를 던져 당신이 원하는 삶이 눈앞에 보이지 않아도 기죽지 말라! 어차피 우리의 삶은 빛나는 삶이고, 그 빛은 죽어서도 어떤 형태로든지 빛난다는 것을 잊어선 안 된다. 죽음 앞에 우리는 쉽게 무릎을 꿇어 서는 안된다. 현재 자신의 상황을 인정하고 당당하게 맞서 싸워 존재의 가치를 서서히 높여가야 한다. '죽으려면 살 것이고, 살려면 죽을 것이다.' 명량해전에서 이순신 장군이 한 말이다.

삶이 힘들 때 죽을 각오로 온 힘을 위해 싸우면 살 것이고, 살기 위해서만 싸운다면 죽는다는 말이다. 죽음의 순간에 멋지게 유턴하는 것은 당신이 강해질 수밖에 없는 신호이다. 한 번밖에 없는 우리의 인생 마지막까지 사는 데까지 최선을 다해서 살다가 더 이상 후회가 없을 때까지 살아봐야 한다.

아까운 인생

순자가 눈을 감으며 마지막 순간에 한 말을 나는 아직도 잊히지 않는다. '아쉽다' 죽음의 순간까지 아쉬움이 가득 찬 게 바로 삶이라는 것이다. 100년을 살아도 아쉬운 게 인생이다. 오늘도 우리는 죽을 수 있다. 언제 죽을지 모르는 아름다운 인생 '인생 버킷리스트'를 작성해서, 최대한 빛나는 삶을 살다가 죽음 앞에 최대한 아쉬움 없이 마주해보자. 이렇게 인생을 덜 아쉽고, 덜 후회스럽게 살려고 노력하는 삶이 우리가 빛나는 인생과 마주하는 최고의 예의가 아닐까?

- 죽기 전에 꼭 먹어봐야 할 음식
- 죽기 전에 꼭 가보고 싶은 곳
- 죽기 전에 꼭 사고 싶은 것
- 죽기 전에 꼭 해보고 싶은 일
- 죽기 전에 꼭 봐야 할 풍경
- 죽기 전에 꼭 되고 싶은 사람
- 죽기 전에 꼭 배우고 싶은 악기
- 죽기 전에 꼭 만나보고 싶은 사람

죽음의 순간을 잘 맞이하기 위해 이 순간에도 우리는 인생을 즐길 줄 알아야 한다. 비단 좋을 때 만이 아니다. 고통, 시련, 미움, 행복, 환희, 기쁨 인간이 느낄 수 있는 모든 감정 자체를 소중하게 받아들여 원래부터 빛나고 있는 삶에 대해서 한 치의 의심도 없이 잘 살려고 노력해야 한다. 결코 우리가 죽음 앞에 마주하는 것은 불행이 아니다. 더 아름다운 인생을 살기 위해 새로운 자아를 만나게 해주는 영광스러운 유턴의 순간이다. 나는 생각한다. 적어도 지금 우리가 빛나는 인생을 숨 쉬고 살고 있다면, 인생 최대의 실수는 바로 한 번밖에 없는 소중하고, 아름다운 인생을 함부로 방치하는 것이라고! 그리고 세상에 그 어떤 역경도, 고난도 한마디로 나는 정의 내리고 싶다.

결국 '모든 건 다 해결된다!'

설령 바닷물이 오염이 됐다고 해서 바다 전체가 오염되는 건 아니다. 당신에게 지금 닥친 역경과 고난이 감당할 수가 없다고 해서 한 사람의 인생 자체가 흔들린다는 건 아니라는 뜻이다. 하지만 이런 생각도 잠시일 뿐 매 순간 잘 살기 위해서 덜 아쉬운 인생을 살기 위해서는 주기적으로 죽음의 순간을 각인시켜야 한다. 필자는 매달 말일 날 '죽음의 일기'를 쓴다. 한 달 동안 잘 살게 해줘서 나와 우주에 감사하고, 다음 달도 잘 살게 해 달라고 그리고 '임철홍 사망, 앰뷸런스, 시속 200Km, 응급실, 장례식장, 유언장, 유산, 사망보험금 1억, 가족 이름' 이렇게 키워드를 항상 일기장 상단에 기제를 해놓고 매일 한 번씩 읽어 본다. 죽음 앞에 마주한 최고의 선물인 '나'를 기억하기 위해서다.

살면서 3번의 기회가 온다고 한다. 첫 번째 기회는 내가 세상을 등

지고 무작정 호주로 떠난 일이고, 최근 4년 사이 2번의 죽음 앞에 가까이 가본 것이 나에게 찾아온 두 번째 기회라 생각한다. 그리고 지금 나는 하나, 둘, 셋에 시작하는 가슴 뛰는 삶을 사는 게 세 번째 기회라고 생각한다. 난 결국 살아서도 죽어서도 행복한 사람이라 생각한다.

내 나이 마흔세 살. 시간이 흘러 나이가 들어 혹은 병이 들어 죽음을 맞이하게 되면 혹은 내가 내일 갑작스러운 교통사고로 죽음을 맞이하게 된다면 절대 슬퍼하거나, 죽음 앞에 두려워하지 않을 것이다. 지금 나는 이 순간에도 우주 속에서 가장 행복한 사람이고, 가장 빛나는 사람이기 때문이다. 죽어서도 나는 우주 속 어디에선가 빛을 내고 있을 것이고, 이 글도 우주 속 어떤 공간에 속에서 빛을 내며 누군가에게 읽혀질 것이다.

지금 삶이 고통스럽고, 괴롭다면 하나, 둘, 셋 어제보다 오늘 0.1%씩만 잘살아보려는 작은 노력을 죽음을 마주하는 그 순간까지 멈추지 말아보자. 결국 내가 죽음 가까이 가보니 아이러니하게도 가슴 뛰는 새로운 삶을 살겠다는 나의 아름답고, 빛나는 자유의지가 있었다.
당신의 인생이 영원히 아름답고, 빛나기를 진심으로 바랍니다.

우리는 모두
행복해질 권리가 있다

　남들과 다른 환경의 어린 시절, 앞으로 달리기만 했던 20대를 정신없이 보내고 30대는 약사, 그리고 번듯한 가정, 누가 봐도 괜찮아 보이는 모습이었다. 그러나 스스로 무언가 다 이루었다고 생각하는 그 순간부터 죽을 것 같은 우울과 무기력이 찾아왔고, 도무지 이유를 알 수 없었던 10년이 넘는 시간 동안 온갖 마음의 병으로 자신을 괴롭혔다. 그때는 몰랐으나 우울증, 공황장애, 건강염려증, 심한 불안증에 시달렸다는 것을 나중에 알게 되었다. 우연히 시작한 필사와 글쓰기 그리고 걷기를 통해 약 2년이라는 시간 동안 나를 탐구하는 시간을 가지게 되었다. 우연히 무의식 속에 있는 스스로와 대화를 경험한 뒤 내면 아이를 만나면서 나를 힘들게 하는 모든 것은 어릴 적 환경과 상처에서 비롯되었다는 것을 깨달았다. 편안한 마음을 유지하기 위해 내려놓음과 알아차림을 반복하면서 해야 할 일과 하고 싶은 일의 균형을 생각한다. 누구나 행복할 권리가 있다는 것을 기억하며 세상에 다시 태어난 것 같은 빛을 느끼며 하루하루 살아가고 있다.
　만약 마음을 치유하는 약이 있다면

　내 노래와 글이 그 약이 되어
　마음과 몸이 아픈 이들에게
　사랑과 위로를 주는
　노래하는 약사가 되고 싶다.

나경아

나경아 ●●●

○ 노래하는 약사이면서 카페주인, 책방주인

인스타 나경아노래일기
블로그 현존일기(https://blog.naver.com/nka21)
유튜브 나경아노래일기
연락처 010-2027-9872

유튜브 '나경아노래일기'에서 2020년부터 노래하고 있으며, 마음 책방'과 '음악 카페'를 하며 사람들과 노래로 소통하는 삶을 살고 있다.

죽음을 생각하다

죽음에 대한 경험은 다양한 방법과 다양한 시간으로 사람들에게 다가온다. 누군가에게 암과 같이 눈에 보이는 큰 질병의 이름으로, 누군가에겐 극심한 우울감 같은 보이지 않는 마음의 병으로 말이다. 나는 그중 후자였다. 눈에 보이지 않고 마음이 내는 소리라 나는 그 신호를 끝없이 무시하기만 했다. 사는 데 의미가 없다는 생각은 내 안에서도 배부른 소리로만 들려 끊임없이 나 자신을 비난했고, 이런 힘든 마음을 누군가에게 털어놓기도 힘들었지만 털어놔도 무시당하기 일쑤였다.

나는 그 당시 정말 죽을 것만 같았다. 모든 것은 분명 완벽해 보였다. 약사라는 전문직에 성실한 남편 그리고 사랑하는 아이들. 그러나 어쩐지 나는 그 안에서 행복감을 느낄 수 없었고, 어디서부터 잘못된 건지 알 수 없는 채로 혼자 괴로워하는 시간을 보냈다. 이것은 분명 내가 선택한 것이고 누구의 탓을 할 수도 없는 일인데, 해결할 방법이 없는 시간이 나를 숨 막히게 했다. 그사이 갑자기 턱관절에 문제가 생겨 입이 벌어지지 않았고, 무기력증이 나를 사로잡으면서 아이를 낳고서는 사는 의미가 없다는 말을 달고 살았다. 그런데도 내 마음을 알아주지 않는 주위 사람들에게 상처만 입고 마음의 문을 닫는 나날들을 반복했다.

정말 이유를 찾고 싶었다. 나는 분명 우울감 같은 것을 모르는 활력이 넘치는 사람이었고, 생활력도 굉장히 강해서 20살부터 집에 손 한번 안 벌리고 아르바이트를 하며 성장하는 삶을 살았다. 그런 내가 왜 이렇게 되었을까? 돈이 없어서 전 재산 백만 원으로 쪼개 살아도 우울하진 않았는데 도대체 무엇이 나를 이렇게 만들었을까? 궁금했지만 내 마음은 답을 알려주지 않고 끝없이 나의 마음은 미궁 속으로 빠져들었다.

그러다 어느 날부터 가끔 심장을 뾰족한 바늘로 깊숙이 쑤시는 뻐근한 통증이 5분 정도 지속되곤 했는데 그런 느낌은 아마 느껴본 사람만 알리라. 숨이 안 쉬어지고 움직일 수도 없는 상태가 지속되면, 1초가 1시간 같은 느낌을 받게 되며 그 순간 이러다 죽을 수도 있겠다는 생각이 든다. 협심증이나 심장마비 전조증상이 아닐까 생각되어 심장 검사도 여러 번 했으나 별 이상은 없고, 그때마다 나는 꾀병이

나 부리는 사람으로 취급당하는 느낌이 들었다. 그 이후 나는 그런 증상이 와도 누군가에게 말하면 꾀병부린다고 하겠지 싶은 마음에 이러다 죽으면 어쩔 수 없다고 생각하며 그 순간을 버티고, 다시 진정되면 안도하곤 했다.

비행기에서도 한번 죽음을 경험했다. 이륙하고 밤이라 모든 불이 꺼진 조용한 기내에서 갑자기 식은땀이 나면서 눈앞이 깜깜해졌다. 심장이 조여왔지만 나는 그 순간에도 소리칠 생각보단 내가 소리쳐서 혼란스러워질 상황을 걱정하며 조용히 그 순간이 지나가길 바랐다. 한참을 곤욕스러워하다 정신을 차렸다. 역시 죽는 건 아니구나 생각하며 내 몸의 신호를 무시했고 오히려 호들갑 안 떨길 잘했다 생각했지만, 그 순간만은 정말 죽음이 지나간 듯한 느낌을 받았다.

나는 어릴 적부터 픽픽 쓰러지는 일이 있었다. 수발을 들어야 하는 전신 장애를 지닌 삼촌과 9살 때부터 같이 살았는데, 삼촌의 용변 처리를 하면서도 갑자기 정신을 잃고 쓰러졌다. 그리고 대학 때도 지하철에서 식은땀이 나면서 쓰러질 것 같아 도망치듯 나와 앞에 있는 벽에 부딪혀 깨어난 경험이 있었다. 그럴 때마다 내 마음의 심각성은 조금도 생각하지 않았다. 오히려 '내가 뇌전증이 아닐까? 만약 그런 병이라면 정말 창피할 것 같다'는 생각이 나를 먼저 지배했고, '안 좋은 일은 빨리 잊어버리는 게 좋지' 생각하면서 내 마음을 돌보지 않은 채 그 순간을 대수롭지 않게 여겼다. 그렇게 죽음에 대해서 생각도 많고, 몸에서 보내는 신호를 겪다 보니 일상의 모든 것에 의욕도 없고 우울하기만 했다. 그래도 그때마다 다시 일어서야지 하며 긍정적으로 삶을 바라보려고 노력했으며 죽고 싶다는 것보다는 행복하게 살고 싶은 생각이 강하게 들었다. 그러면서 점점 과거를 회상했다.

내가 행복했던 적이 언제였을까? 더는 타인 시선의 행복이라는 틀 안에서 지금 나의 행복을 찾을 수 없음을 알았고, 분명히 존재했을 행복했던 시간을 찾아 헤매며 나의 틀을 하나씩 깨나가기 시작했다. 노래를 많이 듣고 따라 부르던 나. 노래를 들으며 울고 웃기를 많이 했던 나는 문득 노래를 부르던 대학 시절이 그리웠고, 다시 노래 부르고 싶다는 생각이 간절해졌다. 그리고 우연히 필사를 알게 되면서 글을 쓰기 시작했고, 일 년 넘게 블로그에 글을 쓰면서 어느 순간부터 무의식 속에서 내 모습이 보이기 시작했다.

그 시간은 나에게 미처 몰랐던 나의 진짜 모습을 조금씩 보여주었다. 생각에 잘 빠지는 것에서 벗어나기 위해 매일 걷기운동을 하던 어느 날 갑자기 저 위 태양이 나를 강하게 비추는 느낌이 마치 나를 향해 존재한다는 느낌을 받았다. 모든 자연과 나의 연결성이 느껴지면서 삶의 경이로움이 느껴졌다. '세상이 이렇게 아름다운 곳이었단 말이야?' 여태껏 자연과 동물은 나의 관심사가 아니었으며, 신경 써야 할 것은 온통 다른 사람의 마음뿐이었던 내가 어느새 자연과 동물들이 친구가 되었다. 세상에 내 편 하나 없어도 이렇게 많은 아름다운 생명체들이 내 주위를 감싸고 있음에 감사함을 느끼며 나는 엄청난 감동으로 눈물과 기쁨으로 하루하루 살아나갔다.

어쩌면 우울과 무기력이라는 감정은 자신만의 꿈이 없고, 이 세상에 내 편이 하나도 없다는 생각이 들 때 제발 이제는 자기 자신을 사랑하라며 다가오는 것이 아닌가 어렴풋이 생각하게 되었다. 이런 내가 자연이라는 친구가 생기고 행복해지는 방법도 확실히 알았으니 세상은 경이로운 곳이며 외롭지 않은 곳이라고 느꼈고, 혼자 있어도 예전에 비해 외로운 감정이 많이 사라졌다. 지금 생각해 보면 이것은 우울의 깊은 늪에 빠져 있다가 막 깨달은 후라 아마 다시 태어난 듯한 느낌을 강하게 받았던 것 같다. 이후 나는 세상에 나처럼 마음의 병이 깊은 사람들이 걱정되기 시작했다.

심장이 아팠던 것도, 뜬금없이 쓰러졌던 것도, 턱관절 장애에 시달렸던 것, 모두 마음의 병에서 생긴 것임을 알았고 이 마음의 병은 어릴 적 상처로 인해 내가 만들어 낸 것임을 알았다. 모든 것은 내 안에

답이 있었다.

조금은 다른 어린 시절, 그리고 상처

나는 친구들과는 조금 다른 어린 시절을 보냈다. 그 당시에는 주어진 환경에서 아무 소리 않고 웃어버리면 착하단 소리를 들었고, 어디서나 효녀라는 소리를 듣는 것이 나쁘지 않아 무엇이든지 참는 것이 더 쉬웠다. 나는 어디서든 모범생과 착한 딸이 되고 싶었다.

9살이 되던 해 나는 부모님이 계신 곳과 500m 정도 떨어진 할머니 댁에서 살았다. 그곳에는 22살 때 해수욕장에서 사고를 당해 전신마비가 된 막내 삼촌이 함께 살고 있었다. 삼촌은 나에게 바쁜 엄마, 아빠를 대신할 부모님과 같은 존재였고, 삼촌이라도 있어서 내가 예의 바르고 공부 잘하는 아이로 자라게 되었음을 다행이라 생각하며 지냈다. 아빠는 어릴 적 나에게 말썽꾸러기 같은 느낌이었으며 엄마는 그런 아빠를 항상 힘들어하셨다. 엄마가 저렇게 힘들어하시니 나와 우리 자매들은 그 짐을 덜어주기 위해서라도 삼촌과 할머니와 살아야 한다고 자연스럽게 생각했던 것 같다.

장애를 지닌 성인 남자의 수족이 되는 것이 어린아이에게 버거웠음에도 불구하고 나와 자매들은 당연히 해야 하는 일로 생각하고 그 생활을 해나갔다. 삼시 세끼를 스스로 차려 먹고 삼촌의 식사, 용변 처리, 두 시간마다 뒤척여주기, 집 안 청소까지 나는 9살 때부터 대학생이 되기 전까지 그 생활을 해야 했다. 그땐 당연한 줄만 알았던 일이 어린아이에게 버거운 것이었다는 것을 깨달은 건 불과 얼마 전이니 싫은 소리도 제대로 내지 못한 내가 얼마나 참아내는 인생을 살았나 깨달았다.

삼촌은 9살인 내가 욕심이 많으니 항상 착하게 살아야 한다고 하셨고, 나는 그때부터 스스로 이기적이고 못된 아이라는 생각에 사로잡혀 무슨 일이 있어도 착하게 살아야겠다고 어릴 적부터 다짐했다. 그 이후 말이든 행동이든 웬만하면 속으로 참아버렸고, 그러면서 진짜 나의 모습은 점점 가면 속에 숨어버렸다. 나는 무슨 일이 있어도 항상 웃고 괜찮다고 하고, 힘들어도 티를 못 내는 사람이 되어가고 있었다.

삼촌은 보통 다정하셨지만 가끔 무척 엄한 편이었는데, 삼촌의 말은 곧 법이자 내가 가야 갈 길이었다. 공부하다가 이해를 잘 못하는 나를 똥 멍청이라 불렀고, 머리가 안 좋다고 하셨다. 그 이후 나의 무의식은 멍청한 아이라 스스로 생각하게끔 했다. 그래서 나는 항상 누군가가 칭찬을 하면 손사래를 치곤 한다. 그리고 잘못한 일이 있거나 시험문제를 못 풀면 삼촌은 몸을 움직이지 못하니 우리 자매들에게 서로를 체벌하게끔 시켰다. 언니가 나를 회초리질하고 내가 언니를 회초리질 하는 건 세뇌된 상태가 아니면 도저히 상상할 수 없는 상황이었는데, 돌이켜보면 어쩌면 나는 삼촌한테 세뇌당했다는 생각이 들 정도로 이해되지 않은 상황들이 많았다.

어릴 적에 부모님과 살지 않고 뭐든지 스스로 해야 하는 나는 빨리 어른아이가 되어버렸고, 심한 애정 결핍으로 모든 상황을 사랑받기 위한 인정욕구로 채우느라 끝없이 나의 마음을 괴롭혔다. 트라우마라 할 수 있는 상황들이 너무나 버거워 자주 쓰러졌고, 나쁜 일이나 힘든 일은 빨리 머릿속에서 지워버려야 살 수 있는 망각의 은사를 입어 지금도 문득문득 힘든 기억들이 머릿속에서 사라지곤 하는 걸 느낀다.

삼촌은 돌아가실 때까지 나와 자매들에게 책임져야 할 마음의 짐이었고, 대학을 멀리라도 가게 되면 어쩌지 하는 걱정과 함께 피부암으로 돌아가시기 전 약 20년 동안 나와 우리 자매들은 돌아가면서 보살펴야 했다.

이러다 보니 나는 살면서 사람들에게 싫은 소리는커녕 남의 고민까지 내 고민으로 가져오는 상태가 되어 버렸고 그런 시간 동안 정작 나 자신은 한 번도 챙기지 않은 채 내동댕이치는 인생을 살아왔다. 무조건 참아버리고 부탁을 들어주며 인정받으려 했고 누군가가 말하기도 전에 그 사람의 기분과 감정을 공감하는 습관 때문에 죽을 만큼 힘들어도 나의 마음은 괜찮다며 나를 무시해버리는 무의식이 생긴 것이다. 쉬지 않고 이렇게 해라, 저렇게 해라 지껄이는 내 속마음의 언어들을 알아차린 후 나는 놀라지 않을 수 없었다.

나를 아는 사람들은 나만큼 밝고 해맑아 보이는 친구가 없다고 하지만 그런 모습은 아마도 어릴 적 무조건적인 사랑으로 채워진 그릇이 없는 내가 그 그릇을 채우기 위해 나름대로 애썼던 모습이었구나 생각이 든다. 그래서인지 그동안 힘들었던 어린 나에게 자꾸 그동안 고생했다고 말해주고 싶고, 행복하게 해주고 싶은 생각이 든다.

정신적으로 기댈 곳 없는 내가 이 세상에서 살아가는 방법은 누구에게도 의지하지 않고 나만의 능력을 키우는 것이었다. 어릴 적 힘들었던 경험이 원동력이 되었는지 나는 육체적으로나 정신적으로 어떤 힘든 일에도 웬만하면 다 참고 웃어넘길 수 있게 되었고, 힘든 일이 닥쳐도 좌절하지 않고 다시 일어서는 오뚜기 근성도 갖게 되었다. 대학 졸업 후 다시 약대 진학을 준비하면서도 긴 인생길에 이 정도 고

난쯤이야 아무것도 아니라 생각해 네 번의 도전 끝에 나는 약사라는 타이틀도 얻게 되고, 행복한 인생만 기다리고 있을 줄 알았다.

그러나 진짜 괴로움은 결혼 후부터 나를 기다리고 있었다. 애정 결핍이 심했지만 그런 내면 아이를 전혀 몰랐던 나는 남편에게 의지했고, 동화 속에서 나오는 행복한 모습을 꿈꿨던 나는 그때부터 추락할 일만 남았던 것 같다. 서로 사랑하며 알콩달콩 사는 것이 꿈이었던 나는 사실 나의 꿈이 사라진 상태였고 남편에게만 의지하니 나와 성격이 다른 남편에게 쉽게 상처를 받고 내 편이 없다는 생각에 마음은 점점 공허해져 갔다. 남들 눈에 보이는 것은 좋아보였지만 내 마음은 어쩐지 늪에 빠진 느낌이었다.

참아내는 일상들과 그것이 터져 소리치는 일상이 반복되었고, 그것은 나에게 끝이 보이지 않는 암흑으로 들어가게끔 했다. 심한 우울증 상태를 10년 넘게 겪으면서도 우울증인지 몰랐으며 무기력은 나를 사로잡았다. 온갖 증상으로 몸이 나에게 신호를 보내는데도 나를 돌볼 생각은 못하고, 불만족스러운 그 상황을 해결할 생각으로만 가득 찬 나날들이었다. 이유를 알 수 없어서 내 마음은 지옥이었고, 아무리 소리쳐도 돌아오지 않은 소리에 나는 미칠 지경이었다. 그러나 살고 싶었다. 힘들다면서 벗어나지도 못하면서 왜 이렇게 사는지 알 수 없었으며, 혼자서도 잘 살고 싶다고 마음속으로 발버둥쳤지만 벗어나기엔 내 마음을 붙잡는 것들이 너무나 많았다. 새장에 갇힌 새, 이름 없는 새가 꼭 내 처지 같았다.

나를 행복하게 해주는 것을 찾아다녔다. 운동을 배우기도 하고, 악기를 배우기도 하면서 그 시간을 조금씩 버텼고, 언젠가부터 노래가 하고 싶다는 생각이 강렬하게 내 마음을 울리기 시작했다. 노래라면 나를 행복하게 해줄 수 있지 않을까 생각하면서 노래를 하기 시작했다. 정말 위로가 되고 행복해졌다. 그리고 글을 쓰기 시작했다. 처음에는 일기처럼 쭉 써나갔는데 어느 순간 글 속에서 자아가 없고, 참으려고만 하는 모습이 보였다. '나는 나보다 다른 사람들을 먼저 생각하구나!' 다른 사람과는 다른 나만의 모습을 알아차리기 시작했고, 어느 순간 나 자신을 나와 어린 나로 분리해서 보기 시작했다.

내면 아이를 항상 마주하고 산다고 해야 하나? '내가 이렇게까지 참고 살았단 말이야?', '내가 미리 쓸데없는 걱정을 많이 하는구나!', '내가 또 혼자일까 봐 불안해하는 거구나!' 하면서 무의식 속의 행복하지 않은 모습들을 알아차려 가기 시작했다. 우울증과 무기력증이 온 것은 꿈을 꾸며 살아야 할 내가 꿈이 없었고, 결혼 후 나 스스로의 행복을 완전히 잊어버렸기 때문이었다. 그리고 그 마음은 어린 시절의 애정 결핍으로부터 나온 인정욕구임을 알았다. 내 사랑을 인정받고 싶었고, 나의 마음을 인정받고 싶어서 뭐든지 맞춰주고 참았으며 나에게 좋은 일이 생길 거라는 믿음이 그동안 나를 사로잡았었다는 걸 알았다. 그것이 자신을 갉아먹을 정도로 나는 나를 방치하고 있었던 것이었다.

우선 나와 네가 다르다는 생각을 마음속에 가지고 있어야 상처받지 않고 서로를 인정할 수 있으며 진짜 사랑할 수 있는 것을 알았고, 이후 나를 함부로 대하는 사람들에 대해서도 나 자신을 보호하는 방법을 스스로 배워나갔다. 내면 아이와 만나고, 내 마음의 편안함을 알아차리고, 나의 행복에 집중하니 어느 순간부터 심장이 조여오지도 않았다. 자연스레 몸이 아파도 그것으로 인해 더 큰 병을 키우는 건강 염려증에서도 많이 벗어나게 되었다.

나는 평생을 불안과 초조함 속에서 살았음을 알았고 그렇게 살지 않아도 괜찮다고 스스로 다독이면서 이제부터라도 내가 좋아하는 일과 해야 할 일의 균형을 지키며 살아가려고 노력 중이다. 일상을 살아가면서도 문득문득 내가 버거울 정도로 참고 있는지를 항상 확인하려 한다. 어떤 결정을 하거나 고민이 되는 상황이 왔을 때도 내 마음의 소리를 들으려 노력하면 더는 내가 나를 괴롭히지 않게끔 하는 걸 알아차리게 된다. 40년 동안의 마음 습관이라는 것이 대단히 커서 무의식적으로 예전의 마음으로 치우치지만 그때도 문득문득 다시 알아차림과 내려놓음을 반복하며 나의 오늘의 행복을 챙기려 한다.

우리는 모두 행복해질 권리가 있다

아침에 일어나 집 밖을 나선다. 따사로운 햇살에 나의 가슴이 뛴다. 여기저기 지저귀는 새소리는 나의 귓가에 아름다운 선율로 울린다. 하늘엔 솜사탕 같은 구름이 설레고 나의 마음은 살아있는 모든 것들에 감사한다. 오늘 하루 심장이 뛰어 이 아름다운 곳에서 머물게 해주셔서 감사하고, 나에게 일어날 모든 일과 만나는 모든 사람이 선물이고 그들에게 사랑을 전하고 싶다.

이것은 내가 우울증이라는 죽음의 무기력증에서 벗어나 느낀 아침 풍경 속의 감정이다. 삶이라는 것이 이렇게 빛나고 찬란한 것을 여태껏 몰랐다니…. 죽을 것 같은 우울감과 세상의 모든 살아있는 것들이 나를 향해 있음이 이 작은 마음속에 함께 공존하고 있었다니 정말 놀라울 따름이다.

나의 삶과 죽음에 대한 기억, 그리고 그것이 승화되어 나오는 노래가 누군가에게 도움이 된다면 얼마나 좋을까 생각했다. 사람은 한 번 태어난 이상 누구나 죽는다. 이것이 인간의 숙명이고 누구에게나 정해진 시간은 있기 마련이다. 누구나 행복하게 살고 싶어 하는 것도 모든 사람의 본능일 것이다. 그러나 세상 사람들은 너무나 다양하다. 처음부터 모든 것을 다 가진 것처럼 보이는 소위 금수저인 사람, 태어나자마자 장애가 있는 사람, 무한한 사랑만 받은 사람, 사랑받고 싶어 항상 남의 눈치를 봐야 하는 사람 등 세상에는 너무나 다양한 사람들이 있다.

하지만 억울해할 것은 없다. 하나를 잃으면 하나를 얻게 되는 것이 진리고, 세상은 분명 우리에게 똑같은 기회를 제공하고 있으며 모든 것은 내가 마음먹기에 달려있다. 그리고 엎질러진 물은 다시 담을 수 없듯이 이미 일어난 안 좋은 일에 대해선 가능한 한 빨리 잊어버리고, 앞으로 일어날 일에 대해 긍정적인 생각으로 내 머릿속을 채우는 마음 습관을 지금부터라도 만들길 권한다. 마음이란 게 마음먹기 달려있어서 처음에는 조금 어색해도 생각하다 보면 어느새 긍정적으로 변화된 나의 모습을 볼 수 있게 된다.

최선을 다해 달리기만 했던 삶에 왜 나에게 이런 일이 생기냐며 원망과 눈물의 나날도 보냈고, 정말 죽을 것 같은 시간을 지나 결국 나는 빛을 보았다. 이것은 누구에게나 일어날 수 있는 일이라 생각한다. 어둠이 깊을수록 그 깊이만큼의 빛이 기다리고 있다는 것을 이제

나는 안다. 오랜 시간 참고 남의 얘기를 듣기만 했던 경험이 쌓여 다양한 사람들을 이해하고 공감할 수 있는 깊이가 나에겐 있다.

　우리는 모두 행복을 원한다. 그리고 주어진 각자의 다른 환경에서 희로애락을 반복하며 자신만의 방법으로 각자 나름의 행복한 인생을 가꾸며 살아간다. 행복해 보인다는 말이 있지만 정말 행복한지 아닌지는 본인 자신만 아는 것이다. 세상 사람들의 행복의 기준이 진짜 나의 행복이 아니라는 것을 우리는 알아야 한다. 항상 내 마음이 행복한지 스스로 물어보고, 의문을 가져야 진짜 행복이 조금씩 내 곁으로 다가온다.

　주위 사람들의 말에 귀를 닫는 연습도 필요하다. 나의 마음의 소리에 귀를 기울이자. 많은 사람이 마치 영원히 사는 것처럼 인생을 살아간다. 그리고 보통 자신이 뭘 원하는지, 무엇에 기쁘고 슬픈지, 무엇을 좋아하고 싫어하는지 잘 모르고 살아간다. 잘 알더라도 행복한 길을 택해서는 안 되는 많은 이유로 자신의 마음을 안심시킨다. 그러나 알고 보면 변화에 대한 두려움과 욕심 그리고 쓸데없는 걱정의 소리다.

　어릴적에 친구끼리 장난삼아 했던 말이 있다. '왜 태어났니~ 왜

태어났니~'

우리는 왜 태어났을까? 우리는 이 아름다운 지구별을 경험하고 즐기기 위해서 선택되어진 특별한 존재이다. 이 글을 읽는 당신과 나뿐만 아니라 우리는 세상 모든 이들과 연결되어 있고 서로 사랑하며 살게끔 만들어졌다.

우리는 어떤 무의식으로 잠시 잊고 있을 뿐 내가 행복해지면 자연스럽게 그 행복을 나누고 싶어 안달이 날 것이다. 행복해지고 싶어하라.

지금 당장은 아무것도 보이지 않더라도 그 마음을 끝까지 포기하지 않는다면 머지 않아 조금씩 길이 보이기 시작할 것이다.

매사에 서두름 없이 꾸준히 가다 보면 느린 듯 보여도 가장 빠른 길이 되며 가장 멀리 갈 수 있는 길이고 그것이 바로 당신이 행복으로 가는 지름길이 될 것이다.

죽음-그 화려한 부활

아직 이뤄 놓은 것은 없지만
앞으로 계속 쌓아올릴 것이다.

건강과 눈을 잃고 새로운 삶을 준비 중이다.
우울증을 극복하며 죽음에서 더 자유로워졌다.
죽음을 받아들이고 인정하는 것은 어려운 일이다.
새로 태어나지 않는다면 그럴 수 없다.

내 꿈은 많은 사람에게 행복을 주고
나 역시 행복해지는 것이다. 그 매개체가 독서이다.
독서를 통해 죽음을 다시 정립하고 죽음을 받아들였다.
넉넉한 부를 누리며 시간에 구애받지 않고
원하는 삶을 사는 것은 오랜 나의 바람이다.
그 바람의 첫발을 내딛는 지금, 죽음은 나의 동반자다.
언제나 옆에 있지만 잡을 수 없는 실체,
죽음이 그 화려한 부활을 한다.

나는 편안하고 행복한 삶을 살고 있다.

김나영

김나영 ●●●

○ 학원 강사 25년, 사무직 15년, 독서 지도 11년
○ 인간 중심연구소(힐링 독서) 소장

이메일 ny85770@naver.com
블로그 https://blog.naver.com/ny85770
연락처 010-8577-0646

죽음이라는 사신

죽음은 가장 편안해 보이는 대체재였다. 세상 속에서 힘들게 사느니 죽는 게 낫다고 생각했다. 방황하고 갈등하던 20대의 나는 그렇게 삶을 놓으려고 했다. 칼로 손목을 긋는 것은 생각보다 시간이 필요했다. 피가 주르르 흘렀다. 힘줄도 자르고 지혈되면 다시 칼을 대었다. 그러다가 그냥 쓰러졌다. 자취방에 홀로 있었기에 아무도 몰랐다. 하지만 나는 다음날 정신이 돌아왔다. 오히려 몸과 마음이 개운해진 느낌이었다. 그때 '아, 죽는 것도 쉬운 게 아니구나.'라고 생각했다.

죽음에 이르는 순간은 빠르고 충동적이었다. 갑자기 몰려드는 비관적인 생각들은 점점 어두운 곳으로 나를 이끌었다. 한순간의 선택이 인생을 좌우한다고 했다. 사람이 죽는 것도 한순간이지만, 사는 것도 한순간임을 알았다. 다행히도 죽음은 나를 비껴갔다. 살아서 기쁘다기보다 허망한 느낌도 들었다. '죽을 힘으로 차라리 살아 보자.'라는 생각으로 다시 미래를 향해 가기로 했다.

그날 이후로 정말 치열하게 살았다. 매 순간 최선을 다해 모든 일을 했다. 비록 큰 성공은 하지 못했지만 나름 실속있게 살았다. 하지만 운명은 나를 가만두지 않았다. 남편의 생명이 위급하다고 했다. 마음의 준비를 하라는 의사의 말을 멍하니 듣고만 있었다. 내가 할 수 있는 일이 없었다. 그저 어린 두 딸을 데리고 '왜?' 라고 할 뿐이었다. 남편은 응급수술을 하고 3일간 중환자실에서 사투를 벌인 후 깨어났다. 하지만 평생 신장 투석을 해야만 한다고 했다. 그래도 살아있다는 것에 감사를 드렸다. 죽지 않고 살아만 있으면 무엇이든 할 수 있기 때문이다.

그 후로 밑 빠진 독에 물 붓듯 병원비와 수술비가 반복되었다. 삶이 바닥으로 내려가고 점점 힘들어지자 나는 아이들을 맡기고 일을 했다. 경력 단절과 내가 모르는 일들은 나를 지치게 했다. 사람들은 나를 보며 '시체가 걸어다니는 것 같다.' 라고 했다. 그만큼 힘들고 지치고 피곤했다. 주님께 매달렸다. 그것만이 살 길이라 생각했다. 죽음은 생각하지 않았다. 그저 맹목적으로 살았다. 그러다 보니 삶은 엉망이었다.

그러다 한순간 눈의 혈관이 터지며 갑자기 아무것도 보이지 않고 눈 앞에 캄캄했다. 항암치료를 2년간 했다. 그것이 할 수 있는 마지막 치료였다. 왼쪽 눈은 실명 상태고, 오른쪽 눈은 치료하여 0.02가 되었다. 몸은 거의 다 망가져 있었다. 2년 동안 거의 집에서만 지냈다. 죽음이 다시 다가왔다. 그냥 다 놓아버리고 싶었다. 삶을 위해 노력했던 모든 과정이 그저 허망했다. 아무도 만나지 않고 바깥 출입도 거의 하지 않았다. 내 몸은 망가져서 제 기능을 못했다. 극심한 스트레스의 여파는 정말 길었다.

모든 걸 놓으려고 하던 중 그래도 책이 눈에 들어왔다. '그냥 책이라도 읽자.'라는 마음으로 책만 읽었다. 2년을 그렇게 지냈다. 점점 은둔생활에서 벗어나기 시작했다. 조금씩 나가기도 했다. 사람을 피하는 것은 여전했지만 그래도 다가온 사람은 내치지 않았다. 그 이후 나는 조금씩 기력을 되찾고 바깥 출입을 하며 취직을 하였다.

가족의 죽음이 남긴 것

처음으로 죽음을 맞이한 건 5~6세 때였다. 할아버지와 같이 자고 있었는데 밤새 할아버지가 돌아가신 것이다. 그때 나는 할아버지가 잠을 잔다고 생각해서 마구 흔들며 깨웠다. "할아버지, 얼른 일어나." 계속 부르면서 할아버지를 만져도 할아버지는 꼼짝도 하지 않으셨다. 쪼르르 할머니에게 가서 얘기했다. "할머니, 할아버지가 이상해, 안 일어나."

할머니는 방으로 들어와 할아버지를 보시다 놀란 표정을 지었다. 그리고 시작된 장례식 준비는 어린 나를 당황스럽게 했다. 그저 할아버지는 마치 세상에 없던 것처럼 그렇게 돌아가셨다. 나는 슬픔을 안으로 삭혀야만 했다. 그렇게 해야 하는 것으로 생각했다. 아무도 어린 나의 상실감을 알아주지 못했다. 할아버지의 죽음은 평생의 트라우마로 자리잡아 버렸다.

몇 년 후 할머니가 돌아가셨다. 장례식은 작은아버지 댁에서 지냈다. 할머니가 거기 계셨기 때문이다. 돌아가신 할머니 장례식에서 아버지가 나에게 인생의 격언을 말씀하셨는데, 정확히 기억은 나지 않지만 그 말을 하던 현장은 사진처럼 저장되어 지금도 기억의 한 귀퉁이를 차지하고 있다. 할머니의 장례식에서 동생을 업고 있었다는 것은 기억이 난다. 모두 모여서 놀고 있는데 동생을 보는 것은 나 혼자였다. 친척들 속에서 왕따 아닌 왕따였다. 그 속에 파고들어 함께하려고 했지만 쉽지 않았다. 고종사촌들과 사촌들 모두 나에겐 너무 어려운 존재였다. 아마도 자격지심이었을 것이다.

아빠는 내가 초등학교 6학년 때 돌아가셨다. 할아버지처럼 자다가 돌아가셨다. 그것도 내연녀의 집에서 돌아가셔서 장례식도 그곳에서 치르게 되었다. 참으로 어이없는 일이었지만 역시 어린 나에게 신경 써 주는 사람은 없었다. 차디찬 아빠의 시신은 오촌 오빠의 손에 의해 염을 하고 장례를 치르게 되었다. 지금도 그 당시의 염하는 모습과 상황이 눈에 선하다. 그리고 장지에서 관을 묻을 때도 멀거니 바라보고만 있었다. 친척들이 날 보고 울지도 않는 독한년이라고 대놓고 이야기하는 모습을 보며 치를 떨었다.

'너희들이 뭘 알아? 지금 내가 얼마나 가슴 아픈지 알지도 못하면서……' 속으로 울분을 삼켰다. 그들은 그 후에 늘 아빠가 없는 지금 내가 가장이라며 가장의 책무를 뒤집어씌웠다. 잔인하고 잔인한 일이지만 그 누구도 자신이 독을 쏟아내는 것이라 여기지 않았다. 오히려 친척들은 서로를 부추겨 가며 나를 부려먹었다. 왜 어린 나를 잡아먹지 못해 난리인지 그때는 알지 못했다.

삶에 지쳐 갈 때면 나를 귀여워해 주시던 할아버지와 할머니가 생각난다. 또 아버지의 무뚝뚝함도 기억난다. 가끔 나에게 인생을 가르쳐 주시고자 하셨고 잘해보고 싶은 마음은 있었지만 당신 삶에 더 충실하셨던 아버지. 그런 아버지라도 좋으니 살아계셨으면 했다. 심리상담을 배우면서 자신을 돌아보는 계기가 많았다. 그 속에서 아직도 아이의 모습으로 할아버지와 아빠의 죽음 앞에서 울고 있는 내 모습이 보였다.

죽지 못해 산다는 것

아버지의 죽음은 나에게 많은 것을 포기하게 했다. 가뜩이나 어려운 살림이 더 팍팍해졌고 도무지 어떻게 해야 좋을지 알 수 없었다. 그 와중에도 동생들을 돌봐야 했고 정신적으로 많이 지쳐 있었다. 태풍이 몰아치던 어느 날, 나는 나이프를 하나 챙겨 들고 집 밖으로 뛰쳐나갔다. 목적지가 있는 것도 아니었으며 너무도 답답한 마음을 풀어보고자 했을 뿐이었다. 태풍은 비를 뿌리고 바람을 내었다. 그 속에서 나는 자유를 느꼈다. 태풍으로 거리에는 개미 새끼 한 마리도 보이지 않았다. 누구든지 걸리적거리기만 하면 오늘 피를 보리라 생각하고 나간 게 허무할 정도였다. 그렇게 태풍이 불던 밤의 외출은 아무도 모르게 조용히 막을 내려놓았다.

엄마는 늘 우리에게 말씀하셨다. 너희들 때문에 산다고, 그러니 잘 자라 달라고 하셨다. 하지만 언제 자식들이 부모님 말씀을 잘 들었는가? 엇나가진 않았지만 모범생도 아니었다. 가슴속에 울분을 품고 세상을 원망하기도 했다. 어째서 나에게 이런 고난을 주는가? 주님을 원망하기도 했다.

어린 나이에 가장으로서 여러 가지 집안 대소사며 동생의 보호자가 되어 가정을 돌보아야 했다. 결코 가벼운 짐은 아니었다. 늘 엄마가 장사하는 곳에서 엄마를 대신해 일하기도 하고 집안일을 하면서 좋은 일만 있지는 않았다. 그래서 버겁기도 했다.

 죽으면 자연스럽게 사라질 것만 같은 세상의 일들, 그래서 철학에 관한 책을 읽었는지도 모르겠다. 그럼으로써 욕구의 분출을 도모했다. 생각의 틀이 회색지대에 머물러 있었다. 스스로 만든 작은 세계 속에서 살아남기 위해 발버둥치느라 넓은 바다를 그릴 수 없었다. 꿈을 꾸라고 한 사람도 없었고 미래를 준비하라고 한 사람도 없었다. 오직 현실의 순간 속에서 눈앞의 것만 보느라 목표를 세울 줄도 모르고 살았다. 멘토가 있었더라면 하는 생각도 들었다. 그러나 결국 혼자서 걸어가야 했다.

 내가 주도적이지 못해, 주변의 사람에게 휘둘리는 삶은 결코 좋은 삶이 아니다. 가면이 덕지덕지 붙어서 자신을 망각하고 만다. 그래서는 자기혐오에 빠질뿐이다. 하지만 삶 속에서 아픔만 있었던 것은 아니다. 만약 작고 소소한 행복이 없었더라면 살아갈 수 없었을 것이다. 더 넓게 바라보고 싶었고, 더 멀리 나아가고 싶었다. 자라지 못한 생각들이 퍼져나갔다. 그러한 생각들이 모여 나를 정의하기 시작한다. 하지만 모든 것은 마음먹기에 달렸다는 것을 그때는 완벽히 깨닫지 못했다.

죽지 못해 살아가는 삶을 접을 수 있었던 것은 내가 심리학을 공부한 것도 있지만 책을 읽었기 때문이다. 무수히 많은 책을 읽었다. 천 권이 넘는 책을 읽었지만 나는 그것을 정리하지는 않았다. 그저 외우기만 했을 뿐이다. 그저 읽고 또 읽었을 뿐이다. 그래도 그런 경험이 있기에 희망을 바라며 살고 있다. 비록 지금은 초라하더라도 내 나중은 창대하리라고 믿는다.

죽음과 동행하는 법

'긴 강을 따라 흐르면 언젠가 바다에 도달할 수 있지 않을까? 내 삶도 지금처럼 어렵지 않고 행복해질 수 있겠지.'라는 생각을 갖고 살아온 것 같다. 지금 나는 소소하지만 확실한 행복을 즐기고 있다. 어느 날부터 이런 여유로움을 알게 되었는지는 모르겠다. 그냥 문득 알게 되었다. 하루하루의 지금 이 순간의 삶에 자족하는 마음으로 살고 있다. 하지만 내 안에 남겨진 그 무엇인가가 자꾸 날 움직이게 한다. 한순간도 정체되지 않고 고이지 않아야 한다고 부추긴다. 그것은 살아가는 원동력일까? 아니면 또 다른 생각의 함정일까?

지금까지 삶의 파도가 거칠었기에 이젠 좀 괜찮아지려나 했더니 또 사고가 발생한다. 전화금융사기 조직에 걸려 어이없게 사기를 당하고 말았다. 황당하게도 조금만 생각하면 알 수 있는 일이었는데 그 순간만은 아무것도 눈에 보이지 않았다. 그래서 사람은 항상 조심해야 하나 보다. 뼈아픈 실책에 대한 책임을 지고 있다. 지금도 여전히 반성 중이다. 하지만 한 번 잃어버린 것은 쉽게 복구가 되지 않는다. 쉽지 않은 인생살이다.

오늘도 삶은 계속된다. 사람들과 부딪히며 살아가는 과정 중에는 빛도 있고 어둠도 있다. 사람은 항상 어둠에 물들기 쉽다. 우리는 그 사실을 한편으로 던져두고 그냥 사는 것만 이야기한다. 산다는 것은 희로애락이 함께한다는 것을 알게 되기까지 오래 걸렸다. 그런 희로애락 속에 숨겨진 것을 인지하고 제대로 살아가야 한다. 잠깐 눈을 돌리면 죽음으로 반전한다. 그러나 자꾸만 무심하게 넘어가는 경향이 있다. '설마 그러기야 하겠어?' 하는 마음으로 외면하는 것이다. 그것을 당연하게 여기며 살아왔다.

죽음이 가져다주는 상실과 아픔은 상상을 초월할 정도의 스트레스이다. 그러기에 죽음과 동행하는 법을 익혀야 한다고 생각한다. 마냥 무시하고 지나칠 일이 아니다. 그래서 항상 언제 죽어도 여한이 없게 살아야겠다는 마음을 먹었다. 지금 당장 하나님이 부르시면 우리는 떠나야 한다. 그렇다고 해서 삶을 하루살이처럼 살아간다는 것은 아니다. 오히려 더욱 삶을 아름답게 꾸려야 한다고 생각한다.

소중한 삶을 보다 가치 있게 살아가도록 최선을 다하는 것이다. 노력하는 것도 말리지 않는다. 다만 노력도 제대로 된 노력이어야지 무식한 노력이어서는 안된다고 생각한다. 누군가에게는 말장난처럼 느껴지겠지만 노력하지 말라는 것이 아니다. 노력만으로 과연 얼마나 큰 시너지 효과를 낼 수 있을까? 삶을 대하는 자세에 있어 노력은 크게 다가오지 않는다. 오히려 최선의 결과를 바라고 행동하는 것이 삶의 자세에 도움이 될 것이라 기대한다.

나에게 숨겨진 어둠을 몰아내고 진정한 삶을 살아갈 때 죽음은 한 발 물러서서 우리를 바라본다. 언제 어디서나 조용히 다가온다. 인지하지 못하는 사이에 어느샌가 옆에 동행하고 있음을 깨닫는다. 무의식 중에 잠자고 있던 불편한 생각들을 내려놓아야 진정한 자유를 얻을 수 있게 된다. 그 길에 도달하기까지가 힘이 들 뿐이다.

살아간다는 것은 꿈을 꿀 수 있다는 것이다. 꿈이 사라지면 정신은 황폐해진다. 어쩌면 그것조차 인지하지 못할 수도 있다. 꿈을 꾸는 동안 우리는 죽음을 떠올리지는 않는다. 오직 미래만 있을 뿐이다. 하지만 그것이 한쪽 눈으로만 세상을 보는 것과 무엇이 다를까? 우리는 항상 죽음을 직시하고 살아가야 한다. 나도 종종 무시하고 살아가고 있지만 사실 무의식 중에 두려움을 감추려고 그런지도 모른다. 죽음에 대해 항상 긴장하며 살고 있다. 겉으로는 아닌 척하지만, 속으로는 죽고 싶지 않다는 마음이 있다. 본질적인 두려움이 앞선다. 이제는 마냥 옆으로 비껴가려 하지 말아야 한다. 죽음과 동행하는 법을 배워야 한다. 그래야만 진정으로 자유 하는 삶이라고 본다.

죽음 그 화려한 부활

남들보다 더 죽음에 대해 자유롭다고 생각해 왔다. 그까짓 죽음쯤은 자연스럽게 받아들일 수 있을 것으로 생각했다. 하지만 세상을 놓으려고 했을 때보다 지금이 더 두렵다고 느껴지는 것은 단지 나이가 들어서일까? 알 수 없다. 다만 애써 버둥거리지 않는 것만으로도 다행이라 여기고 있다.

예수님은 죽은 지 사흘 만에 부활하시어 우리의 죄를 대속하고 하나님의 영광을 드러내셨다. 그분의 위대한 죽음은 세상 모든 사람의 빛이 되어 오늘날까지 이어졌다. 그분께서도 죽음 앞에 기도를 드렸다. 하물며 연약한 인간 중에서도 더욱 약한 나의 모습은 더 말할 것이 없다. 그래도 꼿꼿이 고개 들어 아직은 견딜 수 있노라고 말하고 있지만 죽음은 그 누구에게나 공평하게 찾아오는 손님이다. 그 누구도 그의 방문을 손절매할 수 없다.

초대받지 않은 손님은 평시에는 눈에 띄지 않다가 어느샌가 옆에 있음을 알게 된다. 가끔 소름이 돋는다. 언제 이렇게 가까이 왔는지 알지 못하기에 놀랄 수밖에 없다. 문전박대는 기본이고 온갖 욕을 들어도 꿈적도 하지 않는 참으로 대단한 불청객이다. 오늘을 살아가는 우리는 이제 인정할 수밖에 없다. 죽음과 삶은 하나라는 것을.

요즘은 존엄사라는 것이 뜨고 있다. 말 그대로 잘 죽어야 한다는 것이다. 갑작스러운 죽음 앞에 당황하지 않기 위해서라도 죽음에 미리 면역주사를 맞아 두는 것도 좋은 일이다. 그러나 대비한다고 해도 죽음은 늘 당혹스럽다. 그렇기에 더욱더 면역을 길러야 한다. 산다는 것은 결국 죽음으로 가는 길이기 때문이다. 그 사실을 잊지 말아야 한다. 우리는 배워야 한다. 죽음이 결코 멀리 있지 않다는 것을 잊어서는 안 된다. 죽음 앞에 승리자가 있겠냐마는 그래도 할 수 있는 것이 있다. 바로 평정심을 유지하는 것이다.

삶은 죽음을 미리 준비하고 내일 죽더라도 오늘 여한이 없게 살아가는 것이다. 누구에게나 공평한 죽음 앞에 살아가는 것을 인정하는 일이다. 그럼으로써 삶은 더욱 빛나고 찬란해지리라 생각한다. 또한 오늘의 삶이 절대 헛되지 않게 살아가는 것이다. 하늘의 별을 보며 우주의 신비를 꿈꾸던 예전 추억이 떠오른다. 밤하늘의 신비는 도시의 불빛 속에 가려져 있다. 보이지 않는다고 없는 것은 아니다. 마찬가지로 죽음 또한 그러하다.

이 나이가 되고 보니 사는 것도 중요하고 죽는 것도 중요하다는 걸 알게 되었다. 잘 죽기 위해서 해야 할 일은 오늘을 충실히 사는 것이다. 현재 내가 할 수 있는 일을 하면서 나아가는 것이다. 미련이 남아 눈을 못 감으면 그것은 슬픈 일이다. 그런 일이 없도록 지금부터 방비하는 것이다. 그러면 다가올 죽음이 조금은 친근하게 느껴지지 않을까.

삶은 누구나 살아가고 있지만 산다고 다 사는 것은 아니다. 그때마다 좌절하며 누워 있을 수는 없다. 우리 앞에 놓인 길을 마땅히 지나야 하듯이 죽음도 거쳐야 한다. 죽음이 두렵다고 뒤로 물러설 수 없다. 당당히 마주하기 위해 힘써야 한다. 그것이 진정 내 삶의 주인이 되는 길이다. 죽음 뒤의 부활을 또한 기대한다. 죽음도 격이 있다는 사실을 예수님은 몸소 보여 주셨다. 거기까지는 아니더라도 최소한의 격을 쌓기 위해서라도 허투루 살아갈 수 없다. 부활절을 축하하는 것은 우리도 죽음에서 부활하리라는 기대심리가 들어있기 때문이다. 그만큼 죽음은 미지의 세계다. 우리는 그 전인미답의 세계를 결코 탐험할 수 없다.

남겨진 자들을 위한 노래

죽음에 무덤덤할 수 있는 것은 무슨 이유일까? 나는 죽음이 두렵게 느껴지지 않았다. 그냥 죽으면 죽으리라 생각했다. 지금도 내게 죽음은 옆자리에서 항상 대기하고 있는 것 같다. 언제든 갈 준비를 하고 있으라 말하는 것 같다. 가끔은 죽음이 너무 조용해서 두렵기까지 하다. 편안한 죽음이란 무엇일까? 저녁에 잠을 자다가 조용히 죽는 것, 아니면 갑자기 돌연사하는 것, 어떤 방식이든 남겨진 사람들에게는 다 똑같은 죽음이다. 세상에 남겨진 자들에게 죽음은 슬픔이자 고통이다.

누구나 죽음으로 가는 길을 걷고 있다. 앞서거니 뒤서거니 해도 우리는 누가 언제 죽을지 알 수 없다. 그래서 두려운 것인지도 모른다. 하지만 죽음은 또 다른 영혼의 여행이라 생각한다. 사람이 살아간다는 것은 매 순간 죽음을 이겨내고 나아가는 것이다. 그렇기에 삶은 고통 속에서도 빛이 난다. 우리는 죽음을 두려워하면서 정작 고통스러울 때 죽음을 바라본다. 차마 감당하기 힘든 문제에 부딪히면 자신의 삶을 놓아 버리려고 한다. 그것이 가장 간단한 방법이라고 생각하기 때문이다. 나만 죽으면 모든 것이 끝난다고 생각하는 것이다. 하지만 그것은 잘못된 선택이다. 죽음을 도피처로 삼는 것은 자신을 두 번 죽이는 것이다.

  나 역시 죽음을 도피처로 생각한 적이 있었다. 그 순간에는 죽음이 너무나 아름다워 보였다. 한없이 평온하고 마치 천국으로 가는 것처럼 느껴졌다. 이제 고통스러운 현실은 지나가고 새로운 세계에 발을 디디는 느낌이었다. 하지만 그것은 기만이었다. 죽음은 결코 살아 있는 사람에게 아름다운 것이 아니었다. 그것은 악마의 유혹이었다. 개똥밭에 굴러도 이승이 좋다는 말은 그래서 나온 말이 분명하다.

  우리는 모두 죽음을 두려워하기도 하고 때로는 부르기도 한다. 그러나 남겨진 자의 슬픔과 고통은 쉽게 나아지지 않는다. 그렇기에 매년 기일을 지키고 추모하기도 한다. 남겨진 자들이 할 일은 더욱 삶에 충실히 하는 것이다. 마음이 이끄는 대로 하고 싶은 일을 하며 살아가는 것이다. 그 길이 비록 힘들고 매우 어렵더라도 충분히 할 가치가 있다. 죽음을 견디어 낸 사람들은 강하다. 그리고 삶을 아름답게 가꾸어 낸다.

  가슴 속에 묻어둔 이야기들을 꺼내어 나열해보니 창피하다는 생각도 들고 부끄럽기도 하다. 그런데도 지난 사연들을 드러내 세상에 알리는 것은 나를 치유하기 위함이다. 또한 같은 아픔을 공유한 사람끼리의 소통이다. 이야기를 나눌 수 있다는 것만으로도 감사하고 행복한 일이다. 아무도 알아주는 이가 없다고 하더라도 세상에 나를 드러내어 알린 것만으로도 충분히 해야 할 일을 한 것 같다.

 나의 경험이 그저 그런 삶의 하나일지라도 세상 속에서 빛을 내며 살아가고 있다. 비록 조그만 반딧불 같은 빛이라 할지라도 세상 속에 살아가는 사람들을 위해 빛을 내고 있다. 죽음은 삶에 남겨진 우리에게 많은 것을 깨닫게 한다. 우리는 그 깨달음을 바탕으로 새로운 삶을 그리며 나아가면 될 일이다. 비록 죽음이 옆에서 항상 도사리고 있더라도 그렇기에 삶은 더욱 빛난다는 것을 우리는 알고 있다. 그럼으로써 남은 자들은 노래를 부를 수 있을 것이다. 삶의 노래를.

죽음, 당할 것인가? 맞이할 것인가?

30여 년간 직장생활을 하면서 정년퇴직을 10여 년 앞둔 즈음 기회가 되어 '데일카네기연구소' 강사를 겸직하게 되었다. 퇴직 후 카네기 강사로 활동하면서, 웰다잉(Well dying)에 관심이 있어 '웰다잉 강사지도사' 자격을 획득하여 웰다잉 관련 강의도 하고 있다. '데일카네기코스'가 '성공학'이라면, '웰다잉 교육'은 '행복학'이라고 생각한다. 퇴직 후 취미로 서예와 대금(국악기) 연주를 하고 있다.

후회 없는 인생 마무리를 하기 위해서는 두 가지 질문, 첫째는 '당신은 행복하게 살았는가', 둘째 '당신은 남을 행복하게 해 주었는가'에 대해 답변할 수 있어야 한다고 생각한다. 나는 그동안 부모, 형제, 가족 그리고 친구 등 주변분들 덕분에 충분히 행복했다. 그러니 이제부터는 그 은혜를 갚아야 할 때다. 미력하지만 '나눔과 베품'으로 주위 분들에게 보탬이 되고 싶다.

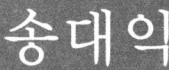

송대익 ●●●

- ○ 직장생활 32년, 2015년 12월 정년퇴직
- ○ 경남 카네기연구소 전문 강사(2007년 ~)
- ○ 한국인재육성개발원 웰다잉 강사(2021년 ~)
- ○ 실버두뇌건강지도사, 한국웃음연구소 웃음치료사 자격 획득
- ○ NLP (Neuro-Linguistic Programming, 신경언어학 프로그래밍) 과정 수료
- ○ 리더 및 조직 역량 강화(창조경영)과정 수료
- ○ 기술거래사 자격 획득

이메일 dysong6282@naver.com
연락처 010-4857-5286

죽음 경험과 웰다잉과의 만남

 코로나가 2년 넘게 기승을 부렸다. 삶의 모든 영역에서 피해를 줬다. 코로나의 우울함을 가장 적절하게 표현한 장면이 기억난다. 모 방송국 노래경연 프로그램에서 7살 아이가 이선희의 '아! 옛날이여'를 감정 깊게 불렀다. 심사위원과 진행자가 '어떤 생각으로 노래를 불렀으며 그리고 너도 옛날이 있느냐?'라고 질문하니, 답변이 '마스크를 쓰지 않았을 시절과 친구와 키즈카페 갈 때를 생각하며 불렀어요.'라고 대답했다. 코로나로 인해 확진자와 사망자도 속출했다. 지인의 사돈이 목사인데 그분도 젊은 나이에 코로나로 돌아가셨다. 이처럼 죽음에는 남녀노소, 지위고하를 막론하고 예외가 없다.
 나의 간접적 죽음 경험은 부모님의 별세다. 어머니는 1991년에 67세로 별세했고 아버지는 2012년, 88세로 운명을 달리하셨다. 어머니는 지금 내 나이(68세) 즈음에 돌아가셨으니 너무 애통하다. 그 당시

어머니는 편찮으셔서 자주 조금씩 음식을 드셔야 했기에 밤에도 음식을 데워야 했는데 그것이 귀찮아 어머니께 미뤘던 것이 후회된다.

아버지의 경우에는 2012년 폐렴으로 1주일 정도 입원하셨다. 폐렴은 나이 드신 분에게는 치명적이라 아버지도 예외가 아니었다. 담당 의사가 마음의 준비를 하라 했고, 인공호흡기 치료 여부를 가족끼리 상의하라 했다. 형제 중에 의사도 있어서 신중하게 상의하여 무의미한 연명치료는 받지 않는 것으로 결정하였다.

삶에 대한 의지가 강했던 분이라 돌아가시기 하루 전날에도 음식을 억지로 드셨고 가끔은 병상에서 병실 벽을 멍하니 바라보셨다. 그런 모습에서 삶에 대한 의욕과 죽음에 대한 체념의 감정이 교차하심을 느낄 수 있었다. 어머니는 너무 젊으셔서, 아버지는 삶에 대한 준비나 정리가 되지 않은 상태에서 운명을 달리하셔서 안타깝고 후회스러웠다. 아버지는 돌아가셨지만 평생 가르침을 다시 한번 가슴에 깊이 새겨본다. 첫째, 매사에 철저하고 최선을 다하라. 둘째, 약속한 것은 꼭 지켜라. 셋째, 어제보다 나은 오늘, 오늘보다 나은 내일을 위하여 노력하라. 넷째, 학습에 대한 열정을 가져라. 다섯째, 동기간에 우애를 친구 간에는 신의를 가져라.

나는 지난 해(2021년) 7월 사고로 팔이 골절되었다. 계단에서 내려오면서 뒤로 넘어져 왼팔 중간이 계단 모서리에 부딪히고 이어서 머리가 바닥에 부딪혔다. 순간적으로 이렇게 해서 죽는가보다라는 생각이 들 정도였다. 한참 동안 누워있다가 일어났다. 그날 저녁 찜질을 하고 수건으로 동여맨 뒤 다음날 병원에 갔다. X-Ray를 찍어보니 팔뼈 하나가 완전 두 동강이 나 있었다. 접골수술을 하고 핀을 골절 부위 위아래로 3개씩 총 6개를 박았다. 1주일 정도 입원하고, 퇴원해서도 1달간 깁스를 한 채 있었다. 지금도 다친 왼팔은 힘이 없고 손 쥠이 어둔하다.

나는 이 사고를 통하여 '생노병사', 즉 병(다침)을 통하여 간접 죽음을 경험했다. 머리가 부딪히는 순간, 아찔하며 정신을 잃는 듯했다. 또한 깨우침도 있었다. 대부분 이런 사고를 당하며 '왜 하필 이런 사고가?' 또는 '이런 사고가 왜 내게?'라며 원망을 한다. 하지만 이렇게 사고가 나는 것은 상당히 확률적이다. 서실에서 글을 쓰고 있던 그날 비가 왔고, 계단이 반만 젖어 있었고, 친구가 온다기에 급히 계단을 내려갔던 것이다. 계단의 윗부분은 마른 상태라 그 감으로 내려가다가 젖어 있는 아래 계단의 미끄럼에 대비하지 못한 것이다. 여러 경우의 수가 사고가 날 확률을 높였던 것이었다. 한편으로 많은 교훈도 얻었다.

첫째, 당연한 것들에 대한 고마움이다. 왼팔을 다치니 너무 불편했다. 다치지 않았을 때 너무나 당연한 것들이 불편함투성이었다. 살아가면서 그런 것들은 너무 많다. 잘 먹고 잘 내보내는 것, 잘 걷는 것, 숨 쉬는 것 등 신체적인 것뿐만 아니라 공기, 햇볕, 비, 바람, 꽃, 나무 등 이루 헤아릴 수 없다.

둘째, 소소한 것에 대한 고마움이다. 더운 여름철 팔에 깁스를 하니 상당히 갑갑하고 가려웠다. 그래서 드라이어로 깁스의 틈새나 소독하기 위해 뚫어둔 뚜껑을 열고 바람을 불어 넣으니 그 틈새로 들어가는 한 줄기 바람도 무척 고마울 지경이다. 이렇게 세상을 살다 보면 이웃끼리 가벼운 인사, 청소하는 분에 대한 감사의 인사, 이중 주차가 되어 있는 차를 누군가가 힘겹게 밀 때 힘 보태기 등 그런 소소함이 세상사는 재미가 아닌가 생각한다.

셋째, 가족을 비롯한 주위 사람들의 배려에 대한 고마움이다. 늘 곁에 있는 아내가 왼팔의 불편함에 대한 배려가 가장 컸다. 옷을 입고 벗을 때, 샤워를 할 때 등 많은 도움을 받았다. 아들. 딸들은 수시로 전화해서 안부를 물어주고 걱정해 주었다. 주위에 친구들도 가끔 전화를 준다. 그분들의 배려에 감사하며, 나도 나으면 그분들을 도울 것이며, 배려하고 싶다.

퇴직할 즈음 서강대 최진석 교수의 강의를 듣게 되었다. 그 강의 중에 지금까지도 생각나는 내용은 "지금까지는 '숙제' 처럼 살았다면, 이제부터는 '축제' 처럼 살라고. 그러기 위해서는 좋은 일보다는 좋아하는 일을, 즐거운 일보다는 즐기는 일을, 바람직한 일보다는 바라는 일을 하라."였다. 퇴직 후 하고픈 일들이 봉사활동, 대금연주, 서예 등이었으며, 나이가 들어감에 치매 예방, 웰다잉에 대해 관심이 있었다. 그러던 중, 카네기코스 동기의 소개로 한국인재육성개발원에서 주관하는 '실버두뇌건강지도사(치매예방)', '웰다잉강사지도사' 자격을 2021년에 획득하였다. '웰다잉 교육'은 '행복학'이다. 행복한 삶을 위해 웰다잉을 공부했고, 좀 더 행복하기 위해 주위 분들과 공유할 목적으로 웰다잉 강의를 하게 되었다.

작년 12월 초, 올해 3월 말 두 차례에 걸쳐 강의를 했다. 강의를 듣는 사람의 목적은 다양하다. 순수하게 본인의 삶에 필요해서, 추후 강의를 하거나 컨설팅을 하기 위함이다. 죽음에 관련된 강의라 1차 강의 때는 스스로도 경직되었기에 가볍게 강의를 진행할 수 없었다. 죽음이 주는 무게 때문이었다. 마치 어릴 때처럼 성(性)에 대한 지식을 공개적, 긍정적으로 밝게 받아들이는 것이 아니라 어둡게 암암리에 받아들이는 것과 비슷한 분위기였다.

죽음도 마찬가지이다. 죽음을 논하지만, 결국 죽음을 통해 행복한 삶을 살자는 것이 강의의 주목적이다. 행복한 삶이 전제라면 밝고 유쾌하게 좀 더 즐거운 분위기에서 토론할 수 있겠다 싶은 마음이었다. 그래서 2차 강의 때는 청바지에 체크 스웨터를 입었다. 그리고 수강생들에게 그 사유를 이야기했다. 강의는 토론식으로 진행되었는데,

수강생 대부분이 인생의 경륜이 있는 분들이고, 또한 죽음학이 인문학인지라 딱 정해진 답이 있는 것이 아닌 만큼 의견을 주고 받았다.

가장 기억에 남는 수강생은 최근 모 대기업을 정년퇴직하고 귀촌한 분인데, 삶의 모토가 '배워서 남 주자'이고 웰다잉 강사가 되어 지역민들과 관련 지식을 공유할 계획이라고 밝혔다. 그분 집에 초청받아 가게 되었는데 대문에 문패 대신 '여락제(與樂齊, 더불어 기뻐하는 집)'란 팻말이 있었다. 그리고 2층 복도로 올라가는 길에 '늘 기쁜 마음, 감사한 마음'이라는 팻말이 걸려 있었다. 독실한 기독교 신자인 그는 늘 기쁘고 감사한 마음으로 살며, 이 집은 내 집이 아닌 하느님으로부터 받은 더불어 기뻐하는 집인 만큼 누구한테나 개방되어 있고, 지식을 공유하는 곳이라 했다. 그는 웰다잉 교육을 받기 전부터 이미 웰라이프(Well Life)를 하고 있었다. 또한 다른 수강생들도 죽음에 대한 인식이 많이 바뀌어 죽음의 관점에서 삶을 보면 하루하루를 행복하게 그리고 남을 행복하게 해줘야겠다는 것을 느꼈다고 했다. 다음은 강의 중 일부 내용을 발췌한 것으로 공유하고자 한다.

죽음 맞이하기

'퍼스트 펭귄 (The first penguin)'이란 말이 있다. 펭귄은 생존을 위해서 바다에 나가 먹잇감 사냥을 해야 하는데, 바다에 뛰어드는 것을 매번 두려워하기 마련이다. 바다에는 펭귄의 먹잇감도 많지만, 바다표범이나 범고래 같은 펭귄의 적도 많으므로 죽음에 대한 두려움 때문이다. 모두가 우왕좌왕할 때 용감한 펭귄 한 마리가 먹잇감 사냥을 위해 바다에 먼저 뛰어들면 나머지 펭귄들도 죽음의 공포를 이겨내고 뒤따라 바다에 뛰어든다.

이때 제일 먼저 바다에 뛰어들기 위해서는 펭귄의 천적인 바다표범이나 범고래에 잡아먹힐지도 모른다는 두려움을 이겨내야 한다. 펭귄 무리들 중에 가장 먼저 바다에 뛰어드는 펭귄을 '퍼스트 펭귄'이라고 부른다. 퍼스트 펭귄은 위험하고 불확실한 상황에서 다른 펭귄의 참여와 도전을 이끌어 내는 역할을 하는 셈이다. 퍼스트 펭귄은 현재의 불확실성에도 용감하게 도전하는 선구자를 뜻하기도 한다.

'죽음'도 마찬가지다. 대부분 사람은 죽음에 대하여 말하기를 꺼린다. 심지어 자기는 죽음과 관련이 없는 사람처럼 죽음을 터부시하기도 한다. 그 이유는 죽음이 두려우며 미지의 세계이기 때문이다. 그렇다고 해서 죽음을 피할 수는 없다. 남녀노소, 지위고하를 막론하고 죽음 앞에서는 평등하다.

그렇다면 이왕 맞이하게 될 죽음이라면, 우물쭈물하다가 후회스럽게 죽음을 당할 것이 아니라, 미리 죽음에 대하여 인식하는 것이다. 어떻게 하면 웰다잉(후회없는 마무리)을 할 것인지 미리 알아보고 준비하고 실천하면 당당히 죽음을 맞이할 수 있게 될 것이다. 한 걸음 더 나아가 주위 분들과 공유해 보는 것은 어떨까? 즉, '웰다잉의 퍼스트 펭귄'이 되어보는 것이다.

'Life is between B and D', 여기서 B는 Birth, D는 Death이다. 삶이란 태어남과 죽음 사이를 말한다. 그런데 B와 D 사이에 C가 있다. C는 Choice이다. 우리는 살아가면서 수많은 선택을 한다. 학교, 직장, 결혼 등을 할 때도 선택을 한다. 죽음도 마찬가지다. 허무한 죽음을 택할 것인가, 후회 없는 마무리를 할 것인가도 선택할 수 있다.

죽음 인식

죽음이란 사전적 의미로는 심장 및 호흡 기능과 뇌 반사의 영구적인 소실을 말한다. 호흡운동과 심장박동이 멈추고 뇌 반사가 소실된 것이 불가역적일 때 죽음을 판단하고 다시 24시간을 기다려야 법적으로 죽었다고 판정할 수 있는 것이다. 더욱 중요한 것은 죽음의 공리(公理, 증명할 필요가 없는 자명한 진리)이다. ① 반드시 죽는다 ② 언제 죽을지 모른다 ③ 어디서 죽을지 모른다 ④ 어떻게 죽을지 모른다 ⑤ 아무도 대신 죽어줄 수 없다 ⑥ 죽을 때 아무것도 가져갈 수 없다 ⑦ 죽음 앞에서는 누구나 평등하다.

죽음에 대하여 어떤 견해를 가지고 있는지 유명인들을 통해 알아보자. 췌장암으로 세상을 떠난 스티브 잡스는 생전에 스탠포드 대학 연설에서 죽음에 대해 이렇게 이야기하였다. "죽음은 삶을 변화시킨다. 곧 죽을지도 모른다는 사실을 명심하는 것이 인생의 중요한 순간마다 큰 도움이 될 것이다"라고 말이다.

묘지명을 살펴보면, 영국의 극작가 버나드 쇼는 '우물쭈물하다 내 이럴 줄 알았다', 헤밍웨이는 '일어나지 못해 미안합니다', 미국의 여류시인 에밀리 디킨슨은 '돌아오라는 부름을 받다', 프랑스 소설가 스탕달은 '살았다. 썼다. 사랑했다.' 이다. 걸레 스님으로 유명한 중광 스님은 '괜히 왔다 간다' 이다. 이렇게 죽음에 대한 태도가 다르다.

서두에서 언급했지만 대부분 사람은 죽음에 대하여 말하기를 꺼리고 심지어 터부시한다. 그 이유는 죽음이 두렵기 때문이다. 죽음이 두려운 이유는 ① 죽음은 산 사람에게는 미지의 세계 ② 영원한 고독을 의미 ③ 가족, 친지와의 이별을 뜻함 ④ 몸이라는 신체 기관의 상실 ⑤ 나는 어디로 가는가와 관련된 생각 ⑥ 고통스러움 예상 때문이다. 그럼에도 불구하고 죽음을 인식하면 어떤 효과가 있을까?

첫째, 이타심이 증가한다. '스크루지 효과'이다. 동업자인 말리가 죽은 뒤 혼자서 상회를 경영하고 있는 노인 스크루지는 지독한 구두쇠로 누구에게도 베풀 줄 모르며 모두가 즐거워하는 명절인 크리스마스조차 싫어한다. 그런 스크루지에게 크리스마스이브, 쇠사슬에 묶인 말리의 유령이 나타나 곧 크리스마스의 유령이 스크루지에게 찾아올 것이라 말하며 지금부터라도 다른 삶을 살라고 충고한다. 이후 유령들을 만나고 스크루지는 크게 참회하고 새로운 삶을 살기로 하는데, 이것이 바로 스크루지 효과이다.

둘째, 삶의 의욕이 증진된다. 미국 사우스 플로리다대학 심리학과 제이미 골든버그 교수팀의 연구 결과, 죽음에 대한 글쓰기를 한 그룹이 일반적 글쓰기를 한 그룹보다 운동 의지와 운동실행력이 높아짐을 밝혔다. 셋째, 공정성이 강화된다. 사람들에게 오히려 사회의 문화적 규범을 더 잘 지키려는 긍정적인 성향도 나타난다는 것을 보여주는 실험이 있었다. 넷째, 삶을 재평가한다. 2011년 3월, 일본 대지진 후 생존자들의 인생관, 가치관(주위 관계, 가족 소중, 환경재평가)이 바뀌었으며, 행복함이 재조명되었다. 다섯째, 배려심이 증가한다. 상대방을 배려하고 상대방의 관점에서 생각한다.

웰빙, 웰에이징, 웰다잉

동전의 양면처럼 웰다잉(Well-dying)을 논하면서 웰빙(Well-being), 웰에이징(Well-ageing)을 언급하지 않을 수 없다. 웰빙은 1980년대 중반, 유럽에서 시작된 슬로푸드(slow food) 운동에서 시작되었다. 2000년대는 육체적, 정신적 삶의 유기적 조화를 추구하였으며, 이후에 비로소 이런 움직임이나 삶의 문화가 포괄적 의미로써 '웰빙'으로 명명되었다. 웰빙은 여유 있게, 천천히 그리고 안녕, 복지, 행복의 뜻을 내포하며, '참살이'라 일컫는다.

2018년 타임지 표지에 '지금 태어난 아이는 142살까지 살 수 있다'는 타이틀이 언급되었다. UN이 재정립한 평생 연령 기준이 미성년(0세~17세), 청년(18세~65세), 중년(66세~79세), 노년(80세~99세), 장수 노인(100세 이후)로 재정립되었다. 1960년대 우리나라의 평균수명은 남자가 51.5세, 여자가 53.7세이었던 것을 감안한다면, 지금은 획기적으로 수명이 연장된 것이다. 그렇기에 품위 있게 나이 듦, 즉 웰에이징(Well-ageing)의 중요성이 한층 높아지고 있다.

웰에이징(Well-ageing)이란 나이 듦을 자연스럽게 받아들이고, 그 나이까지 살아있는 것 자체를 감사하게 생각하며, 노화가 진행되는 과정에서 축적된 지혜와 경험을 삶에 반영하도록 활용하는 것이다. 즉, 아름다운 노화, 성공적인 노화, 몸과 정신의 조화로운 삶 그리고 건강하고 행복한 노후를 말한다. 진정 내가 원하는 삶을 살기 위해서는 내면적 만족, 자신을 위한 삶, 과거에 하고픈 일과 여가를 즐기는 일, 자발적이고 능동적 삶, 더 많은 사람과 교류하고 베품 그리고 죽음을 준비할 때임을 깨달음 것이 중요하다.

하루를 잘 보내면 잠이 잘 오고, 할 일을 다했으면 잘 죽을 수 있듯이 웰다잉은 웰빙과 같은 맥락이다. 즉 잘 죽는 것이 곧, 잘 사는 것이다. 웰다잉이란 물질적, 사회적, 육체적 뿐 아니라 정신적으로도 잘 사는 것이며, 죽음에 대한 준비를 철저히 하고(죽음 준비), 죽음에 대한 두려움을 버리고(긍정적인 삶), 죽음에 대한 인식변화(맞이하는 죽음)를 통해 후회 없는 마무리를 하는 것이다. 말기 암 환자가 가장 후회하는 건 좀 일찍 건강관리 하지 못하고 주위 사람들과 관계를 돈독히 하지 않았으며, 하고픈 일을 미리 하지 않았는가에 대한 후회이다.

우리는 너무 많은 외래어를 쓰고 있다. 코로나 관련으로 팬데믹(전국적인 유행병), 부스터 샷(추가접종), 위드 코로나(단계적 일상 회복) 등인데, 특히 내가 가장 마음에 들지 않는 외래어 사용은 '템플스테이' 이다. 좋은 우리말이 없을까? 생각해 보니, '저절로 머물기' 가 어떨까 싶다. '저 절(寺)에 머물다' 라는 뜻도 있지만, '저절로(자연적으로) 머물기' 의 뜻으로 해석할 수 있다. 그런 의미에서 '웰빙', '웰에이징', '웰다잉' 도 우리말로 바꿔본다. '웰빙' 은 '행복하게 살기', '웰에이징' 은 '품위 있게 나이 들기' 그리고 '웰다잉' 은 '후회 없는 죽음 맞이' 가 어떨까? 결국 웰다잉이란, 웰빙, 웰에이징이 모두 포함된 '행복하게 살고, 품위 있게 나이 들어, 잘 준비해서 후회 없이 죽음을 맞이하는 것' 이라고 명료하게 정리할 수 있다.

죽음의 의미와 사람들에게 하고 싶은 말

우리의 조상들은 연로하시면 '유택(幽宅)'이라 해서 미리 무덤을 봐 두거나 수의를 마련하기도 했다. 그것은 미리 죽음을 생각해 두면서 하루하루를 열심히 살자는 의미다. 나는 어떤 유택이나 수의를 준비해 두었는가? 2013년 결혼 30주년을 기념하여 가족과 함께 통영에 여행 간 적이 있었다. 저녁에 석양을 등지고 동영상을 촬영한 적이 있었으며, 주제는 우리 부부의 유언이었다. 나는 그 유언을 통하여 내가 죽으면 장기기증을 부탁하였다. 또한 유산의 반은 사회에 기증하고 나머지 반은 아내와 자식이 분배해 줄 것을 유언으로 남겼다. 아내는 죽으면 부모님 옆에 수목장을 해달라고 했다. 나도 언젠가는 죽는다는 것을 받아들이고 살아있는 동안 더 열심히 살자는 다짐으로 가슴 벅찼던 기억이 난다.

나는 오래 사는 것 못지않게 건강하게 행복하게 사는 것이 중요하다고 생각한다. 그래서 '소확행(小確幸, 소소하지만 확실한 행복)'한 삶을 살기를 원한다. 퇴직을 앞둔 안식월 동안 월정사 단기출가(2014. 4.17~5.11)를 하면서 회향식(수료식) 즈음 느낀 점도 ①살아오면서 너무 불필요한 말을 많이 했구나 ②나의 삶의 방식을 상대방에게 강요하였구나 ③지금 행복을 느끼는 순간이 행복한 순간이구나 였다. 주어진 행복보다는 소소한 가운데서 느껴지는 행복이 더 중요하게 느껴졌다. 하루하루 그런 행복을 느끼는 방법의 일환으로 '죽음을 생각하라(memento mori)'이다. '오늘은 내 남은 인생의 가장 젊은 날이다', '오늘은 어제 죽었던 사람들이 그렇게 살기를 원하던 날이다' 도 마찬가지다. 그런 날이기에 오늘 하루를 헛되게 살 수 없다.

마지막으로, 삶과 죽음에 대한 미련과 집착을 버리고 하늘로 돌아갈 수 있는 진정한 자유인이었던 천상병 시인을 떠올리며 그의 시를 올려본다

귀천(歸天) / 천상병

나 하늘로 돌아가리라.
새벽빛 와 닿으면 스러지는
이슬 더불어 손에 손을 잡고,

나 하늘로 돌아가리라.
노을빛 함께 단 둘이서
기슭에서 놀다가 구름 손짓하면은,

나 하늘로 돌아가리라.
아름다운 이 세상 소풍 끝내는 날,
가서, 아름다웠더라고 말하리라.....

참고문헌 : 『웰다잉의 이해와 실천』(조원규 저)

죽음에서 내 삶의 목표를 찾다
- 가치 있는 삶을 위해 -

  유치원 교사 생활부터 현재 어린이집 원장이 되어 20년 이상 교육업을 하고 있다. 직장 생활을 하며 선한 영향력을 나타내고 나를 발전시킬 수 있는 일들을 위해 도전하며 노후를 준비하고 있다. 노년에는 나를 위한 삶이 아닌 세상에 더 보탬이 되는 삶을 살려고 공부하고 소망을 품고 노력하고 있다. 세상에서 소비자로의 삶이 아닌 생산자로의 관점에서 도전하고 성취해 나가고 있다. 살아있는 동안 의미 있는 인생이 되고자 부단히 노력하고 있다.

최은희

최은희 ●●●

- 프리페어인리치 국제 공인상담사
- 서울 광진구 예아랑어린이집 운영
- 건국대학교 유아교육과 석사졸업
- 총신대학교 유아교육과 박사과정 재학 중
- 성수교회 유치부 교사
- 광진구 민간어린이집연합회 총무
- 중곡3동 주민자치위원
- 공저: 『어머니, 당신이 희망입니다』(21년), 『이런 취미 어때요?』(21년)

이메일 cag100@naver.com
블로그 https://blog.naver.com/cag100
연락처 010-5040-2472

일곱 살에 죽음의 문턱까지

"은희야, 눈 좀 떠봐. 아가, 은희야!" 다급해진 아빠의 말씀에 엄마는 "아이고, 큰일 났네. 빨리 침이라도 맞으러 가야 쓰것네."

일곱 살 때 처마 밑 바로 아래에서 햇볕을 쬐고 있었는데 벼농사를 지어 방아를 찧은 후 벼 껍질을 쌓아놓았던 자루 위였다. 어지럽다는 말을 한 후 뭐가 묻었다며 얼굴에 있는 것을 아빠께서 떼어주려 했을 때 난 힘없이 그 자리에서 기절하고 말았다. 부모님은 정신을 잃은 나를 안고 동네에 민간요법으로 침을 잘 놓던 이웃분께 침을 맞으려 했다. 하지만 아주머니는 축 처진 상태로 정신을 잃고 있는 나를 보시고, 침을 놓으려니 긴박함에 떨려 침을 겨우 놓았는데 침도 잘 들어가지 않았다고 했다. 침을 놓자 입에서 거품이 나며 먹었던 사과를 토한 후 차도가 없어서 시내에 있는 병원으로 갔다.

처음 간 병원에서는 이상 없다며 돌려보냈다. 부모님은 깨어나지 못하고 있는 내가 아무리 생각해도 온전하지 않은 것 같아 고려병원을 갔더니 의사 선생님은 뇌염인 것 같다며 대학병원으로 가야 한다며 서둘러 구급차를 불렀다. 한시가 급하게 치료받아야 하는 나는 구급차를 타고 대전 대학병원으로 옮겨졌다. 검사와 치료를 진행하며 회복이 될지 확실하지 않은 상태로 입원하게 되었다.

의식이 없을 때 또렷이 기억하는 것은 "하나님, 우리 은희 살려주세요. 고쳐주세요. 온전히 깨어나서 건강하게 해주세요. 믿습니다. 하나님 회복하게 해주세요."라며 기도하는 모습이었다. 엄마의 눈물이 누워있는 내게 떨어지며 최선을 다해 기도하고 계셨다. 고려병원에서 의사 선생님의 진찰과 엄마의 기도와 정성, 뇌염이라고 판단하고 구급차를 불러 서둘러 대학병원으로 보내주고 치료해줬던 과정이 아니었다면 지금의 온전한 나는 없다. 지금 생각해도 감사하고 감사하다.

"엄마, 저 침대에 있던 애는 어디 갔어요?"라고 물으면 엄마는 죽어서 나간 아이의 상태를 사실대로 말씀하지 않고 "치료받고 퇴원해서 집에 갔어."라고 말씀하셨다. 머리를 깎아서 머리에 링거를 꽂아야 해서 깎는다고 했을 때 머리를 깎고 뇌를 수술하는 줄 알고 그러면 나는 죽을 거라는 생각을 해 너무 무서워서 소리치며 "안 할 거야. 안 깎을 거야. 싫어. 안 할 거야."라며 울부짖고 깎는 것을 거부했다.

일곱 살의 나이에 죽음은 두려운 것이었다. 엄마와 아빠, 그리고 언니들과 오빠들 그리고 나를 괴롭히고 장난치던 그래도 사랑스러운 동생과 헤어져야 하는 두려움과 공포였다. 죽고 싶지 않고 살고 싶다는 외침이었다. 죽음이란 사랑하는 사람과 분리되는 막연한 무서움이라 생각했다. 물론 교회를 다니고 내가 죽게 되면 천국에 갈 것을 확신했다. 하지만 그 막연함과 무서움 그리고 수술치료에 대한 두려움이 나를 공포에 떨게 했다.

치료 후 점점 회복되어 의식을 찾게 되었고 다양한 인지검사 및 신체 반응 등을 살펴보셨다. 질병은 의사 선생님의 농담을 받으며 대화할 정도로 많이 좋아졌다. 기적처럼 살아남아 뇌나 다른 인지 및 신체가 망가지지 않고 온전히 회복된 것을 보시며, 대전대학병원의 의사 선생님들은 기적이라며 고맙다는 생각을 하고 계셨다. 만약 그때 어느 한 부분이 망가져 회복되지 못한 상태였다면 부모님은 본인들이 뇌염 예방주사를 맞히지 않아 이렇게 되었다는 후회와 자책을 하고 나를 평생 돌봐야 하는 그 고단함은 이루 말할 수 없었을 것이다. 그 이후 부모님은 예방주사를 철저히 맞히시고 더 온전히 건강하게 자랄 수 있도록 형편이 좋지 않았음에도 텔레비전에서 광고하는 값비싼 미국산 영양제도 사서 나만 먹도록 하셨다. 변변한 간식거리가 없이 먹어도 먹어도 늘 허기졌던 어린시절, 동생은 그 영양제를 먹고 싶어 나를 조르며 다락에 감춰둔 영양제를 1개만 꺼내 먹자며 조르곤 했다.

어릴 때부터 나를 괴롭히고 때렸던 막내한테 엄마께서 말씀하셨다. "은희 누나 아팠어. 괴롭히고 때리면 병원에 또 입원할 수도 있어. 그러니까 잘 아껴야 해. 도와줘야 해."라며 두 살 아래의 남동생을 타일러 주셨다. 그 이후로 남동생은 나를 때리지 않았다. 왼쪽에 어릴 때 남동생이 깨진 유리병으로 나를 괴롭히다가 남긴 흉터가 남아 있다. 어릴 때 일이라서 그 사건이 기억나지 않는다. 남동생이 그랬다고 전해 들은 사실이다. 그 뒤로 어느 정도는 착한 남동생이 되었다. 나를 괴롭히지 않고 부모님 말씀도 잘 듣는 착한 아이가 되었다. 가족은 모두 사고로 눈 한쪽이 실명된 막내가 혹시 다른 한쪽마저 사고나 사건으로 다쳐서 세상을 볼 수 없게 될 수도 있어 어린 시절 남동생의 안녕이 항상 걱정이었다.

내 기도 제목 중의 하나는 늘 남동생의 안전한 생활이었다. 어느 날 부자인 당숙의 도움으로 서울에 있는 가장 유명하다는 김안과를 찾아갔다. 그러나 이미 회복할 수 없는 상태며, 눈을 인조 눈으로 교체하는 수술을 하거나 미관상 이상해 보이지 않도록 렌즈를 끼는 방법밖에 없다고 했다. 본인 눈이 더 좋을 것이라는 결정을 하고 수술하지 않고 렌즈를 끼며 지내는 방법으로 결정했다. 지금은 미관상 나쁘지 않다. 막내는 자존감이 낮지도 않고 건강한 사람으로 잘 지내고 있다. 사고 없이 안전하게 자라주고, 두 아이의 아빠로 남편으로 크게 농사일을 하며 잘 지내고 있는 남동생에게 감사하다. 하나님께 감사하다.

가족의 죽음

　어느 날 저녁에 전화가 걸려왔다. 큰오빠가 병원에 입원해 있으니 빨리 오라는 것이었다. 오빠는 사고로 급히 병원에 구급차로 실려 갔다. 그 처치가 급해 집에 연락이 온 것이다. 오빠는 회복될 가망이 거의 없었다. 그래서 며칠 병원에서 보내다 임종을 위해 귀가를 했다. 오빠의 상태는 좋지 않았다. 형제들 중에서 나를 가장 예뻐하고 유난히 더 아꼈던 오빠였고, 무한 사랑을 주었던 그 오빠가 임종을 기다리며 집에 누워있었다. 사경을 헤매는 오빠의 모습을 지켜보는 것은 큰 안타까움과 고통이었다. 소생의 가능성이 없는 오빠를 위해 내가 할 수 있는 것은 오직 간절한 기도였다.

　"하나님, 오빠가 제발 구원의 믿음을 갖게 해주세요. 천국에 소망을 두고 하나님 바라보고 천국에 꼭 갈 수 있게 해주세요. 우리가 예수님을 믿기만 하면 예수님이 우리 죄를 사하시고 우리가 깨끗하게 됨을 온전히 믿게 해주세요. 그래서 평안함으로 하나님을 온전히 소망하는 죽음이 되게 해주세요."
　교회의 목사님과 모든 가족은 간절히 기도했다. 그 기도가 이루어져서 오빠는 두려움이 아닌 평안한 모습을 찾아갔다. 본인이 갈 곳이 두려운 곳이 아닌 하나님이 계신 천국임을 확신하자 평안히 죽음을 받아들였다. 모두 임종을 준비하는 예배를 경건하고 엄숙한 가운데 이별에 대한 아픔과 안타까움을 가슴에 묻고, 오빠의 천국에 대한 소망을 기대하며 죽음을 받아들였다.

그 이후 엄마는 한동안 오빠를 잃은 슬픔에 목놓아 울기도 하고 평소 마시지도 않던 술도 마시며 저녁이면 괴로워하셨다. 오빠의 친구들도 모두 안타까워하며 장례식장에 왔다. 오빠는 그렇게 20대 초반의 짧은 생을 마치고 천국에 갔다.

오빠가 죽은 다음 해에도 친구들이 찾아와서 인사를 했는데, 오빠 친구들을 보면 먼저 간 오빠가 더 생각 나서 슬퍼하시는 엄마를 위해 오빠들은 방문을 중단했다. 큰오빠에 대한 추억은 모두 가슴에 묻어두고 천국에 있을 오빠를 기대하며 우리는 일상으로 돌아왔다. 엄마는 자식에 대한 사랑이 누구보다 크신 분이라 오랫동안 힘들어하며 삶을 살아가야 했다. 자식을 먼저 보낸 부모의 상처는 사라지기 어렵다. 이제야 그 얘기를 덤덤하게 할 수 있을 정도가 되었다.

영원한 이별이란 가족과 지인 모두에게 큰 아픔을 주는 것임을 깨닫게 된다. 죽음으로 인한 이별은 슬픈 것임을 이른 나이에 경험했으며 생이 끝나는 것은 남겨진 자들에게 더 큰 충격을 줄 수밖에 없다. 본인 삶의 기한은 아무도 알 수가 없다. 하나님만이 그 인생의 기한을 정하실 권한이 있으시다. 우리는 그의 피조물로 허락하신 기한 동안 살 수밖에 없는데 그 기한은 아무도 모른다. 끝나는 날을 알 수 없는 막연함 가운데 우리는 살아가야 한다. 살아있는 동안 더 행복하고 감사하며 이해하고 사랑하며 도와주며 살아야 한다. 마음껏 아껴주는 행복한 추억을 많이 선물하는 가치 있는 삶으로 채워가야 한다.

우울증을 겪으며 생각한 죽음

남편을 교회에서 만나 결혼하고 유치원 교사를 했던 나는 시부모님의 도움으로 기존에 있던 어린이집을 인수하여 남편과 함께 운영했다. 1년 뒤 출산 후라 멀리 있는 어린이집을 정리하고 시부모님이 집을 두 채를 사서 신축해 1층에 어린이집을 내고 운영하게 되었다. 어린이집은 백 명 가량의 원생들이 모였다. 하지만 시부모님께 큰 비용의 월세를 드려야 하고 은행 이자까지 내는 형편이라 더는 운영을 해도 수익이 나지 않았다. 수익이 나지 않는 상황에서 시부모님께 월세를 낮춰달라고 부탁드렸지만 받아들여지지 않았다. 시부모님댁에서 함께 살았던 상황에 이럴 수도 저럴 수도 없게 되자 어느 순간 우울증이 찾아왔다.

한 번도 시부모님과 살면서 시부모님에 대한 험담을 한 적이 없었고, 친부모님처럼 생각하고 그 마음가짐으로 살았는데 시어머님은 그렇게 생각하지도 않으셨으며 나는 그저 며느리일뿐인 사실에 크게 실망할 수밖에 없었다. 경제적으로 시부모님을 의지하며 시작했던 상황이 비참했다. 우울증으로 죽고 싶은 마음이 왔다. 남편도 시부모님도 나를 위하는 사람이 아니라는 생각이 들었다.

월세를 줄여주지도 않고, 두 명이 일하지만 수입은 한 명의 인건비 정도에서 운영할 수 없다고 남편이 시어머님께 말씀드렸지만 용납하지 않고 월세를 그대로 유지할 것만 고집하셨다. 남편은 월세를 줄여달란 얘기를 꺼내지 않았고, 그 속에서 나는 병들어갔다. 시부모님과 함께 살며 우리 가족인 아이 둘과 그리고 남편 이렇게 여행 한번 다녀온 적 없었고 친정에 우리끼리 내려간 적도 없었다. 영화나 나들이도 우리끼리 다녀온 적이 없었다. 언제나 시부모님과 결혼하지 않은 시이모님과 함께 다녔다. 원장연수에도 나는 아이를 데려가야 했다.

나만의 시간이나 우리 가족만의 시간은 없었다. 세상이 원망스럽고 답답했다. 처음부터 독립해서 직장 생활을 했다면 이런 시련은 없었을텐데 후회했고 모든 상황이 싫었다. 내 상태가 이상함을 알고 용기를 내 대학병원의 정신과에 찾아가서 심리상태를 검사하고 면담을 받고 우울증을 진단받았다. 남편에게 사실을 말하고 시부모님께 이런 상태여서 월세를 줄여주지 않으면 안 된다고 말씀드렸다. 하지만 받아들여지지 않았다. 그때 우울증인 내게 하신 어머님의 한마디는

"너만 돈 버는 것이 억울해서 그러냐?"라는 말씀이었다. 그때 여기에서 계속 살면 안 되겠다는 결심이 들었다.

남편도 나를 보호해 줄 수 없어 나는 이 집을 나와서 아이 둘을 데리고 식당에 접시를 닦는 한이 있더라도 그렇게 살아야겠다 다짐하고 울면서 집을 나와서 아무도 모르게 둘째 언니 집으로 갔다.

친정이나 근처에 있는 큰 언니에게도 알리지 않고 무모하게 집을 나온 것이다. 남편은 밤새 찾다 둘째 언니에게 연락해서 이틀 만에 우리 행방을 알아냈다. 나는 사과하지 않으면 절대 들어가 살지 않겠다고 했다. 결국, 시어머니는 사과하시고 어린이집은 정리하고 다른 사람에게 넘겼고, 우리는 남편이 하고 있던 쇼핑몰을 하며 분가했다. 1억의 빚을 지고 오천만 원의 돈으로 독립을 시작했다.

우리 가족이 살 집을 구하는데 5천만 원의 집은 없었다. 그래서 남편은 건물을 담보로 1억을 대출했고 그 돈에 2천만 원 정도를 추가해서 집을 구해 결국 광진구 아차산에 2층의 방 3개 빌라를 구하게 되었다. 남편 쇼핑몰도 할 공간이 필요해서 방은 3개가 필요했다. 생활하는 데 돈은 없었지만 평안하고 행복했다. 우리만의 공간이 있고, 시간이 있고, 아이들과 지내며 나는 회복되어갔다. 친정 부모님은 내가 힘들어하다가 우울증까지 왔고 마음이 괴로워 이런 상태까지 오게 된 것에 대해 시댁 어른께 서운한 내색을 하지 않으셨다.

분가할 때도 너무 적은 돈인 5천만 원만 갖고 나온 것에 대해서도 말씀을 아끼셨다. 여유가 있으신데도 그렇게 인색하신 것에 속상해 하셨다. 어떻게 하면 우울증에 걸릴 정도까지 왔는지 딸이 걱정되었지만, 내게는 내색하지 못하고 마음으로만 아파하셨다. 회복되어 가는 나의 안위만을 염려하시고, 나만 안전하고 행복하면 된다는 것에 위로를 받으셨다. 큰 자식을 먼저 떠나 보내고 다른 자식이 또 어떤 사고나 마음 아픈 일이 생길지 늘 염려이신 엄마는 자녀들이 행복하고 안전하게 살면 된다는 생각을 하셨다.

나는 우울증일 때 나 스스로 생을 마감할 수 없으니 일부러 찻길에 무단횡단을 하며 차에 치여 생을 마치고 싶다는 생각까지 들어서 나 혼자 힘으로는 안 되겠다 싶어 스스로 병원을 찾아갔다. 그때는 우울증으로 온전한 판단을 하기에 어려움이 있었다. 물론 약은 이틀 정도만 먹었지만 한참 후에 상황이 바뀌어서 우울증 증세는 사라졌다. 하지만 그 상황을 바꾸거나 할 수 없는 경우에 그 고통은 이루 말할 수 없을 것이다. 누군가에게 이 상황을 의논하고 환경을 바꾸거나 대처를 바르게 해 고통받는 일이 멈춰져야 우울증에서 벗어날 수 있다. 최악의 결정을 선택하는 사람이 더 나오지 말아야 한다.

우울증일 때 나는 누군가에게 이 어려움에 대한 책임을 전가하고 싶은 마음이 내면에서 지속해서 생겼다. 그것은 우울로 인한 건강하지 못한 생각이었다.

지금은 시부모님과도 잘 지내고 있고 서로의 존재를 인정하고 존중하며 살고 있다. 우리는 건강한 관계로 회복되었다. 나의 우울증은 누구의 잘못도 아니다. 서로를 사랑하고 이해하지 못한 미숙함과 존중하지 못한 상호작용으로 아픔이 발생하게 된 것이다.

건강검진을 통해 돌아보게 된 나의 인생

건강검진 하다가 유방에 뭔가가 있어 정밀검사를 했다. 그래서 대학병원에 정밀검진을 예약해놓고 많은 생각을 했다. '내 몸에 혹시 만일에 나쁜 상황이 생긴다면 내 자리가 없어진다면 다른 사람들은 나를 어떻게 기억할 것인가, 우리 아이들은 내가 없는 상황에서 각자의 일을 해야 할텐데' 라는 생각이 들었다. 독립적으로 할 수 있는 일은 하도록 해야겠다는 다짐하게 되었다. 결과는 좋게 나왔다.

나는 좋은 엄마로 기억되고 싶었다. 아무것도 남긴 것 없는 그런 엄마가 아닌 노력하고 도전하는 모습을 남기고 싶었다. 건국대학교 대학원에 도전하고 총신대학교 대학원에도 도전했다. 결과는 둘 다 합격이지만 총신대학교는 거리가 너무 멀어서 건국대학교에 입학하고 유아교육을 더 공부하게 되었다. 그러는 과정에서 공저에 참여할 기회가 있어 출판하게 되었다. 『어머니, 당신이 희망입니다』와 『이런 취미 어때요?』 이렇게 두 권의 책을 출판하게 되었다. 작가가 꿈인 나로서는 놀라운 성과였다.

나의 인생이 건강검진으로 돌아보게 되는 기회가 되었다. 돈이 없으니 돈을 벌고 싶다는 생각과 함께 경제적인 공부를 통해 부자가 될 수 있도록 하는 방법을 안내하는 사람들을 위한 팝캐스트 방송을 들었다. 대면 강의에도 참여한 뒤 그 만남을 통해 좋은 만남을 이어가고, 배움을 통해 정보를 얻고 남편도 경제 방송을 함께 듣고 자산을 늘리기 위해 더 나은 방법을 찾고 실행하기 시작했다.

구리의 아파트에서 살다가 그 집을 조금 저렴하게 팔고 갭투자를 해 매입한 서울 아파트의 세입자가 전세 만기가 되어 나가고 우리가 들어가 살기 위해 리모델링을 하고 드디어 서울 아파트에 살게 되었다. 20년 만에 서울에 작은 평수지만 우리 집을 우리 힘으로 산 것이다. 누군가의 도움 없이는 꿈도 꿀 수 없었던 일들이 우리의 힘으로 공부하고 노력하며 실행해서 이루어지고 있었다. 오천만 원으로 시작해서 서울의 아파트는 감히 생각할 수 없었지만, 우리는 서울에 있는 아파트로 오게 되었다.

이런 모든 과정이 감사하고 신기하다. 아주 작은 계기가 있었을 뿐인데 생각을 바꾸고 도전하고 배우고 좋은 사람들과 연결이 되고, 블로그도 꾸준히 쓰면서 나는 성장했다. 예전의 내가 아닌 이제 더 성장한 내가 되었다. 절망이 아닌 남은 시간 동안 노력하고 시간을 관리하면서 틈을 내 하다 보면 무엇인가 할 수 있는 일이 생기게 되는 이 모든 과정이 즐겁다. 나는 자라고 있다. 성장에는 늙어가는 과정도 성장이라는 교수님의 말씀이 생각난다. 나는 성장하고 있다.

노력하는 인생의 가치

처음에 할 수 있는 것들이 조금밖에 되지 않던 내가 미숙하고 느리지만 도전하고 시작해서 이제는 악보를 보며 바이올린도 연주할 정도의 실력이 되었고, 블로그도 할 줄 몰랐었는데 조금씩 쓰고 노력하니 이제 블로그에도 글을 지속해서 올릴 수가 있게 되었다. 또 책을 출판한다는 일은 감히 상상할 수 없었는데 두 권의 책을 출판했다. 이에 힘입어 다시 〈죽음〉에 대한 책을 쓰게 되고, 〈바이올린을 배우며 나만의 시간을 갖게 되다〉라는 전자책도 냈다. 좋은 사람들을 만나서 노력하고 도전해서 이루어지고 있다. 처음부터 잘할 수 있는 것이 있을 수도 있지만 나는 천재도 아니고 뛰어난 재능도 없지만 지속적으로 꾸준히 실행하니 할 수 있었다. 이룰 수 있었다.

나를 위해 지혜롭게 자라게 해달라는 엄마의 기도를 하나님께서 들어주셔서 기도가 이루어지고 지혜로워진 것 같다. 아무리 천재라도 노력하는 바보를, 즐기는 바보는 멈추게 할 수 없다. 즐기며 노력하는 이 과정은 가치 있는 인생이다. 이 과정 끝에는 내가 누군가에게 선한 영향력을 미치고 있을 것이다. 일만 하는 그냥 워킹맘이 아닌 그 속에서도 시간을 쪼개 공부하고, 틈틈이 책도 작업해서 출판도 하고, 바이올린도 배워서 교회나 봉사단체에서 기회가 되면 작은 부분이라도 도움이 되는 사람이 될 것이다. 박사과정이 끝나면 또한 어떤 일이라도 기회가 주어질 것이다. 나의 인생은 가치 있는 인생이다. 소비하는 인생이 아닌 생산하는 인생이 될 것이다. 배움을 통해 지위가 높아지는 것보다 유익을 미치기 위한 일에 쓰임 받기를 소망한다.

하나님이 부르시는 그날까지 선한 영향력을 주는 삶

우리 모두는 삶의 연수를 알 수 없다. 오직 하나님이 허락하신 날까지가 내게 주어진 것이다. 지금이라도 하나님이 부르시면 나는 이 땅의 삶이 마쳐지는 것인데 그동안 시간을 낭비하지 않고 가치 있는 삶을 살기 원한다. 나에게 가치 있는 인생은 자신이 할 수 있는 일들을 조금씩 성취해 나가는 것이다. 미숙하고 나약한 사람이지만 이 상태에서 아주 작게나마 자라고 있고 변화해 나가고 있다. 항상 꾸준하기는 정말 힘이 든다. 나는 완벽한 사람도 아니고 세밀하게 계획하고 계획을 성취하는 철저한 사람은 역시 아니다. 내가 지속해서 할 수 있는 것은 절망하지 않고 이 가운데에서도 변화에 목표를 두고 가능

할 때마다 아주 조금씩이라도 자라도록 꾸준함을 유지해 가는 것이다. 이렇게 하는 것이 나만의 비결이다. 나는 부족하다. 나는 미숙하다. 나는 게으르다. 나는 어설프다. 이 모든 단점을 극복하고 내가 할 수 있는 시간을 만들어가면서 다른 곳에 눈을 돌리지 않고, 잠을 조금씩이라도 줄여가면서 도전한다면 나는 변화될 수 있다. 나는 성장할 수 있다. 지금의 이 모습 그대로가 아닌 조금이라도 자라고 있고 변화되어가는 사람이다.

작가로서 꿈을 이루기 위해 도전하고 있고 또 이뤄가고 있다. 또 블로그를 쓰면서 나의 역사를 기록하고 있다. 지혜를 얻기 위해 '1일 1독서'를 하고, 1주일에 한 번이라도 바이올린 레슨을 받고 있으며, 새벽에 글을 쓰고 있고, 저녁에는 블로그를 쓰고 있고, 틈이 나면 과제를 해가며 박사과정을 하고 있다. 더 단단해져 있을 것이며 누군가에게 더 도움을 줄 수 있는 부분이 더 다양해질 것이다. 노후에 내가 할 수 있는 분야에서 돈을 벌지 않고 봉사를 할 수 있다면, 어린이들을 위한 선교사업에 사용되고 싶고 다른 분야에서도 유익을 미치는 사람이고 싶다.

내가 이렇게 삶에 열심을 내는 이유는 하나님께서 나를 구원하시기 위해 예수님을 보내셔서 내 모든 죄를 대신해 십자가에 달려 돌아가신 후 부활하시고 나를 위해 영원한 천국을 예비하시고 그곳에 나를 데려 가시기 위해 오실 것이기 때문이다. 의미 있는 인생을 살다가 하나님이 부르셔서 마지막에 심판하실 때 열심히 잘 살았다는 칭찬을 받기 위함이다. 나의 가치관과 신념은 살면서 선한 영향력을 나타내기 위해 더 부지런하고 가치 있는 사람이 되어 더 많은 사람에게 유익을 주는 것이다. 어떤 방법과 모양으로 내가 유익을 미치게 될지 알 수 없기에 부지런히 나를 성장시키고 단련해서 쓰임 받는 사람이 되는 것이 목표이다. 나는 앞으로도 꾸준히 성장해서 유익을 줄 것이다.

당신의 삶도 유한하다. 당신에게도 기회가 있다. 지금보다 더 앞으로 나아갈 수 있는 더 행복해지는 방법이 있다. 하나님의 사랑을 누리며 나를 가꾸어가며 좋은 영향력을 주는 사람으로 베푸는 사람으로 살아갈 기회가 있다. 받음보다 주는 것에 더 큰 행복과 기쁨이 있는 절대 원리를 체험하게 될 것이다. 함께 그런 삶을 살아보자. 당신에게 주어진 삶은 한 번뿐이다. 소비자로 마감할 것인가? 아니면 생산자로 마감할 것인가? 어떠한 삶을 살겠는가? 방법을 배워 아주 작게 시작해보자. 나와 함께 시작해보자!

치매 아버지와 함께 한 수요일

"엄마가 내 엄마라 정말 고마워요. 나도 엄마처럼 살고 싶어요."
최근에 들은 가장 고마운 말이다. 엄마로, 아내로, 직장인으로, 전문 강사로, 상담가로, 대학원생으로, 시민 활동가로, 아마추어 마라토너로 살면서 힘든 줄 몰랐다. 내가 좋아서 하고 싶은 것이 많아 치열하게 살았다. 해야 할 일을 하고, 하고 싶은 일을 할 수 있었기에 행복했다.

아버지 영정에 함께 지낸 시간을 글로 드리고 싶었는데… 아버지는 먼저 떠났다. 아기처럼 잠자듯 편안한 얼굴로. 아직 따뜻한 아버지의 유골 항아리를 껴안았을 때 죽음은 내 가슴 깊이 가시로 아프게 박혔다. 한 줌 재로 변하는데 사는 게 무슨 의미일까? 어떻게 하면 잘 사는 것일까? 아직 학습 중인 주제다.

먼 옛날 어느 별에서 내가 세상에 나올 때 100만 송이 꽃을 피워야 아름다운 그 별나라로 갈 수 있다는 유행가 가사처럼 남은 날 동안 사람들에게 선한 희망 꽃을 나눔하고 싶은 사람이다. '그녀는 가는 곳마다 꽃을 피웠다.' 마지막 묘비명을 가슴에 안고 아름답게 잘 살고 싶은 작가다.

박선희 ●●●

- ○ 강의 및 직장 경력 15년
- ○ 교육학박사(평생교육학)
- ○ 現)(주)국제경영코칭연구소 교육 이사
- ○ 現)한국강사교육진흥원 교육 위원
- ○ 現)한국코치협회 KAC 인증 코치, 커리어 컨설턴트
- ○ 前)경남카네기연구소 전문 강사, 고용노동부 유관기관 근무
- ○ 평생교육사, 에니어그램 전문강사, 명상지도전문강사
- ○ 강의 : 기업교육(사업주훈련, 현장소통관리, 고용유지 교육, 조직문화개선)
  카네기 리더십 강의, 커리어 컨설팅, 중장년 취업 프로그램 운영

이메일 ipsunny@hanmail.net
블로그 https://blog.naver.com/wakeupsun
연락처 010-2567-0505

아버지가 사라졌어요

"아버님 키와 체격은 어느 정도되세요?"

"160cm정도. 몸무게는 모르겠어요. 말랐어요. 엄마! 아버지 티셔츠 사이즈가 얼마죠?"

"글쎄다. 95일 게다."

"네. 알겠고요. 어르신 특이사항 있으세요? 옷차림이나 얼굴 모양이나."

"음… 까만색 모자 썼어요. 여름 모자. 그리고 옷은…."

"위에 빨간색 체크 무늬 남방에 검정색 잠바입니다."

"파란색, 하얀색에 빨간색 있는 프로스펙스 운동화예요."

"어디서 실종되셨어요?"

"병원요. 파출소 옆 세종 병원에서 건강검진 받고 있었어요."

"저는 시어머니와 엑스레이 찍는다고 탈의실에 갔고요. 친정어머니는 위내시경 찍고 있었죠. 아버지는 소변검사 간 줄 알고 기다리고 있었거든요. 경민씨 같이 있었나?"

"응. 아버님과 같이 검사받다가 아버님 화장실 가고 싶다고 하셔서 다녀오시라 하고 원무과에 잠시 갔다 왔지. 양가 부모님 동시에 검사받으니 회사에서 서류 확인이 필요하다고 연락이 와서."

"니가 단디 볼 거 아니가. 이 일을 우짜노. 바깥사돈이 사라져서."

시어머니는 애꿎은 남편 팔을 툭 친다. 남편 옆에 지그시 입술을 깨물며 어두운 표정의 친정엄마가 서 있다. 얼마 전 생일선물로 사준 꽃무늬 재킷에 하얀 블라우스를 입고 우두커니 서 있는 엄마를 보니 나도 모르게 눈물이 또르르 떨어진다.

최근 기력이 약해진 부모님에게 기억 남는 선물을 하고 싶었다. 가족여행 대신 건강검진을 받으러 갔다. 신분 확인하고 여자는 분홍색, 남자는 푸른색 환자복을 입었다. 양가 부모님과 함께 하는 시간이라 기념사진도 찍고 동영상도 찍었다. 대장 검사로 전날 저녁부터 아무것도 못 먹어 배가 고팠다. 점심으로 병원에서 제공하는 죽을 먹으러 가자고 얘기하고 있는데, 친정아버지가 안 보였다. 종합검진센터 외에 다른 층도 찾아보고 안내 방송도 부탁했다. 그런데 아버지가 사라졌다. 휴대폰도 꺼져 있었다. 나와서 병원 주위와 인근에 있는 시외

버스터미널에 갔다. 없었다. 머리 속이 하얘졌다. '부산 사람이 낯선 창원 지리도 잘 모를 텐데 아버지는 어디로 갔지?' 파출소에 가서 실종신고를 했고 넋 놓고 있었다.

"전화왔어요." 휴대폰 컬러링 소리가 들렸다. 엄마였다.

"선희가? 느그 아버지 찾았다. 사상터미널에 내려 지하철로 가는데 눈에 익은 할배가 지나가는 거 있제. 선희 아부지요. 선희 아부지 부르니까 홱 돌아보는기라. 걱정마라. 걱정마. 느그 아부지 멀리 못 간다."

"정말요. 엄마? 휴대폰은요? 엄마 아버지 우리하고 창원 갔던 거 기억한대요?"

"보소. 선희 아부지요. 창원 간 거 기억해요? 선희하고 허서방하고 건강검진 시켜줬는데 기억나요? 보소."

"엄마 휴대폰은요?"

"깜빡했단다. 휴대폰은 배터리가 나갔더라."

"엄마, 아버지 바꿔 줘요."

"보소. 선희 아부지요. 예에? 보소… 됐단다. 나중에 전화해봐라. 피곤하신 갚다. 걱정하지 마래이."

누구보다 걱정했을 엄마다. 엄마는 한결 밝아진 목소리로 나를 안심시켰다. 아버지가 창원에 가족과 함께 왔다는 사실을 잊다니. 시외버스터미널에서 길을 잃다니.

한 달 뒤, 건강검진 결과가 나왔다. 의사는 아버지 뇌의 크기가 작아졌다 한다. 당뇨와 고혈압, 고지혈이 있어 혈관성 치매가 의심되며 치매 판정을 받아야 한다는 소견서다. 소견서를 받아들고 답답한 심정으로 남동생과 나왔다. 아버지의 뒷모습이 더 작아 보였다. '아버지의 몸이 저렇게 작았었나?' 문득 내 기억 속의 아버지가 떠올랐다.

아버지라는 이름의 불편한 동거

집집마다 부모 중 누가 경제력을 가졌느냐에 따라 자녀의 대우가 달라진다. 오죽하면 키우던 강아지도 서열을 알고 꼬리를 흔든다는 농담이 있을 정도다. 아버지와 엄마는 9살 차이 난다. 일반적으로 나이 많은 쪽이 경제력을 갖는 경우가 대부분이다. 결혼 초빈 10여 년은 아버지가 주도권을 가졌다. 하지만 내가 초등학교 5학년 때 부모님의 경제력 이동이 있었다. 가정 내 권력 이동이라고 볼 수 있다. 누가 주도권을 잡느냐 하는 팽팽한 싸움이었다. 원인은 술이다.

초밥집을 운영하던 아버지는 요리 실력 뿐만 아니라 인간관계도 좋았다. 문전성시를 이루었다. 그와 동시에 아버지의 주량도 늘었다. 한 잔 두 잔 늘기 시작한 술. 술 때문에 생긴 부부싸움은 서로 간의 감정싸움이 되었다. 화가 난 아버지는 나가 버렸고 가게 문을 닫았다. 엄마는 속상해했고 큰 딸인 내게 하소연했다. 가게 문 여닫기를 반복했다. 결국 엄마는 양팔 걷어붙이고 업종을 바꾸어 횟집을 열었다. 횟집을 한 이후 엄마가 경제력을 쥐었다. 이제 가게 문 닫을 걱정을 하지 않아도 되었다. 대신 엄마는 새벽부터 밤까지 쉼 없이 일하고 돈을 벌었다. 갈수록 횟집 손 사장을 믿고 오는 손님이 늘었다. 엄마가 사장으로 나선 이후, 가게는 문전성시를 이루었다.

늦은 밤 엄마는 지폐 가득한 앞치마를 내게 던지며 계산해 두라곤 했다. 생선 비늘과 음식 찌꺼기 묻은 꼬깃꼬깃한 지폐를 펴서 계산해서 적어둔다. 지폐 한 장 한 장마다 엄마의 피땀이 절은 노동이 곳곳에 묻어 있었다. 드르렁 드르렁 어느새 코를 골고 잠자는 엄마. 이불을 덮어주면서 이런 엄마의 얼굴을 볼 때 안쓰러웠다. 아버지는 술 취해 쓰러져 자고 엄마는 그 옆에 피곤해 쓰러져 잤다. 장녀인 내게 아버지는 엄마를 힘들게 하는 사람이며 무능한 사람이었다. 어머니 하면 떠오르는 단어가 많지만, 아버지 하면 쓸 말이 없었다.

결혼 전 배우자로서 이상형을 쓸 때가 있다. 성격, 키, 직업, 재산, 외모, 가족관계 등 여러 항목이 있다. 나는 첫 번째 조건이 아버지와 닮지 않은 사람이었다. 엄마처럼 고생하며 살지 않겠다고 마음먹었기 때문이다. 이상형 조건은 3가지였다. 푸른색이 잘 어울리는 긍정적인 사람, 된장 뚝배기처럼 진국인 사람, 자상한 사람, 추상적인 항목이지만 아버지와 공통점이 없었다. 매일 일기장에 썼다. 그리고 이상형과 가까운 사랑하는 사람을 만나 결혼하고 아이 낳고 부모가 되었다.

결혼하고 독립하면서 내 나름대로 아기자기하게 가정을 꾸려 나갔다. 나를 존중해주는 자상한 남편과 건강하게 제 몫을 잘해나가는 건강한 두 아이.

자식 낳아 키우면 부모 심정을 안다고 하는데 자신의 피와 살로 자식을 만들어 내는 엄마의 심정을 알겠다. 하지만 아버지 심정은 알 수가 없다. 어쩌면 알고 싶지 않았나 보다. 그렇게 20년이 지났다. 아버지는 내 마음에서 일정한 거리에 자리하고 있었다. 마치 지구와 달이 일정 거리를 유지하고 있는 것처럼. 서로의 거리를 유지하고 있었다. 하지만 갑작스러운 아버지의 치매는 지구와 달의 균형을 깨뜨렸다. 85세의 아버지는 5세 아이 성질을 가진 까다로운 치매 노인이 되었고 돌봄은 내 차지가 되었다.

아버지의 입원

"선희야. 느그 아부지가…. 흑흑흑."
사무실에 출근한 아침. 엄마의 흐느끼는 소리가 전화기를 통해 전해졌다. 서둘러 병원에 가서 아버지를 보았다. 아침에 일어나 화장실 가다가 쓰러졌다고 한다. 탁자에 부딪혀 눈두덩이가 시퍼렇게 멍들어 있었다. 호흡기를 달고 누워있는 아버지를 보니 왈칵 눈물이 쏟아졌다. 중환자실 2주 입원 후 아버지는 요양병원으로 옮겼다.

그렇게 급성 뇌출혈로 인한 아버지의 치매는 하루가 다르게 변했다. 면도해 줄 때 기분 좋게 가만히 있다가 갑자기 화를 냈다. 발로 차고 식판을 엎기도 하고 음식을 거부했다. 그러다 갑자기 언제 그랬냐는 듯이 조용했다. 내팽개쳐진 식판과 음식을 치우면서 내 마음이 찢어졌다. 왜 이런 행동을 하는지 이유도 없다. 의사는 치매 증상 중 하나라고 했다. 몸은 바싹 말라 마른 나뭇잎같이 앙상하다. 아무리 말하고 달래도 입을 꾹 다물고 음식을 거부한다. 환자식 뉴케어라도 먹이려 하면 뱉어버렸다. 죽으려 하냐고 나도 모르게 화를 내고 밖으로 나와서 울었다. 얼마 살지 못한다는 의사의 말이 아득하게 들렸다. 이러다 아버지가 죽게 된다면······.

죽음은 나와 관련 없는 일, 드라마나 남의 얘기였다. 아이들이 어릴 때 학교 앞에서 사 온 병아리가 있었다. 성은 '병'이요 이름은 '아리'라고 아이들은 이름 지었다. 좁쌀 먹이도 주고 물도 주며 두 아이가 애지중지 키웠다. 어느 날 퇴근 해서 오니 두 아이가 엉엉 울고 있었다. 아리가 깨워도 움직이지 않는다며 울었다. 난감했다. 죽음에 대해 어떻게 알려주나? 나도 죽음에 대해 잘 모르는데 내 가족 중 죽음을 겪어 본 적이 없는데……. 동화책『내가 함께 있을께』(볼프 에를브루흐)를 읽어 주었다. 오리의 죽음을 의인화한 이야기책이다.

죽음은 우리 곁에 있고 죽음은 몸이라는 옷을 벗어 놓고 간다는 것을 동화는 알려주었다. "아리야, 안녕. 먼저 가 있어. 다음에 만나." 5살 딸아이는 아리를 묻으며 다음을 기약했다. 나도 딸아이처럼 사랑하는 존재의 죽음을 맞이 할 수 있을까? 자신이 없다.

보이소. 나 좀 데려다 주소

"따님. 고성군 개천면 청광리가 어디예요? 아버님이 거기에 데려다 달라고 해요."

요양보호사의 말에 바로 짐을 쌌다. 가족과 함께 휠체어와 성인 기저귀를 겹겹이 입히고 여분 기저귀와 물, 비상 음식인 뉴케어를 가져갔다. 43킬로의 아버지 몸을 단박에 들고 차에 앉히는 남편. 아버님 몸이 깃털처럼 가볍다는 말에 눈물이 난다. 시속 120킬로로 2시간 30분 거리의 고성을 휴게소 한번 들리지 않고 단번에 갔다.

동네 입구에 들어서 어디인지 알겠냐고 물어보니 모르겠다던 아버지. 사위가 밀어주는 휠체어에 앉아 시골길을 올라가는데, 갑자기 손을 들어 한 곳을 가리켰다. 순간 나는 눈물이 났다. 할아버지 할머니

묘지였다. 여기가 고향인지 아닌지도 모르고 곡기를 끊어 생사를 오가는 상황에도 희미한 눈으로 당신 부모님의 묘를 가리키며 가자고 했다. 키 높이로 자란 억센 풀밭을 지나야 갈 수 있는 부모님의 묘지. 사촌 조카들이나 아들도 가지 않은 지 오래된 묘지를 가자고 했다. 고향. 고향이 무엇이길래…… 내 부모를 간절히 한 번 더 보고 싶었나 보다.

고향을 다녀온 후 아버지는 다시 음식을 먹기 시작했다. 상태가 좋아져서 퇴원할 수 있었다. 엄마는 지극정성으로 아빠를 간호했다. 엄마는 매일 아침 아빠의 당뇨 체크를 해주고 인슐린 주사를 놓아드렸다. 밥도 챙겨주고, 저녁에 등도 긁어주고 약도 발라주었다 한다. 평생을 투닥투닥 싸우며 살던 부부는 5개월 동안 못다 한 정을 나누며 살았다 한다. 하지만 아버지는 갈수록 침대에서 일어나지 못하는 시간이 길어졌고, 아파하는 시간이 길어졌다. 사촌 오빠들과 집안사람들, 절에서 알고 지내던 사람들이 인사를 왔다. 나가면 호인이라 사람 좋아하고 술 좋아하던 아버지인지라 집안 대소사를 맡아 주관했고, 덕분에 손님 치루는 일은 엄마 몫이었다. 아버지가 아프다 하니 찾아오는 사람도 많았다. 일어나지 못하는 아버지를 안타까워하면서 안부를 물었다.
　병아리를 키울 때 서로의 날갯죽지에 포개어 자는 모습을 본 적 있다. 언제 죽을지 모르는 어린 병아리지만 어미 없는 빈 자리를 서로가 온기를 나누며 자는 모습이었다. 한 세상을 잘 산다는 것은 이렇듯 서로의 안부를 묻고 위로하며 다독여 주는 과정인가 보다. 따뜻한 온정을 나누고 못다 한 것을 안타까워하는 과정인가 보다.

집에서 지낸지 6개월. 기력이 약해진 아빠는 건강이 악화되어 다시 병원에 입원했다.

"아버지 저 선희예요. 저 보여요?"

"응, 딸내미."

아버지를 부르니 힘겹게 눈을 뜨고 희미하게 웃으며 나를 쳐다봤다.

"흑흑. 사랑해요. 아버지. 아버지가 내 아빠라서 고마워요. 흑흑."

"응. 그래."

"아버지 모두 내려놓으세요. 빛이 보일 거예요. 밝은 빛을 보고 따라가세요. 밝은 빛을 따라가세요."

"……"

이야기를 나눈 후 잠시 바람쐬러 나왔는데 병원에서 전화가 왔다. 배드에 누워있는 아빠는 고요했다. 손을 만지니 식었다. 발을 주무르니 차가웠다. 얼음장처럼 차갑다는 말을 이제야 알겠다. 아버지의 가슴을 잡고 오열했다. 5분 전까지만 해도 눈을 마주치고 소리를 들었는데, 마치 잠자는 아기처럼 고요해졌다.

"2020년 7월 25일 현재시각 12시 50분. 박종철님 사망하셨습니다. 보호자시죠? 확인하세요." 의사가 사망 선고를 전하는데 귀가 멍멍했다. 처음 듣는 말이었다. 아버지 이름을 확인하고 시간을 말했다. 간호사는 하얀 이불을 얼굴에 덮었다. 허망했다. 한 사람의 세상을 이렇게 마침표 찍는구나. 아버지는 치매 판정을 받고 3년을 더 살다 가셨다. 코로나 상황에서도 다행히 장례를 치를 수 있었다. 아버지와 함께 수요일마다 여행을 다니고 맛집을 다니며 글을 쓰기 시작한 지 3년 만이었다.

딸램아 내 데리고 어디든 가자

"선희 니 덕분이다. 느그 아버지와 50년 살아온 것보다 치매 걸리고 니하고 함께 3년 동안 다니면서 느그 아버지에 대해 많이 알게 되었다. 평생을 장사하며 사니라 느그 아버지하고 오붓하게 지내지도 못했제. 묵고 사니라고… 니는 자식으로서 니 할 도리 다 했다. 고맙다."

카카오스토리에 올라온 2년 전 동영상을 함께 보던 엄마가 눈물을 그렁그렁하며 말했다. 따뜻한 무엇인가가 가슴에서 몽글몽글 올라온다. 흐뭇하고 행복하다. 나도 눈물이 난다.

강서구 대저 유채꽃밭에서 아버지와 엄마가 서로 장난치며 찍은 2

년 전 동영상을 봤다. 엄마가 어깨에 손을 올리니 싫은지 툭 쳐낸다. 엄마가 다시 장난스럽게 걸치니 아버지가 엄마의 양 볼을 엄지손가락과 집게손가락으로 엿가락처럼 당긴다. 엄마는 아프다 하고, 아버지는 "고마해라고 했제?" 하면서 놓아주지 않는다. 결국 엄마가 성이 났다. 들고 있던 양산을 패대기치고 저만치 걸어간다. 아버지는 머쓱했던지 양산을 주섬주섬 주워 들고 엄마를 졸졸 따라간다.

 노란 유채꽃 사이로 걸어가는 팔순 할배와 칠순 할매. 3분 20초 영상인데 걸어가는 뒷모습이 2분이다. 까만 챙모자에 빨간 체크무늬 남방, 갈색 잠바에 고무로 줄인 헐렁한 검정 바지 차림에 노란 유채꽃 사이로 이리저리 걸어가는 아버지. 지금이라도 휙 뒤돌아보며 "딸램아, 내 데리고 어디든 가자." 하며 나설 것 같다.

 "아빠, 선희 왔어요. 아빠 큰딸."
 "어. 우리 딸내미 왔나? 허허허. 딸램아 내 데리고 어디든 가자."
 "우리 아빠 심심했구나. 어디 가고 싶어요?"
 "내가 아나. 니가 알지. 내 데리고 가자."
 "느그 아버지 니 오기만 목 매어 기다린다. 여기 봐라. 수요일에 동그라미 해놨제?"

 농협은행 달력에 빨간 펜으로 동그라미를 그려 놓고 삐뚤삐뚤한 글씨로 선희라고 쓰여 있었다. 5세 아이처럼 환하게 웃으며 까만 모자를 쓰는 아버지가 먼저 운동화 신고 나섰다.

물수건과 휴지, 물티슈, 생수, 긴급연락처, 비상용으로 성인 기저귀를 챙긴다.

"엄마, 같이 갈래요? 오늘 기장 멸치 축제한대요."

"멸치젓갈 좀 담아 볼까? 선희 아버지요. 기장에 갈라요? 바람도 쐬고 밥도 묵고."

"그래. 가자. 딸내미야. 나 데리고 어디든 가자."

안전벨트 매고 출발해서 집 근처 CU 매장에 멈춘다.

"아버지 고깔콘 먹을래요? 맛동산 먹을래요?"

"니 묵고 싶은 걸로 사 온나."

"과자는 머할라고 사오노? 집에서 옥수수하고 고구마 가져왔는데."

돈 아깝다며 옥수수를 꺼내는 엄마의 타박을 뒤로 하고 아버지는 듣는 둥 마는 둥 고깔콘 봉지를 뜯어 한 움큼 먹는다. 먹어보라는 말도 없다. 누가 가져 갈까봐 과자봉지를 꼭 껴안고 먹는 5세 아이처럼 입안 가득 먹으며 창밖을 쳐다본다.

죽음은 내게 용서를 가르쳤다

가족 중 암 환자가 있으면 보호자는 암 전문가가 된다. 병의 원인, 식이요법, 완치사례 등 암과 관련된 정보를 찾는다. 아버지가 치매 판정을 받은 후 나는 치매 박사가 되었다. 국가에서 운영하는 중앙치매안심센터가 있다. 치매와 관련된 여러 자료를 공부했고, 비로소 아버지의 행동이 이해되었다.

죽음에 대한 자료도 찾고 공부했다. 〈죽음의 에티켓〉, 〈인생 수업〉, 〈상실 수업〉, 〈웰다잉의 이해와 실천〉, 〈아름다운 마침표〉, 〈오늘이 내 인생의 마지막 날이라면:함께 준비하는 이별 (KBS 생로병사의 비밀)〉, 〈내가 함께 있을게〉. 자료를 정리하고 공부하면서 알게 되었다. 태어나면서 축복을 받듯이 죽을 때도 충분한 준비와 예의가 필요하다는 것과 죽음은 이생과 다음 생을 연결하는 다리이며, 몸은 옷처럼 갈아입는 것이라는 것을.

뇌출혈로 중환자실에 입원했을 때 일이다. 바로 옆 침대에 98세 할머니가 누워있었다. 할머니는 불규칙하게 호흡했고 숨을 몰아쉬기 시작했다.

"어머니, 제 소리가 들려요?"

"엄마, 나 왔어. 막내가 왔어요"

60대, 70대 머리가 하얀 아들, 딸들이 와서 울먹이며 할머니를 만졌다. 담당 의사가 와서 연명치료를 권하였다. 차분하게 절차를 설명하고 연명치료에 대해 선택하라고 한다.

오빠, 어떡해요?"

"언니, 나는 못 하겠어. 살아있는 엄마를 어떻게 포기해?"

다섯 명의 아들, 딸은 쉽게 결정하지 못했다. 할머니는 자신의 의지와 상관없이 임종의 무게를 자식에게 맡긴 셈이다. 10분 뒤 의료진은 긴급하게 움직이기 시작했다. 다음날 할머니 몸에는 머리, 코, 입, 심장, 생식기 성한 곳 없이 여러 장치의 줄들이 주렁주렁 달렸다. 초점 잃은 눈은 멍하니 허공을 쳐다보고 있었다. 할머니의 갱생을 보며 나는 충격이었다. 태어날 때부터 죽을 시간이 정해져 있음에도 이런 모습으로 목숨을 잇는 것이 과연 무슨 의미가 있을까? 누구를 위한 생명 연장인가? 만약 할머니가 말 할 수 있다면 묻고 싶다. 이렇게라도 살고 싶은지.

아버지가 입원한 병원 1층에서 사전연명의료의향서를 소개하는 행사가 진행되었다. 다른 환자들과 관계자들 사이에 나도 참석하였다. 중환자실의 98세 할머니를 보면서 자신의 의지와 상관없이 생명을 이어가는 모습이 비참해보였다. 담당자가 편안하게 대해주며 신청 안내를 하였다. '사전연명의료의향서' 란 임종 과정에 있는 환자에게 하는 심폐소생술, 혈액 투석, 항암제 투여, 인공호흡기 착용 및 대통령령으로 정하는 의학적 시술로 체외생명유지술, 수혈, 혈압상승제 투여 등 그 밖의 의학적 시술로써 치료 효과 없이 임종 과정의 기간만을 연장하는 시술을 받지 않겠다는 뜻을 미리 밝혀두는 것을 말한다. 환자가 건강할 때 미리 본인의 의사에 따라 병원 치료를 결정하는 것이다. 연명의료를 받지 않음으로 환자가 존엄하게 삶을 마무리할 수 있도록 한다. 가족들에게 심리적 사회적 부담을 갖지 않게 보호하는 것이다. 3장의 사전연명의료의향서를 작성하면서 나의 죽음을 그려보았다. 새로운 경험이었고 내 임종의 무게를 가족에게 전가하지 않을 수 있어 안심되었다.

　장기기증 신청을 했고 유언장도 작성해 보았다. 그리고 지인의 권유로 울산 정토마을에서 진행하는 '생사의 장'이라는 5박 6일 프로그램에 참여했다. 생사의 장은 사찰에서 진행하는 프로그램이다. 호스피스 병동이 있는 정토마을 자재요양병원이 함께 있다. 생사의 장은 카르마(karma)의 정화를 통하여 삶과 죽음의 질을 높이고 참 나를 회복하는 교육프로그램이었다. 누구나 맞이하는 죽음. 그곳에서 죽음의 의미가 무엇인지 죽음을 어떻게 맞이할 것인지 알게 되었다. 죽음에 대해 알게 되니 삶이 소중해졌다. 목표를 향해 앞만보고 달려오던 지금까지의 삶을 돌아보게되었다. 죽음은 누구에게나 오기 때문에 왜 선하게 나누며 살아야 하는지, 왜 오늘 하루 충실하게 살아야 하는지 이유도 알았다. 아버지의 죽음을 맞이하고 49재를 지내면서 아버지를 잘 보낼 수 있었고 애도의 기간동안 가족은 서로의 마음을 다독일 수 있었다. 아버지와 화해는 나의 자존감과 품성에도 변화를 주었다.

"고마워요. 아버지. 나의 아빠."

〈치매 아버지와 함께 한 수요일〉 영상과 사진, 글을 정리하면서 무엇보다 누구보다 내가 변화했다. 학창 시절 나를 힘들게 했던 불편한 동거인은 아버지가 아니었다. 바로 나였다. 치매 아버지와 여행하며 같이 시간을 보냈고, 치매가 심해졌을 때는 요양병원에서 돌보았다. 그 시간동안 술 취한 중년의 아버지, 무심한 아버지가 아닌 젊은 시절 종철씨를 만났다. 있는 그대로의 아버지를 이해하게 되었고, 받아들였다. 그리고 오만했던 나를 용서했다.

벚꽃 날리는 찬란한 봄이다. 이번 주말에 시어머니와 친정어머니와 벚꽃 구경을 가기로 했다. 〈김 여사와 손 여사와 함께 한 인생 소풍〉 글을 쓰려한다. 사진과 영상을 정리하다 보면 또 한 편의 영화가 나오겠다. 두 여배우는 까다롭다. 무릎이 아파서 계단이 없는 곳, 가까운 화장실이 있어서 불편하지 않는 곳으로 찾아야 한다. 너무 비싸면 비싸다고 잔소리, 손님이 많으면 기다린다고 잔소리하기 때문에, 기다리지 않는 착한 가격의 식당을 찾아야 한다.

인생은 한 편의 영화라 한다. 나들이하기 좋은 계절 4월이다. 사랑하는 사람 누가 떠오르는가? 아이들? 남편? 친구? 부모님은 어떠한가? 자식과 추억 찍을 시간은 충분하다. 자식은 더 좋은 것 더 맛있는 것 누릴 기회가 많다. 젊다. 하지만 부모님은 기다려주지 않는다.

이번 주말 부모님과 가까운 근교로 벚꽃영화를 찍어보자. 영화감독이 되어보자. 소파에 누워 넷플릭스 드라마 시리즈로 시간을 보내기보다 부모님과의 드라마를 찍어보자. 갑자기 어떤 대화를 해야 할까 고민이 될 수 있다. 안 하던 행동을 하려니 어색할 수 있다. 똑같은 잔소리, 말도 안 되는 말로 억지를 부리며 당신을 답답하게 할 것이다. 그래도 이것 하나만 기억하자.

'내일 내게 이 배우가 없다면?'

'오늘 갑자기 사고가 생겨 이 배우가 요양병원에 있다면?'

'나이 든 이 배우가 평생을 살아온 가족과 떨어져 낯선 환경 있다면? 그래서 대소변 못 가리고 언제 죽을지 몰라 시간만 보내는 상황이라면?'

'그 모습이 나라면?' 어떤 마음일까? … 최선을 다해 오늘 한 편의 장면을 찍을 것이다. 지금 그 여배우에게 전화를 걸자. 안부 전화로 시동을 걸자.

문득 생각나서 전화했다고. 날씨가 좋아서 생각났다고. 사랑한다고.

삶과 죽음, 그 사이에서 줄타기

청춘을 꽃피워 보기도 전인 중학교 3학년, 16세에 죽음을 선고받고, 인생의 반 이상을 그 죽음과 싸우며 살아왔다. 백만 불의 사나이로, 백만 분의 일의 사나이로, 나에게 주어진 한계를 극복하기 위해 끊임없이 노력했던 지난 세월들을 바라보며, 이제는 누군가의 빛이 되어 주고 싶다.

이제는 '나 혼자 사는' 것이 아닌, 누구나 건강하고 행복한 삶을 살아가기 바라며, 숨겨왔던 나만의 생존 노하우를 전하고, 알리고 싶다.
그래서 삶의 가치를, 인생의 가치를, 미래의 꿈을 함께 만들어나가고, 함께 즐겼으면 좋겠다.
Carpe Diem~!

강승민 ●●●

- O 강동구 청소년 교육 자원봉사 감사패 수상
- O 심리상담 전문가
- O 보험회사 최연소 본부장
- O 내외경제TV 방송 출연 경제 전문가
- O 스톡위클리 주식 전문가
- O 한국강사 교육진흥원 전임강사
- O 대한 웰다잉협회 강사
- O 강승민의 경제연구소(SMEL) 대표
- O 대안교육 전문가

이메일 kinksmmin@naver.com
블로그 https://blog.naver.com/kinksmmin
연락처 010-3399-9883

갑자기 찾아온 죽음의 그림자

 누구도 '죽음'이라는 두 글자를 반갑게 받아들이지 않을 것이다. 대부분은 먼 훗날 자신이 무엇인가 이루고 나서 나이가 들어 찾아오는 것이라 생각할 것이다. 나 또한 그런 인식을 가지고 있었다.

 누구보다 치열하게 살고 있던 중학교 3학년 4월의 어느 날, 뇌진탕 소견으로 CT를 찍게 된 나는 뇌종양이 있다는 사실을 알게 되었다. 벌써 17년 전의 일이지만, 아직도 그날의 기억이 생생하다. 의사 선생님이 부모님만 들어오라고 하셨고 30분 동안 나오시지 않던 부모님은 그 후로 일주일 동안 나를 피하시고, 한마디 말씀도 하시지 않으며 눈물을 보이시기까지 했다. 부모님의 반응을 보며 일주일 동안 수많은 생각이 머리를 스쳤다.

 드라마의 주인공처럼 죽을병에 걸린 것일까, 아니면 생명에 위협이 되는 위험한 병에 걸린 것일까…. 그렇게 일주일이 지나고, 기나

긴 침묵 끝에 아버지가 내게 뇌종양이 있다는 것을 알려주셨다. 그 말을 듣고 처음 내 반응은 '다행이다!' 였다. 미래의 일을 알지 못했던 내게 불치병이나 죽을병을 예상했던 나에게는 뇌종양은 다른 시나리오보다는 안심이 되었다. 수술 날짜를 중간고사 이후로 잡고, 중간고사를 보고 수술을 하고, 조금 쉬다가 복귀하여 기말고사를 치를 계획으로 일정을 잡았다. 수술 후 찾아올 그 무서운 일은 상상도 하지 못한 채. 그러나 상황은 급격하게 악화되었고, 5월 초 결국 중간고사를 치르지 못한 채 응급수술을 진행하게 되었다. 그렇게 1차 수술을 하고, 다시 2차 수술, 그 후 1년을 마로니에 공원의 경치를 보며 서울대 대학병원에 누워있게 되었다.

사실 수술 바로 전날까지도 수술에 대한 부담감이나 죽음에 대한 두려움은 없었다. 하지만 수술을 위해 머리카락을 밀고 돌아와 A4용지 10장 분량의 '죽음 동의서'에 사인을 하는 그 순간, 죽음의 공포와 두려움이 나를 집어삼키기 시작했다. 그 동의서의 내용은 '~상황으로 인해 죽을 수 있다'는 것인데, 100가지가 넘는 항목들이 A4용지 10장을 가득 채우고 있었고, 각 항목마다 동의의 사인을 해야 했다.

그때부터 진짜 죽을 수도 있다는 두려운 마음이 머릿속을 꽉 채우며 죽음에 대한 공포에 휩싸이게 되었다. 그리고 다음 날 수술하러 들어가기 직전까지, 정확히는 산소 마취 마스크를 써서 의식이 없어지기 직전까지 제발 살려달라는 기도밖에 할 수 있는 것이 없었다. 평소 멀게만 생각했던 죽음은 내 삶을 쓰나미처럼 뒤덮고 있었다.

  죽음을 맞닥뜨린 사람은 보통 죽음의 5단계를 거친다고 한다. 나의 경우 사인을 하는 40분 동안 부정과 분노, 우울의 과정을 거쳐 수용의 단계에까지 아주 빠르게 다다랐다. 그리고 맨 마지막 장에 유서를 작성하는 부분에 맞닥뜨렸을 때, 수용의 단계에 이르렀다. 아직 어렸지만, 어쩌면 내 인생의 마지막이 될지 모르는 순간, 유서를 작성하며 나를 소중하게 생각하며 수집했던 것을 처분한 것, 저금해 놓은 돈을 동생의 학교에 기탁 했던 것이 기억난다.

  삶과 죽음, 그 사이에서 줄타기

  다행히 수술은 무사히 끝났지만, 수술 후유증이 나를 기다리고 있었다. 거의 1년을 병원에서만 누워있었고, 4년 가까이 집 밖으로 나가지 못하고 후유증에 시달리며 매일 죽음과의 사투를 벌여야만 했다. 그때부터 16년을 꽉 채워 인생의 반을 아파왔고, 어쩌면 수술할 때 세상과 작별하는 게 더 나았을 것이라 생각할 정도였으니 말이다. 그렇게 16년을 후유증과 싸우며 살아온 지금, 생각하면 아찔한 고비들이 많았다. 가장 먼저는 나를 죽이는 것들과 사투를 벌여야 했다. 뇌수술 후 뇌척수액을 뽑아내는 관을 꽂아놓고 있어서 6개월 넘게 꼼짝하지 못한 채 누워있어야 했는데, 쉬는 시간마다 나가서 농구를 해야 직성이 풀리던 그때 병원 침대는 세상에서 가장 힘든 감옥이었다.

수술 직후부터 오랫동안 체온이 계속 오르는 탓에 그 열을 식히느라 고생을 많이 했다. 사람의 뇌는 지방으로 이루어져 있어서 체온이 40도를 넘으면 익기 시작해 점점 죽어가기 때문에 하루에도 10번씩 찬물 샤워를 하고, 온몸에 얼음을 끼고 살아야 했다. 이렇게 열을 식혀야 했기에 외출은 정말 상상할 수 없는 일이었다. 겨울에는 그나마 주변 온도가 낮아 다행이지만, 여름은 나에게 '생지옥'이라고 할 만큼 힘든 시간이었다. 이렇게 살아있는 것이 정말 기적이다.

그리고 수술 후유증으로 당뇨가 왔는데, 당뇨인 줄 모르고 살다가 혼수상태에 빠져 한 달간 입원해 있은 적도 있었다. 혼수상태에 빠지면, 그 안에서 마치 꿈을 꾸듯 계속해서 정신이 돌아간다. 의식이 없다고 절대로 정신이 죽은 것이 아니다. 혼수상태에 있으면서 처음엔 꿈을 꾸는 것 같지만 어느 순간 내가 이상한 세계에 갇혀 있다는 것을 알게 되었고, 그때부터 깨어나기까지 죽을 만큼 노력했다. 마치 가위에 눌리면 잘 깨지 못하는 것처럼, 정신의 세계 속에서 몸부림을 쳤다. 그렇게 한 달을 혼수상태에 있다가 가까스로 깨어났다.

또한 이 글을 쓰기 바로 한 달 전, 코로나로 인해 입원 치료를 받게 되었다. 증세가 급격하게 악화되어 폐렴이 왔고, 산소 호흡기를 끼고

3주 동안 병원에 입원해 있었다. 당시에는 아파서 정신이 없어 몰랐지만, 퇴원 후에야 알게 된 사실은 산소포화도가 너무 떨어져 죽을 수도 있는 급박한 상황이었다는 것이다.

죽음은 결코 멀리 있지 않다. 다만 내 그림자 속에 숨어 있다가 아무도 모르는 어느 순간, 나를 놀라게 하며 이따금 등장할 뿐이다. 그렇게 등장하는 순간을 모르기에 죽음에 대한 공포가 더 심한 것이 아닐까? '동행'이라는 표현을 죽음과 함께 쓰면 좀 섬뜩할 수도 있지만 지난 내 16년간의 삶이 그래왔고, 지금도 항상 죽음을 염두에 두고 살아가기 때문에 내 삶에 이름표를 붙이자면 감히 '죽음과 동행하는 삶'이라고 할 수 있을 것이다.

항상 죽음을 생각하며 사는 삶의 이점은 다양한데, 가장 큰 이점을 꼽는다면 세 가지가 있다. 첫 번째는 항상 신중한 선택을 할 수 있게 되는 것이다. 보통 어떤 선택을 할 때 항상 기회비용을 고려하라는 이야기를 하는데, 내 삶의 끝이 오늘일지 내일일지 모르는 상황에서 지금 가장 필요한 것, 꼭 선택해야 하는 것을 선택하게 되기 때문이다. 두 번째는 시간을 낭비하지 않게 된다. 1분 1초가 아까워 낭비할 시간이 없다. 항상 최고의 효율로 최고의 결과물을 만들어 내야 한다. 내가 이 일을 다 마칠 수 있을지조차 불분명하기에, 허투루 쓸 시간이 없다. 모든 것에 집중하며 보통의 청년들처럼 게임을 한다든지 유흥을 즐긴다든지 하는 시간 낭비를 하지 않게 된다. 세 번째는 언제일지 모를 죽음을 생각하며 모든 일을 소중하게 여기게 되고, 항상 최선을 다하게 된다. 최대한의 노력으로 빠르고 정확하게 모든 것을 완성할 수 있도록 노력하게 되는 것이다.

물론 이런 장점만 있는 것은 아니다. 죽음이 뒤에서 쫓아오고 있는 것 같은 압박을 받기 때문에, 항상 초조하고 무엇인가 불안한 마음이 계속된다. 그래서 때로는 여유 있게 해나갈 수 있는 일도 쫓기는 마음으로 처리하게 될 때가 있다. 그럴 때면 꼭 무엇인가를 빼먹거나 놓치는 일이 생기는데, 금방 다시 처리할 수 있는 것이라면 다행이지만 가끔은 정말 신경 써서 오랜 시간과 노력을 들여야 할 때가 있어 곤란을 겪게 된다. 그럴 때면 나 혼자만의 문제가 아니라 공동체의 문제로까지 일이 커지기도 한다.

이 경우 평소와 달리 예민한 반응을 보이기 때문에 주변 사람들에게 날카롭고 신경질적으로 보이기도 한다. 나를 이해하고 염려해 주는 사람들이라면 걱정도 해주고 이런저런 대화도 하겠지만 그렇지 않은 경우, 등을 돌릴 가능성이 높고 외톨이가 되기 십상이다. 살다 보니 이런 이유로 주변인들이 알아서 정리되었고, 주변에 진짜 나를 아끼고 좋아해 주는 사람만 남게 되었다. 이렇게 단점이 장점이 되기도 하니 결국 '세상사 요지경'이라는 말이 참 맞다는 생각을 해본다.

한 발자국 가면 삶, 한 발자국 가면 죽음

우리는 평소 잘 느끼지 못하지만, 삶과 죽음은 정말 가까이 있다. '종이 한 장 차이'라는 말이 딱 맞다. 죽을 고비를 여러 번 넘기며 살다 보니, 때로는 언제 깨질지 모르는 살얼음판을 걷는 것 같기도 하고, 언제 떨어질지 모르는 외줄을 타고 묘기를 하는 광대인 것 같은 느낌이 들 때도 있다.

전 세계를 사로잡은 드라마 '오징어 게임'에 징검다리 게임이 나오는데, 드라마를 보며 두 개의 징검다리 중 깨지지 않은 징검다리를 골라야 하는 그 게임이 우리의 삶을 가장 적나라하게 보여주는 것이 아닌가 생각했다. 한걸음의 작은 차이가 우리의 미래에는 엄청난 결과의 차이를 만들 수 있듯이 말이다. 우리의 인생은 결국 선택의 연속이고, 순간의 잘못된 선택은 곧장 우리의 삶을 죽음이라는 끝없는 나락으로 이끌어갈 수 있기 때문이다.

순간의 선택이 삶과 죽음을 결정하는 끝없이 이어진 외줄의 한 가운데서, 아무 의지할 곳이 없이 지금까지 살아왔고, 앞으로도 살아갈 생각을 하면 정말 까마득하지만, 때로는 외줄 위에서도 안정적으로 쉬어갈 수 있다는 그 위안이 그리고 언젠가 이 줄이 끝나고 탄탄한 평지가 나올 것이라는 희망이 나를 살아있게 하는 것 같다. 이 외줄은 어디에서 끝이 날까? 언제쯤 조금이라도 탄탄한 땅을 밟고 안정된 삶을 살아갈 수 있을까? 오늘 잠들면 내일 아침에 눈 뜰 수 있을 것이라는 확신을 가지고 잠자리에 들 수 있을까?

이런 삶이 계속되다 보니 모든 것에 감사하며 살게 되었다. 아침에 다시 눈떠 새로운 날을 시작하는 것도, 하루를 마치고 잠자리에 들 수 있는 것도, 가족과 평소와 다름없는 식사를 함께 하는 것도… 우리가 평소에는 귀중함을 몰랐던 그 모든 순간이 감사로, 기쁨으로, 행복으로 다가온다. 그래서 가끔 이 감사를 '사랑한다'는 표현으로 바꾸어 말하기도 하는데 사랑한다 말하면 나와 아픔과 고통을 함께 한 가족조차도 갑자기 왜 이러느냐고 묻는다. 대답은 항상 똑같다.

"그냥, 모든 게 감사해서요."

생각해 보면, 행복이란 그리 멀리 있지 않다. 다만 우리가 너무 일상적으로 만나기에 놓치고 있는 것들이 많을 뿐이다. 아이가 처음 태어나면, 무사히 태어난 것에 감사하고 그 존재만으로 감사한다. 그러나 아이가 성장할수록 감사할 일은 줄어들고 싸우고 화낼 일만 많아진다. 이 '익숙함'에 길들어지면 감사도 기쁨도 없어지니, 소리소문 없이 찾아오는 불청객을 조심해야 할 것이다.

모든 것에 감사함을 느끼면서 가장 먼저 생긴 습관은 '사랑한다'라는 고백을 스스럼없이 하게 된 것이다. 원래 그런 낯뜨거운 말은 생각도 하지 못했던 나에게 그런 경험은 정말 놀라운 것이었다. 감사함은 자연스레 사랑으로 이어진다. 마치 새로운 생명의 탄생에 감사함이 그 생명에 대한 사랑으로 이어지듯이 말이다. 생전 처음 보는 이런 나의 모습에, 처음에는 가족들조차 엄청 당황스러워했다. 특히 아버지는 나의 이런 모습에 더 당황해하셨고, 한동안은 적응하기 어려워하셨다. 나조차도 나의 이런 변화가 이해하기 어려웠으니 주변 사람들은 얼마나 황당했을지 상상이 되지 않는다.

감사하는 삶

얼마 전, 유튜브에서 우연히 '신이 되는 법'이라는 제목의 영상을 발견하여 궁금증에 영상을 보게 되었는데(이런 제목을 요샛말로 '어그로를 끈다'고 한다), 이 영상에서 어쩌면 나의 행동을 설명할 수 있는 실마리를 발견할 것은 아닐까 생각하게 되었다.

이 영상에는 고대 벽화에 버섯 머리를 한 사람의 그림, 종교적인 의식과 관련하여 '매직 머시룸'이라는 버섯이 등장하는데, 이 버섯을 먹거나 혹은 같은 작용을 하는 LSD라는 약물을 복용한 사람들은 알았다, 천국을 맛보았다, 모든 것이 하나다, 자유롭다, 모든 것이 아름답다, 모든 것은 사상이다, 죽음이 끝이 아니다, 무한이 무엇인지 알았다, 영원을 느꼈다 등의 표현을 하게 된다.

이 버섯을 먹었을 때의 뇌 변화를 MRI로 촬영하면 뇌의 DMN(Default Mode Network)라는 부분이 비활성화된다고 한다.(DMN의 역할은 뇌의 신경 전기 신호를 구분해 주는 것인데, 특별히 나와 내가 아닌 것에 대한 구별을 해준다) 이 변화는 마치 숙련된 명상가가 명상할 때와 비슷한 뇌의 변화이며 DMN은 '나'를 생각하면 강해지고, '나' 이외의 것을 생각할 때 약해진다. 재미있는 사실은 어렸을 때는 DMN이 활성화되어 있지 않아 아이들이 곧잘 "승민이는 밥을 잘 먹어요."와 같이 자신을 제 3자화 하여 표현한다는 것이다.

버섯을 먹은 사람들이 '알았다!'라고 표현한 것은 결국 '나' 없이 세상을 바라보게 된 것, 즉 아무 욕심 없이 세상을 바라보게 된 것이기 때문이다. 내가 갑자기 사랑한다고 고백하게 된 것도 같은 맥락에서라고 생각한다. 이 세상에서 '나'라는 존재를 내려놓고, 세상에 대한 다른 욕심들을 버리고 오로지 생명에만 집중하게 되었기 때문이다. 동서고금을 막론하고 고승들과 선생들의 가르침을 배우려는 것이나 『내려놓음』이라는 책이 유명세를 얻은 것도 같은 흐름일 것이다. 사람들은 저마다의 욕심을 갖고 살아가지만 때로는 그 욕심을 내려놓고 있는 그대로의 '나' 자체로 살아가고 싶은 것이라 생각한다.

죽음과 동행하는 삶

  수차례 죽음의 고비를 넘기면서, 어느새 죽음이라는 단어는 내 삶의 일부분이 되어버렸다. 그리고 언제 죽어도 이상하지 않으리만큼 친숙해져 버린 친구가 되었다. 그래서 남들보다는 죽음을 대하는 태도가 더 의연해졌고, 담담해졌으며, 바로 내일 죽어도 후회하지 않게끔 매 순간을 최선을 다해 살아가고 있다.

  이런 삶을 살게 된 이후 가장 감명 깊었던 영화가 있는데 바로 '죽은 시인의 사회'라는 영화다. 이 영화에서 키팅 선생님은 "Carpe Diem! Seize the day!"를 외치며 학생들에게 순간순간 최선을 다해 살 것을 외친다. "매 순간을 소중하게 살아라! 순간을 움켜잡아라!" 이 한마디 말이 지금의 나를 움직이는 원동력이고 좌우명이지 않을까 싶다. 지금 이 순간 최선을 다해 살지 않으면, 죽음과 동행하는 어느 시점에 후회하게 되는 순간이 올지도 모르기 때문이다.

  수술하면서 마취 전과 깨어난 후, 한 달여의 혼수상태를 경험하면서, '존재의 소멸'이라는 것에 대해 더 깊이 생각하게 되었다. 우리의 존재가 소멸되는 것은 정말 한순간이고, 그 순간이 지나면 우리가 인식하지 못하는 그 다음은 정말 아무도 모르기 때문이다. 그것에 대한 두려움이 나에게 현재를 붙잡고 살아가게 하는 힘이다. 그래서 이 영화의 제목에도 '죽은'이라는 제목이 붙은 것이 아닐까? 죽음이라는 존재의 두려움과 삶이라는 것의 고귀함을 아는 자만이 느낄 수 있는 그 고결함과 소중함의 철학을 담은 위대한 영화라고 평가하고 싶다.

호랑이는 죽어서 가죽을 남기고,
사람은 죽어서 이름을 남긴다!

옛말에 '호랑이는 죽어서 가족을 남기고, 사람은 죽어서 이름을 남긴다' 라는 말이 있다. 여러 차례 죽음을 경험한 후 꼭 유명세를 떨치는 유명한 사람이 되려 했던 것은 아니지만, 이왕 한 번의 보너스 인생을 더 받게 된 만큼 값진 인생을 살아야겠다는 생각을 하게 되었다. 그래서 직업을 선택할 때도 어떤 직업을 선택해야 사람을 살리는 일을 할 수 있을까 고민했고, 지금도 항상 어떤 선택을 해야 더 값진 선택이 될까를 우선으로 생각한다. 사실, 이렇게 책을 쓰게 된 계기도 그런 이유에서다.

수술을 하고, 그동안 수술 후유증과 싸우면서 정말 고통스럽고 힘들었기에 누군가를 생각할 겨를이 없었지만, 요즘 건강을 많이 회복하고 보니 의외로 나와 같은 병을 앓고 정말 힘들어하는 환우들이 많다는 것을 알게 되었다. 그도 그럴 것이 나는 소아 뇌종양 1세대 환자인데, 내가 수술할 때만 해도 소아 병동이 없었지만, 지금은 모든 대학 병원들이 앞다투어 소아병동을 크게 짓고 있으니 말이다. 슬프게도 그만큼 소아 종양. 암 환자들이 많아졌다는 뜻이고, 그로 인해 고통받는 가족들도 많아졌다는 뜻이다. 내가 처음 병원에서 의사 선생님들로부터 수많은 낙담하게 만드는 말을 들으며 좌절하고, 절망했던 것처럼, 지금 누군가는 같은 절망의 터널을 걷고 있을 것이기에 누군가는 이들을 위해 힘이 되어주고, 함께 싸워줘야 한다는 생각이 들었다. 누군가는 병을 이겨내고 잘 살아가고 있다는 희망을 보는 것만으로도 힘이 되고, 이겨낼 수 있는 한 줄기 빛이 되어줄 수 있을 거라 믿기 때문이다.

수많은 환자들 중에서 내가 이렇게 건강하게 잘 살아가고 있는 것은 분명 무엇인가 나에게 주어진 사명이 있기 때문이라는 생각을 한다. 그리고 그 사명을 외면하면 안 된다는 것도 많이 느낀다. 그래서 이제부터는 누군가의 삶을 돕는 사람이 되고자 한다. 아프기 전에는 청소년들의 꿈을 찾아주는 사람이 되는 것이 꿈이었다면, 지금은 아픈 사람들의 건강과 꿈, 그리고 미래를 찾아주는 것이 나의 사명과 꿈이다. 먼 훗날 내 묘비명에는 ' 다른 이들의 건강과 미래를 위해 애쓴 사람 '이라는 말이 적힌다면 좋겠다.

그래서 나는 꿈을 향해 달려간다. 어머니는 내가 아프기도 했고, 고생도 많이 했기에 공무원이나 하면서 평생을 편안하고 안정적으로 살기를 원하시지만, 나는 나에게 주어진 이 특별한 삶의 기회를 놓쳐서는 안 된다고 생각한다. 어쩌면 이 글이 나의 사명 선언문이자 선포문이며 계획서가 될지도 모르겠다.

첫 번째, 나는 꿈 없이 죽음을 향해 달려가는 청소년들에게 꿈과 목표를 찾아주어 그들에게 삶의 원동력과 생명력을 불어넣는 교육자가 되겠다. 최종적으로 대안학교를 세워 학생들을 가르치겠다!

두 번째, 나는 다른 사람들의 건강관리에 도움을 주고, 행복한 삶을 살아갈 수 있도록 도와주는 건강관리 전문가가 되겠다!

세 번째, 경제 전문가로서 사람들이 더 잘 살 수 있는 방법들을 공유하며 함께 부자가 되는 세상을 만들어 나가겠다!

이 세 가지 꿈만 이뤄도 어느 날 내 인생을 되돌아보았을 때 잘 살았노라고 말할 수 있지 않을까? 죽음을 겪어내고 얻은 또 한 번의 고귀한 생명이 적어도 나 자신에게는 부끄럽지 않은 그런 삶을 살아내고 싶다.

죽음을 마주보다

그림책과 사랑에 빠져 그림책으로 친구들을 만나는
행복한 시간을 보내고 있습니다.
죽음을 이기려는 분들 행복을 찾길 바랍니다.

문영미 ●●●

- ○ 강릉교육지원청 교육지원단 책마중 강사
- ○ 강릉교육지원청 교육지원단 민주시민 강사
- ○ 강릉교육지원청 교육지원단 자유학년제 강사
- ○ 한국 스토리텔링 교육 놀이연구소의 연구원(와이 스토리 연구원)
- ○ 종합예술심리학회 연구원
- ○ 국민 강사교육협회 수석강사
- ○ ㈜비에듀케이션센터 파트너강사
- ○ 한국자살예방센터 전문 강사
- ○ 북 큐레이터 전문 강사
- ○ 강원토론협회 강사
- ○ 강원도 사회복지사협회 사회복지사(2015년 장애인의날 국회의원상)
- ○ 저서 『방울방울 똑똑』

이메일 zlk1211@hanmail.net
블로그 https://m.blog.naver.com/mon4335
연락처 010-8321-0609

처음(서류상의 죽음)

초등학교 시절, 화장실로 가는 길 벽에는 늘 찢어진 북이 걸려있었다. 궁금해서 엄마에게 물어보았지만 그냥이라는 말로 얼버무리셨다. 나중에 오빠들이 북에 대해 말해주었는데, 내가 죽었었다고 한다. 그 이유는 엄마 등에 업혀있던 나를 키우던 소가 놀라게 해 경기를 일으키고 숨을 멈추게 했다고 한다. 그때 타지에 계셨던 아버지가 돌아오시면 묻겠다고 나를 이불에 말아 두었다고 한다. 아버지가 돌아오시자 나는 숨을 다시 쉬었다고 했다.

그때부터 오빠들의 고생이 시작되었다. 나에게 약으로 사용하기 위해 닭똥 중 흰 부분을 모으거나, 별별 벌레를 잡는 등 여러 방법을 썼다. 나는 정말 많은 것을 먹었고, 벽에 걸려있던 그 북 또한 민간요법 중 하나라는 말을 전해 들었다. 죽음이 나를 점찍고 간 것 때문에 나도 모르는 사이에 여러 명을 고생시키고 있었다.

중학교에 입학하고 얼마 지나지 않은 어느 날, 담임선생님이 나를 불러 등본을 떼 오라고 하셨다. 영문도 모르고 떼 간 등본과 나를 한참 번갈아 보시더니 선생님은 그냥 다니라는 말을 하셨다. 그때는 무슨 말씀인지 알 수 없어 머릿속엔 물음표만 떠다녔다.

나의 고향은 정선이고, 본적(호적지가 있는 곳)은 강릉이다. 2008년 호적제도가 폐지되기 전까지 출생신고는 본적에서 신청해야 했다. 여섯째로 내가 태어난 때 강릉에서 살고 계셨던 큰아버지가 벌초를 하러 오셨을 때, 아버지에게 출생신고를 하라 하니 "아들(자식의 사투리)들도 많은데 천천히 하지요." 하고 아버지가 대답한 것을 착각하셔 강릉으로 돌아가서 나를 남자로 출생신고를 하시고 말았다.

2년 후 동생이 태어나고 출생신고를 하러 강릉에 간 아버지는 내가 남자로 신고된 것과 그것을 원래 성별로 고치려 할 때 드는 비용이 200만 원이라는 것에 깜짝 놀라셨다고 한다.
1976년 그 시절에는 매우 큰 돈이었기에 아버지는 그냥 사망신고를 내고 출생신고를 다시 하는 방법을 택하셨다고 한다. 결국 나도 모르는 사이에 난 2년간 남자로 살았고, 죽은 것이 서류상에 남게 되었다. 그런 이유로 나는 서류상 6살에 초등학교를 입학한 것이고, 중학교를 12살에 간 것이니 선생님이 의문을 가진 것이다. 그 이유를 고등학생이 되어서야 알게 되었다. 나의 키는 155cm다. 초등학교 6

학년 때부터 지금 키였는데 빨리 자라준 키 덕분에 그래도 제 나이로 학교에 다닐 수 있었다.

출생신고를 다시 하게 된 나로 인해 그 해 태어난 동생은 초등학교 1학년을 두 번 다니게 되었다. 나이도 서류상 한 살 어리게 되어 2학년이 되어 올라간 친구들을 언니, 오빠라고 불러야 했다. 동생이 그랬듯이 나도 고등학교 때 같은 학년의 친구들이 나이를 따지며 언니라고 부르라고 해서 나이를 원래대로 고쳐 달라고 부모님께 졸랐다. 하지만 고치기 위해서는 앞에 말했던 것처럼 비용도 비용이고, 재판도 해야 했기 때문에 포기를 강요당했다. 서류상의 죽음은 나를 계속 따라다니며 괴롭게 했다. 나와 비슷한 연배인 분들 중에는 공감하시는 분들도 있을 듯하다.

놀람(죽음을 처음보다)

4남 4녀 중 난 여섯째다. 딸 중에서는 셋째인데, 여동생이 한 명(여덟째) 더 있었다. 유난히 애교가 많아 사랑받는 아이였다. 진한 향기로 기억되는 동생을 죽음은 질투한 것일까? 아카시아 꽃향기가 진동하는 냇가에서 돌멩이 위에서 소꿉놀이하다 잠들었던 기억이 있다. 그 기억과 함께 동생은 아팠고, 죽었다.

너무 어린시절이라 밖에서 재워서라고 동생의 죽음을 나의 잘못으로 기억했다. 또 다른 여동생(일곱째)과 요즘 이야기를 나누어보니, 그 동생은 자기가 업고 있다가 떨어뜨린 기억이 있어서 그 이유로 죽었다고 생각해 괴로웠다고 했다. 몇 해 전 엄마에게 털어놓으니 엄마가 진실을 알려주셨다고, 우리가 생각하는 그런 이유가 아닌 전염병으로 죽은 것이었다.

우리는 말도 못하고 죽음을 각자 다르게 기억하며 죄책감에 사로잡혀 있었다. 확실한 마지막 모습은 기억되지 않는다. 커서야 내 잘못이 아니었다고 서로를 보며 안도했고 빨리 이야기 나눠보지 않은 것을 후회했다.

아카시아꽃이 피는 시기가 돌아오면 죽음과 함께 떠오르는 동생은 그렇게 가려고 했는지 예쁜 짓을 많이 했다고 엄마가 이야기한 것처럼 이쁨받은 것으로 기억한다. 그렇게라도 기억되고 싶었던 걸까? 이후 죽음은 늘 곁에 따라다니고 있었다.

죽음은 잊을까 안달하듯 큰오빠 아들에게 갑자기 찾아왔다. 잘 따르던 조카의 죽음은 어린시절의 죽음보다 더 크게 성큼 다가왔다. 마주보고 이야기하던 사람을 갑자기 잃는다는 것은 충격과 놀람이었다. 교통사고였다. 차마 추스르지 못하는 몸에 관을 열어 보여줄 수도 없다고 했다.

이 글을 쓰면서도 눈물이 흐른다. 열심히 노력해 땄던 요리사 자격증들을 같이 화장하며 한순간에 노력했던 시간의 사라짐에 그날의 슬픔, 아픔, 허무함이 생각나 절로 눈물이 흐른다.

죽음, 너는 잊지 말라고 또 한 번 얼굴을 내밀고 있다. 불처럼 뜨겁게, 슬프게, 아프게, 많은 얼굴을 보였다. 죽음은 오해와 불신과 허무함, 시간을 삼킴으로써 지난 시간의 노력을 순식간에 그렇게 먹어버렸다.

만족을 모르는 죽음은 계속 주변을 맴돌고 우리는 애써 모른 척 오늘의 시간을 살아낸다. 죽음의 길로 걷고 있는 것이 아닌 나의 삶에 노력의 시간, 추억의 시간을 애써 남기고 싶은 것은 아닐까? 죽음, 너는 비웃고 앞을 막으려 할지도 모른다. 하지만 오늘도 살아있음을 보여주며 보란 듯이 더 열심히 삶을 살아내려 한다.

철학자들이 나는 누구인가? 왜 살아야 하는가? 라고 심각한 성찰을 하듯, 죽음은 왜 우리 각자를 철학자로 만들며 질문을 던지게 하는 심오한 학문으로 이끄는 것일까? 죽음은 계속 생각하고, 성찰하게 한다. 또한 죽음은 놀람으로 다가온다. 그것에 지지 말고 이기고 비웃어주자. 고차원적으로 '나는 더 성장하고 있어. 그 정도는 나는 이길 수 있어.' 라고 진주가 상처를 감싸 안아 아름다움을 빚어내듯이 공격받아도 반사할 수 있는 내면의 힘을 기르자.

슬픈 이별(따라온 죽음)

　나의 부탁을 들어주는 아량도 없는 죽음은 애써 모른 척하고 살아가고 있던 때, 또다시 언니의 교통사고 소식으로 다가왔다.
　언니는 의정부에서 직원 30명 규모인 옷 공장을 운영했다. 언니는 수출 날을 맞추려 무리한 야간작업 후 요양원에 있던 형부가 보고 싶다는 말에 다녀오다 졸음운전을 한 것이다.
　연락을 받고 마트에서 나오는 길은 해가 지는 저녁이었다. 운전대를 잡으며 '내일 꼭 가봐야지. 언니, 무사해 제발.' 이라고 하늘을 보고 중얼거렸다. 잠시 후 울리는 전화 소리가 고요를 깼다. 불안했다. 역시나 죽음은 나에게 확실한 본 모습, 나 여기 있다고 강하게 보여주듯 다시 그 속으로 언니를 감추었다.
　운전을 못할 정도로 앞이 보이지 않았다. 죽음은 나를 슬픔에 빠뜨리고 아픔에 눈물짓기를 바라는 걸까? 어린시절 나이 차이가 크게 나는 언니의 화장한 얼굴을 화사하게 기억한다.
　죽음을 이기지 못한 언니의 모습은 까맣고 부어있었다. 살아오며 죽음 이후의 모습은 처음 보았다. 화장 후 재로 변한 작은 함을 보며 언니가 살아온 무거운 무게를 벗고 가벼워지길 바랐다. 수목장한 후, 지금껏 또다시 찾아가 보지 못했다.

나무가 많이 자라 있겠지? 애써 죽음을 외면하고 생활을 이어간다. 엄마는 죽음을 외면하지 못하고 눈물 흘리며, 조금씩 죽음이 당신에게 침범하는 것을 막지 못하셨다. 여러 질병으로 엄마가 17년 넘게 병원에 다녔지만, 갑자기 건강이 악화되었던 엄마를 언니가 바로 데려갈까 간절히 빌었다. '언니, 지금은 아니야. 아직 모셔가지 말라고.' 라고 말이다.

엄마는 죽음을 잠깐 이겼다. 고비를 넘겼지만, 요양원에 가셔야 했고 코로나로 면회는 점점 어려워져 고립감, 외로움, 죽음과의 싸움에서 엄만 결국 죽음을 피하지 못했다. '언니, 조금 늦게 모셔가지. 아니, 언니가 엄마 곁에 있어.' 라고 말해본다.

'죽음아, 너는 나를 왜 이렇게 슬프게 하니, 왜 이렇게 아프게 하니? 왜 이렇게 존재감을 드러내려 하니?' 엄마의 산소 앞에서 엎드려 울며 죽음에 마구마구 악담했다.

'넌 뭐야? 왜 이래? 옆에 비켜서서 지나가거나, 모른 척하면 안 되는 거니? 왜 자주 등장하는 거야? 나 너무 아파. 너를 더 크게 바라보라 소리치는 거니? 밀어내지 못하게 하려는 거니? 맞서려는 날 우습게 여기는 거니?' 그렇게 한참을 울다 잔디 사이에 아주 작게 핀 꽃을 보며 우습게도 생명은 시작되고, 또 꽃은 피우고, 시간은 간다는 것, 많은 사람이 죽음 앞에 무릎 꿇고 나약해지지만, 생은 그래도 이어지는구나 깨닫게 되었다.

여기에서 나의 『방울방울 똑똑』 그림책이 탄생하였다. 죽음에서 새롭게 태어난 삶과 그 슬픔 속에서도 작은 꽃을 보며 예쁘다고 느낀 내가 삶을 찾아가는 이야기이다. '죽음아, 보아라. 난 나의 길을 갈 거야.' 길을 따라오는 죽음에 숨이 차기도, 때로는 익숙해짐에 물들어 느끼지 못할 수도 있을 때 개구쟁이처럼 어디로 튈지 모르는 죽음을 가둬보려 하지만 언제나 빠져나가 위협한다.

신호등처럼 알려주기라도 한다면 한 걸음 한 걸음이 조심스러울까? 거침없어질까? 죽음은 이별 속에서도 새로운 이야기들을 써간다. 슬픈 이야기보다 행복한 이야기들로 많이 채워보고자 한다.

심각한 오류

사람들은 수많은 정보의 홍수 속에 산다. TV프로에서 유명한 의사들이나 박사님들이 나와서 이게 좋고 저게 좋고라고 하면 그것을 따라 하려 노력했다. 결혼 전 블랙커피를 즐기던 내게 결혼과 동시에 몸에 좋지 않다는 이유로 커피 금지령이 내려졌다.

아이를 위해, 건강을 위해, 커피에서 몸에 좋다는 매실, 오미자차로 바꾸었다. 영양제도 챙기고 나름 건강에 신경을 썼다. 친정엄마는 양약에 알레르기가 있었다. 그것에 대한 트라우마인지 난 한방병원에 주로 다녔다. 난 한약을 해독하지 못하는 체질이었기에 차 종류도 마찬가지였다. 손수 만들어 준 친구의 정성인 매실차, 외삼촌이 직접 재배해서 만들어 주신 오미자차를 꼬박꼬박 챙겨 먹었던 나는 나에게 독을 들이부으며 어리석게도 몸이 좋아진다고 생각했다. 고기도 소고기를 먹으려 했다. 심각한 오류였다. 난 소고기에 알레르기가 있었다. 그것을 모르고 피부과에 열심히 가렵다며 다녔다.

내 버킷리스트에는 그림책 필사와 살 빼기가 있었다. 갑상샘 저하증으로 갑상샘 수술 후 잘 빠지지 않던 살이 잘 빠진다며 이상하다 생각했다. 그러다 엄마 기일 날, 그날따라 햇빛이 유난히 따가웠다. 조금이라도 더 챙겨주시려는 아버지를 따라 나물도 뜯고, 상추도 뜯으며 시간을 보내고 집으로 복귀 후 생활했는데 이상하게 까만 피부를 보며 따갑던 햇빛에 많이 탔다고만 생각하며 별것 아니라 넘어갔다. 이상하게 잠도 늘어만 갔다.

하루도 쉬지 못한 수업으로 피곤한가보다라고 너무 쉽게 생각했다. 바쁨으로 미뤄두었던 죽음이란 놈이 다시금 얼굴을 들이밀게 만든 것이다. 토하기 시작하며 너무 상태가 나빠졌고, 이상하다고 느끼며 한의원에 갔다. 다행히 수분이 모자라고 기가 약해졌다며 한약을 3일 처방해주었다. 증세가 간 쪽인 듯 의심은 갔지만 내가 의사가 아닌 이상 한의사를 믿어보자며 집에 돌아와 이틀 뒤까지도 괜찮아지겠지라며 한약을 먹었다. 하지만 한약을 먹을수록 상태는 더 나빠졌고 도저히 안 되겠다 싶어 다시 한의원으로 갔다. 더 아프다고, 더 어지럽다고 했더니 혹시 다른 병이 있냐는 질문에 교통사고 후 이석증이 있었다고 하니, 이비인후과를 가보라고만 했다. 뭔가 잘못되어가고 있다는 생각이 들었다.

바로 일반 내과로 직행했다. 많은 사람의 진료대기 속에 고통은 더 크고 더 깊게 느껴졌다. 많은 오류가 만들어낸 악순환은 심각한 고통과 함께 나를 죽음 앞에 서게 했다. 나를 날름날름 보며 죽음은 웃고 있었나 보다. 하지만 난 지지 않았다. 여러분도 죽음에 쉽게 지지 마시라. 고통 속에 자신을 내어주지 마시라. 나를 제대로 알고 제대로 먹어야 한다. 세상이 좋다고 하는 것이 나에게는 독이 될 수도 있다. 나를 바로 알아야 하는데, 아프게 되기까지 난 알지 못했다. 남의 말보다 나를 잘 파악하고, 나를 위한 진정한 정답이 무엇인가를 잘 찾길 바라본다.

나에게

내과에서 혈액검사와 초음파 검사를 했더니, 당장 아산병원 응급실로 가라고 간에 뭐가 있다고 했다. 그 길로 응급실로 직행했는데,

어린이 보호구역 속도도 지키지 않고 마구 달린 듯하다. 나중에 퇴원해보니 벌금 쪽지가 날아왔다. 고통으로 인한 실수라도 세상은 봐주는 법이 없다.

갖가지 검사가 나를 기다렸다. 괴로운 시간 속 고통스러워하는 다른 환자들과 있었지만 그것은 보이지 않고 나만의 고통만 크게 느껴졌다. 의사 선생님이 왜 이제야 왔냐고, 죽으려 했냐고 말씀하셨다. 심각한 오류 속에 죽음으로 나를 내어주고 있던 것이다.

간 수치가 여자는 35, 남자는 50이 정상이고, 황달 수치는 1.2, 독성은 69가 정상인데, 난 입원 당시 독성은 129, 황달 15, 간 수치는 AST 1907, ALT 1157이었다. 여러 수치를 보여주었지만 잘 모르기에 그저 몇 가지만 언급했다.

병원에서는 많은 사람이 죽음과 싸우고 있었다. 죽음이 너무 바쁜 곳이다. 겨우 2인실에 들어간 상태였는데, 옆에 계신 어르신들은 '아이고 죽겠네. 죽어야지.' 하면서도 의사 선생님을 보면 '살려주세요. 음식을 먹게 해주세요.' 라고 했다.

죽음은 친절하지 않다. 차별도 없다. 변덕도 심하다. 갑자기 찾아온다. 겉모습에 속지 말아야 한다. 2인실 병실에 함께 계신 어르신 간병인 분들의 모습이 마치 죽음과 닮아 있었다. 처음 간병인은 말이 엄청나게 거친 분이셨다. 하지만 밤새 한 시간도 못 자고 계속 툴툴

대면서도 어르신의 수발을 다 들어드렸다. 무척 시끄러운 분이셨다. 나도 아프고 예민한 상태라 그런 시선으로 바라보았다. 정말 불친절하다고. 다행히 그 어르신은 수술로 살게 되셨다.

다음에 오신 환자분은 요양원에 오래 계셨다고 하셨다. 그분의 간병인은 조용조용하고 아주 부드럽고 교양있어 보였다. 하지만 밤새워 수발을 들거나 하지 않고 딱 시간에 맞추어 진행하셨다. 우리는 죽음을 바라볼 때 간병인들처럼 툴툴대거나, 혹은 부드럽게 대화하거나 하지만 그 내면에서 실제 죽음을 받아들이고 행하는 것은 다르다고 느꼈다.

가슴 아픈 건 병원에서 손을 쓸 수 없는 상태거나 사전 예약접수도 없이 서울아산병원 응급실로 무조건 가는 환자들이었다. 받아주지 않는다는 것을 알면서도 삶에 손을 내밀고 최선을 다해보기 위해, 무조건 응급으로 이동하는 모습을 보며 살기 위해 애쓰는 간절함에 같이 마음이 아팠다. 나는 입원한 지 일주일 후 심각성도 모르고 학교 수업 때문에 방학 때 코로나 백신을 맞아도 되냐고 질문했다.

백신 맞았다면 죽었을 거라는 답이 돌아왔다. 죽음 앞에 가깝던 나는 입원으로 아슬아슬하게 피할 수 있었다. 시시때때로 언제나 노리고 봐주는 것 없이 달라붙는 죽음, 코로나는 문병도 다니는 곳도 한

정된 시간을 살게 하고 모든 일상생활을 중지시켰고, 주변인들을 놀라고 걱정하게 하며 많은 것을 가져갔다. 죽음, 너 왜? 나에게서 조금도 멀어지려 하지 않니? 이 생각만 가득한 나날이었다. 반복되는 시간의 흐름은 왜 그렇게 더디 가는지 계속 진행되는 치료 속에서 나를 그만 좋아하고 놔주라고, 나에게서 그만 떨어지라고 죽음에게 외쳐봤다. 부정적 포기나 순응보다 희망을 더 생각하자, 그 생각만이 나에게 힘이 되었다. 희망은 있다. 포기하지 말자. 매일 스스로에 다짐했다.

죽음과 마주보다

입원 후 황달 수치가 15.24에서 19로 올랐을 때, 간이식을 준비하라는 선생님의 말씀을 들었다. 상태는 점점 더 나빠졌고, 결국 23.31까지 올라가서 언제라도 간성혼수가 올 수 있다고, 준비하라는 말씀에 '엄마, 언니, 나 조금만 더 있다가 갈게. 죽음을 조금만 붙잡아줘라. 보고 싶지만 조금만 여기 더 있다가 갈게' 라며 바라고 또 바랐다.

가족에게도 슬픔과 아픔을, 죽음을 바라보게 했다. 서울아산병원에 예약, 입원 날짜를 잡아두고 매일 검사를 통해 수치를 확인할 때 실망하기도 했지만, 괜찮아질 거라 좋아질 거라 자신을 다독였다. 새벽과 오후 4시쯤, 간 수치를 낮추는 주사약을 한 병씩 맞아야 했다. 온몸을 내리눌러 숨 막히게 하는 상태. 죽음과 싸우는 약이 죽음의 무게로 날 내리눌러 움직일 수 없는 두려운 시간이었다. 눈을 부릅뜨고 약이 내려오는 것을 바라보며 이겨낼 거라 나에게 기합을 넣어보기도 했다.

요즘은 혈액형이 달라도 간을 줄 수 있다고 한다. 남편이 이식해 주겠노라 약속해 수술 준비를 하며 피하려고 하던 죽음과 마주 보아야 했다. 아이들에게 스스로 뭘 해야 하는지 하나하나 알려주고, 뭐가 어디에 있는지, 갑자기 어떻게 될지 모르는 상황을 차분히 설명했다. 죽음은 나와 함께 아이들을 바라보며 나를 가엾게 생각한 것일까? 아니면 엄마와 언니가 죽음을 막아주고 있는 것일까? 수술을 3일 앞두고, 입원 한달 만에 집에 올 수 있었다. 마주보던 죽음이 조금 더 기다려 주기라도 하듯 수치가 내려가기 시작했다. 퇴원 날은 비가 조금 내리고 있었다.

머리 위 빗물은 '다행이야' 라며 전해지는 엄마와 언니의 눈물로 나를 적시는 듯해 우산을 펼치지 않았다. 지금도 노리고 있지만 난 죽음에서 시간을 더 받았다. 죽음은 아픔과 간절함, 슬픔, 괴로움, 두려움, 불만, 서글픔, 기억, 다시 보는 눈 등 많은 감정을 나에게 남겼다. 하지만 자기 존재감은 지우지 않고 내 간에 1cm 정도의 혹과 담석을 남겨두었다.

계속된 검사와 유지로 보류된 죽음을 계속 체크한다. 매일 눈을 뜨며 죽음과 이별하고, 눈을 감으며 죽음에게 좀 참아주라고 인사를 건네고 잠자리에 든다. 전에는 가족들이 좋아하지 않는 음식은 나만 먹기는 뭣해서 많이 참았다. 하지만 아프고 나니 아플 땐 아무리 진수성찬이라도 먹을 수 없다. 죽음 앞에 당당하기 위해 하고 싶은 것을 하고, 먹고 싶은 것을 먹고, 더 많은 사랑을 표현하려고 한다.

'나 아직 이것도 저것도 못 했어. 내가 좋아하는 것도 못 먹었어.'가 아니라 삶을 즐기고 누리기로 했다. 여러분도 할 수 있을 때 꼭 하시라 말씀드리고 싶다. 생각만 하지 말고 움직이고, 갑자기 올 죽음에 놀라지 말며, 최선을 다해 지금을 즐기라는 말을 전하고 싶다. 기웃대는 죽음의 그림자를 조금 더 밀어 두고, 다시 일상의 생활을 시작했다. 다시 아이들 앞에 서서 수업을 시작했고, 죽음과 싸우는 많은 이들에게 힘을 주고 싶다.

죽음은 불친절하다. 갑자기 온다. 번개 치듯 준비 시간도 기다림도 없다. 사랑하는 이들과의 이별, 아픔이다. 죽음은 매번 같은 얼굴로 늘 우리와 숨 쉬고 있다. 늘 외면하고 피하려던 죽음에게 마주 보고 당당하게 말해보자.

파이팅! 힘내자. 엄마도 아버지도 몇 번이고 넘었던 죽음, 너는 끈질기다. 나는 더 끈질긴 생명력으로 너를 놀라게 해 주겠다. 준비하라, 삶을 즐기고 살아갈 준비를 좋은 일도, 나쁜 일도 세상 여행 더하고 갈게.

죽음아, 너 좀 기다려줘라!

죽음을 이겨라, 마주 보아라, 앞으로 나아가라, 즐겨라, 후회 없이 살아라!

죽음아, 너 아주아주 많이 기다려!

오늘도 삶으로의 힘찬 걸음을 디뎌보자!

지금 죽어도 괜찮으세요?
- 죽음 사용법 -

2002년 봄 홀로서기 시작 후 울퉁불퉁 자갈길을 지났다.
때로는 숨이 턱에 차오르는 오르막을 올랐고,
브레이크가 멈춘 자동차처럼 내리받는
내리막길을 구르기도 했다.
이제 호흡을 가다듬으며 평지를 걷고 있다.
내 인생의 전성기는 지금이다.

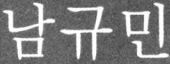

남규민 ●●●

- 브런치작가
- 사회복지사
- 평생교육사
- 노인성교육사
- 노인심리상담사
- 실종방송 〈미씽유〉 MC
- 대한노인회 시니어강사
- 국제치유건강걷기협회 이사
- 국제치유건강걷기 지도강사

이메일 snap1966@naver.com
블로그 https://m.blog.naver.com/feedlst.naver
브런치 https://brun.co.kr@tkfkdgo1966
연락처 010-9339-0508

이른 죽음 연습

78년 겨울은 유난히 추웠다. 내 기억으로 사는 동안 가장 추운 겨울이었다. 두꺼운 외투도 변변히 없이 그 겨울을 어찌 지냈는지 기억이 없다.

6학년 겨울방학 집 앞에는 낙동강이 흐르고 있었고 그 강을 가로지르는 용상 다리 건너에 번개탄 공장이 있었다. 산처럼 쌓인 톱밥이 깊숙한 곳에서부터 불을 품고 있었다. 그렇게 온몸을 태운 톱밥을 기계로 압착해 구멍을 만든다. 물기를 머금은 번개탄은 건조실에서 수분을 날린 후 작업실로 옮겨 포장을 한다. 하나씩 비닐봉지에 담아 봉지의 양쪽 귀를 잡고 돌리면 비닐 귀가 생긴다. 10개를 쌓아 끈으로 묶으면 10원이다. 번개탄 1개 1원, 하루 종일 500원어치 일을 하고 나면 눈동자 빼고 모두 까맣다. 눈꼽도 까맣게 매달려 있다. 까만 손으로 밥도 먹고 물도 마시고 하얀 이로 웃기도 했다. 집으로 돌아오려면 까만 숯가루를 씻어야 했다. 다행히 뜨거운 물은 충분했다.

씻고 나오면 이가 딱딱 소리를 냈다. 다시 용상 다리를 건너오면서 꽁꽁 얼어버린 머리를 절레절레 흔들면 얼음이 후드득 떨어졌다. 그 뜨겁고도 추웠던 일을 5일간 했다.

마지막 일을 마치고 2,500원을 받아들고 돌아오는 길 용상 다리 위에서 흐르는 물을 보며 뛰어내려 버리고 싶었다. 물 속은 많이 춥겠다는 생각을 했다. 아마도 사춘기가 시작되었나 보다. 내 응석을 받아줄 엄마가 없었기 때문에 생각 이상으로 많이 힘든 시기였다. 친구들은 겨울방학이라 따뜻한 아랫목에서 이불 덮고 발가락을 까딱거리며 삶은 고구마를 먹고 있을텐데…. 어린 마음에 강바람이 세찬 다리 위를 걷다가 나쁜 생각을 했었나 보다. 주머니에 꼭 쥔 돈을 손으로 조물 거리며 울어 버렸다.

할머니는 번개탄 공장에서 돈 벌어 오면 따뜻한 바지를 사주기로 했다. 바지는 끝내 입어 보지 못했다. 나의 첫 번째 직업과 첫 죽음 연습은 그렇게 끝이 났다. 훗날, 연락이 두절되었던 할머니가 먼 길 떠나셨다는 소식을 들었다. 눈물은커녕 죽어서 뱀이나 되라는 나의 주문을 다시 생각했다.

다시 죽음 연습

 나는 아주 많이 힘들면 턱 아래 흉터를 만진다. 죽기 위해 노력했던 그 날을 생각한다. 정면으로 보이지 않아 나만 알 수 있는 생존표식이다.
 12년 전 인천 어느 동네 원룸에서 살 때였다. 직장은 다녔지만 그때는 마음을 잡지 못해 갈팡질팡했다. 다음카페 운영도 해봤고 카페 번개 모임을 진행하곤 했다. 모임 후 집에 들어오면 더욱 허전하고 견딜 수 없는 외로움에 울기도 했다. 지금 생각해보니 지독한 우울증을 앓고 있었나 보다.
 침대에 누워보면 화장실 문 위로 도시가스 배관이 지나갔다. 늘 가스 배관을 쳐다보며 저기에 줄을 매면 좋겠다 생각했다. 그러기를 두 달. 실행에 옮기는 준비를 했다. 화장대 의자를 화장실 문지방 사이로 걸쳐놓고 노끈을 가스배관에 돌려 감았다. 노끈 길이를 맞춰 목에 둘러보는 순간 의자 다리가 화장실 타일 위로 미끄러졌다. 의자 위에서 휘청거리다 바닥으로 떨어졌다. 문지방 모서리 부분에 턱을 찧어 눈에 불이 번쩍, 눈물도 나고 화가 나서 소리를 질렀다. 턱을 손으로 감싸 쥐고 아파하는 사이 피가 나기 시작했다. 이런 젠장 죽을 뻔했다.

그렇게 죽음 연습을 하고 정신을 차려보니 아무것도 할 수 없고, 힘없이 보잘 것 없는 껍데기만 남았다. 한심한 생각에 한참을 울었다. 턱이 부어오르고 통증이 시작되었다. 그 모양으로 출근할 수 없어 며칠을 쉬었다. 죽으려다 살았으니 잘 살아야겠다는 생각도 잠시 배가 고팠다. 죽기는 틀렸다.

처음이라 서툴렀던 이별

어느 설 연휴 끝자락. 언제나처럼 연휴 마지막 날은 마구 흐트러져 있다. 이불 속에서 맨발을 비비며 느긋하게 늑장을 부려본다. 아버지 차례상을 차린 음식으로 일주일은 배부를 테니⋯.

장바구니를 들고 설 전날 동네 재래시장으로 나갔다. 음식 장만할 계획이 없으니 미리 장 볼 일이 없었다. 그저 조금씩 살 요량이었다. 삼 년 전까지는 장을 봐서 직접 차례 음식을 만들었었다. 먹을 사람이 없었어도 그렇게 하는 게 맞다 생각했다. 그러다 계산을 해보았다. 시간, 돈, 가성비를 생각해보니 필요한 만큼 구입하는 것이 경제적이라는 결론이었다. 그것도 정성으로 담아 차례를 지내는 방법이란 생각을 했다.

모둠전 한 접시, 삼색나물 한 접시, 두부전, 소금 간 후 말린 조기 한 마리, 과일 한 개씩 세 가지, 밤, 대추, 생닭 한 마리 그리고 빠질 수 없는 막걸리 한 병. 양손 가득 장을 봐 돌아오는 길, 어깨 가득 서글픔이 가득하다.

　이번 설에는 아버지가 좋아했던 닭 장조림을 준비했다. 생닭을 씻고 간장에 간 마늘, 설탕, 물엿을 넣고 조리면 된다. 닭과 간장이 졸여지는 냄새가 그 옛날 기억과 닮았다. 그 냄새가 나는 날은 높은 부뚜막과 방을 오가는 나의 작은 발이 분주했다. 냄새가 기억을 부른다. 아버지는 날 기억할까? 나는 아버지를 그때 먹던 음식 냄새로 기억한다.

　초등학교 4학년, 11살이었다. 죽음을 알기에는 이른 나이였다. 아버지가 눈앞에서 얼굴을 방바닥으로 곤두박질쳤다. 술주정으로 웅얼거리던 목소리는 그날이 마지막이었다. 죽음에 대한 첫 경험이었다. 나는 아버지를 닮기 싫었다. 술이 싫었고 술에 취해 반복하는 알아듣지 못할 말들도 싫었다. 우리 곁을 떠나기 3년 전부터 아버지는 술만 취하면 "내 죽거든 엄마하고 동생하고 잘 살아라."라고 했다.

　그날도 만취 상태로 들어와 기어이 막걸리를 사 오라고 했다. 당시 막걸리 한 되가 50원이었다. 노란 주전자로 막걸리 20원어치를 사왔다. 상도 없이 방바닥에 술잔을 놓고 술을 따른 후 일장 연설이 시작됐다. 잘 살라는… 엎어지며 토했고 나는 엄마를 불렀다. 걸레를 들고 오며 엄마는 "아이고 술 좀 작작 마시지. 이게 뭐고?" 앉아서 치우려고 아버지 얼굴을 들어 바로 눕히며 "보소 와이라노? 빨리 가서 삼촌 불러 온나!" 엄마는 소리를 지르며 아버지 뺨을 때렸다.

아버지 눈은 흰자만 보였다. 아버지의 마지막 모습이었다. 병원으로 실려 간 아버지는 위세척을 했고, 그러는 동안 나는 병원 복도에서 발을 까닥거리며 엄마를 기다리고 있었다. 한참 후 응급실에서 나온 엄마는 "아버지가 죽었는데 울지도 안 하나? 못된 가시나야."라며 울었다.

그렇게 아버지에게 맞고 살았으면서 엄마는 눈물이 났을까? 아직 이해할 수 없는 부분이다. 아버지가 돌아가신 곳은 영덕이었다. 영덕에서 장례를 치르고 안동 화장터로 모셨다. 안동으로 모신 이유는 모르겠다. 추측건대 아버지 고향이었기 때문이라 생각한다. 화장터에서 큰고모가 나를 안고 목 놓아 울기 시작했다.

"어린 것 눈에 밟혀 어찌 가냐? 이 어린 것 불쌍해서 어쩌냐?"

넋두리보다 고모의 스웨터가 얼굴을 따갑게 한 기억이 아직도 생생하다. 지금처럼 시설이 좋은 화장터가 아니니 밖에서 기다리다 보면 펑 소리가 두 번 났다. 한번은 복부가 터지는 소리였다. 그다음은 뇌가 터지는 소리다. 소리에 놀라 동그래진 내 눈을 감기고 귀를 누군가 막았던 것 같다. 특별히 심장이 나쁘진 않지만, 소리에 잘 놀라는 트라우마가 생긴 건 그때 그 소리 때문이다. 시장에서 뻥튀기 아저씨가 내는 소리에 울며 못 지나가던 것도. 그렇게 한참이 지나 아버지는 몇 조각의 뼈와 가루로 돌아왔다. 거기엔 사고로 다쳐 박은 쇳조각도 함께….

아버지가 일찍 돌아가셔서 기억할 추억도 없고 좋은 기억은 더욱 없다. 그냥 아버지가 있었다는 기억뿐 그리울 일이 없다는 생각으로 살았다. 살아내는 동안 서러움이 기억될 때만 아버지가 생각났다. 먼저 간 자리를 채울 길이 없었기 때문이다. 해운대 동백섬에는 아버지가 계신다. 그렇게 소원하던 그곳에 계시니 편하시려나? 아직 한 번도 아버지 유골을 뿌린 장소를 물어보거나 알려고 하지 않았다. 그냥 그랬다. 언젠가 가보리라 마음을 먹기 시작한 걸 보니 나이가 들어가나 보다. 처음이라 서툴렀던 이별도 그리운 걸 보니….

두 번째도 슬픔은 없었다

아버지의 형제는 위로 누나 하나, 아래로 남동생 셋, 여동생 둘, 다복한 숫자임은 분명하다. 지금은 왕래가 없으니 다들 어찌 지내는지 강 건너 불구경이다.

할머니의 주선으로 미장원에서 일하고 있을 때였다. 첫 직장에서 적응 중이었다. 어느 날 다급하게 나를 찾는 할머니의 울음 섞인 목소리는 절규에 가까웠다. "너거 작은아버지가 죽었단다. 이 일을 우야믄 존노? 병원으로 온나."

아버지에 이은 또 한 명의 아들을 그렇게 보낸 할머니는 병원 바닥에서 꺼이꺼이 울고 계셨다. 정신없이 달려간 병원에서 이미 싸늘한 주검으로 누워있는 작은 아버지를 봐도 슬프지 않았다.

작은아버지는 아버지 없이 할머니 집에서 구박덩어리로 사는 나를 마음 아파한 분이었다. 친척들이 명절 때나 가족 행사가 있을 때 나를 보는 안쓰러운 눈빛과는 다른 것이었다. 아마도 조카라서 더 안쓰러웠을 게다. 그래도 조막만한 손으로 삼촌 백바지를 강가에서 빨래했다는 걸 알았을까? 학교 준비물을 한 번도 준비하지 못했다는 것도 알았으면 어땠을까? 내가 너무 아파서 작은아버지의 죽음을 슬퍼할 여유가 없었다.

작은엄마는 평소에도 막걸리에 취해 살았다. 사촌들은 올망졸망 넷이었다. 막내는 그때만 해도 밑 터진 바지를 입고 있었다. 사촌들은 습관처럼 싸우는 소리에 무반응이었다. 싸움의 화두는 돈이었다. 작은아버지네 부부는 서로 막걸리 냄새를 풍겨가며 악다구니를 해댔다. 가끔 가보는 작은집은 웃으며 시작하다 1시간쯤 지나면 우당탕탕 시끄러워졌다. 그 속에서 아이들은 자라고 있었다. 고향을 떠나온 뒤 사촌들의 소식은 들어보지 못했다. 세월이 많이 흐른 지금 사촌들의 소식이 궁금하다. 길에서 어깨가 부딪쳐도 몰라볼 만큼 변했을 사촌들은 어디서 무엇을 하고 있을까? 살아보니 아버지 없이 산다는 것은 선장 없는 배를 타는 것과 같았다.

작은아버지 죽음의 원인은 오토바이 사고였다. 무엇 때문인지 원인도 모르는 사고였다. 뒤에 탄 사람은 중상을 입었고 작은아버지는 현장에서 사망했다. 오토바이 사고가 그렇듯 하늘을 날아 길가 논두렁에 가슴이 처박혀 돌아가셨다고 들었다. 일행이 돈 받으러 가는데 동행하다 사고가 났다고 했으니 술을 드시고 객기를 부렸나 보다. 왜 그랬는지 그때는 사고 원인도 경위도 정확하지 않았었다. 내가 어려서 어른들만 알고 있었는지도 모르겠다. 작은아버지의 핏기 없는 얼굴이 지금도 생생하다. 두 번째 죽음을 경험하고도 슬프지 않았던 것은 가난한 가족들의 감정 가뭄이 원인이라 생각한다. 사촌들은 어떻게 지낼까?

죽음 시그널

친구의 목소리가 다급했다.

"○○가 응급실에 있단다. 근무 중이라 못 간다. 먼저 가 있어라. 빨리 갈게."

그 무렵 지인의 카페에서 아르바이트 중이었다. 급히 일 마무리하고 병원으로 내달렸다. 데스크에서 간호사가 배우자냐고 물었다. 여자가 헐레벌떡 뛰어왔으니 그럴 만도 했다. 사고가 난 그 친구는 결혼을 하지 않았다.

응급실에서 조용히 나를 기다리는 친구와 마주했다. 술 한 잔 하자며 환하게 웃던 얼굴도 없었다. 하얀 시트 위로 피가 흘러나왔고 왼쪽 귀 위로 함몰되어 있었다. 응급실은 그랬다. 보호자 사인이 없으면 아무런 조치를 하지 않는다. 고향으로 수소문해서 겨우 친구 형과 연락이 되었다. 친구는 무슨 이유인지 가족과 7년째 소식을 주고받지 않았다 했다. 응급실로 들어간 지 하루 만에 보호자 형의 사인을 받아 응급조치를 받을 수 있었고, 그렇게 이틀을 견디다가 외롭게 떠났다.

그 친구는 초등학교 동창이었다. 존재감 없이 지냈던 친구와 나는 어른이 된 후 동창이 되었다. 그 시절 시골에서는 불우한 환경의 학생들이 태반이었다. 살아내는 동안 얼마나 외로웠을지 누구보다 나는 안다. 늦게 만난 친구들과 마시는 술 한 잔에도 행복해하는 그 녀석을 기억한다. 친구들과 모여 있다가 깜깜한 방에 도로 돌아가기 싫었을 그 기분을 안다. 불 꺼진 방보다 더 어둡고 긴 터널을 홀로 갔을 친구. 무척이나 가기 싫었을 텐데 잘 갔을까?

강남대로에서 일어난 사고였다. 보호 장구를 착용하지 않은 어처구니없는 사고였다. 사고 후 오토바이에서 헬멧이 발견되었다. 신호등이 황색 불에서 빨간 불로 바뀌는 순간 좌회전을 하다 직진 신호를 받은 택시와 정면충돌했다. 평소에는 착실히 쓰고 다녔다는데 그날은 뭐가 그리 급했는지 그렇게 허망하게 가버렸다. 택배 일을 하던 친구는 일이 많아진다고 함께 일하자고 했다. 날을 잡아 친구들과 함께 내 집에서 편하게 술 마시자고 했다. 각자 안주 한 가지씩 해서 모여 놀자고 했다. 외롭다가 친구들을 만나 얼마나 좋았으면 친구 집에서 하루 편히 마시고 놀자고 했을까? 그 소원을 들어주지 못해 미안하고 미안해서 장례식장에서 꺼이꺼이 울었다.

내가 할 수 있는 최고의 작별 인사였다. 장지로 따라가겠다던 친구들을 기어이 오지 말라던 친구의 형과 누나가 야속했다. 가족과 왕래 없이 지낸 친구를 조금은 이해할 수 있었다.

동창들과 하룻밤을 지새고 싶다던 친구의 간절함이 죽음의 시그널이었다는 것을 친구가 떠나고서야 알았다. 나는 외롭게 떠난 친구를 위해 몇 해가 지난 지금도 마음 한쪽을 내어 주고 있다. 친구가 외로움을 잠시라도 잊을 수 있다면….

죽는다는 것은 기억이다

 사람은 누구나 죽음을 생각하거나 죽기 위한 경험이 있다고 생각한다. 나 역시 죽고 싶었다. 죽음은 늘 나와 함께였다. 다만 죽을 때가 안 되었는지 난 살아 있다. 아니, 그 어느 때보다 열정적으로 살아내고 있다.

 가장 힘들 때 공부를 선택했다. 필요해서 시작한 이유도 있지만, 자존감 회복에는 공부만한 것이 없다. 2016년부터 시작한 공부는 현재 진행형이다. 매 순간 힘든 시기에 기억 저편을 꺼내 보며 힘을 얻었다. 직, 간접적인 죽음을 경험한 나로서는 두려움보다는 추억할 수 있는 기억이라 생각한다. 이른 이별의 그리움을 떠올리며 잠시 애틋해질 수 있기 때문이다. 대학 졸업까지 한 학기 반이 남았다. 아버지가 계셨다면 뭐라고 칭찬했을까? 친구가 있었다면 어떤 응원의 말을 해줬을까? 아니면 그만하라고 핀잔을 줬을까? 나는 분명 먼저 간 이들의 몫까지 최선을 다하리라 대답할테지.

 죽음은 결코 슬픔만을 주지 않는다. 잠시 이별이 아쉬울 뿐이다. 짧은 이별 긴 추억이다. 함께하는 시간을 좋은 기억으로 서로를 추억하면 된다. 작든 크든 추억은 소중하다. 추억으로 기억한다면 그나마 다행한 일이다. 나는 아버지와의 추억이 기억에 없다. 기억에서 지우려고 애쓰던 술 취한 모습과 엄마를 피투성이로 만들던 괴물의 모습이다. 나이가 들수록 그것마저도 그립다.

    몇해 전 친구들 셋을 비슷한 시기에 먼 길 떠나보냈다. 한 친구는 수면 양말 사업을 시작해서 잘되었는데 중국 수입품의 가격에 이길 수 없어 파산하였다. 그 후 무던히도 살아내려 노력했다. 그러다 췌장암으로 가족의 기억 속으로 떠났다.
    또 한 친구는 일본 히로시마 폭격의 피해자를 할아버지로 둔 친구다. 원폭 피해는 한 대 걸러 나타난다고 했다. 하필 친구의 형제가 피해 증상이 나타나는 시기였다. 그중 친구에게 집중 증상이 있어 키가 자라지 않았고 등이 굽었다. 우리가 쉽게 상상하자면 외계인의 모습이었다. 학교 다닐 때 남다른 모습이 놀림감이었다. 그런 친구의 가방을 들어주며 학교를 다녔던 기억이 있다. 어른이 된 후 만난 친구는 각시와 함께 나타났다. 축하해주며 행복하길 바랐지만, 그것도 잠시 원폭 피해로 인한 건강 악화가 원인이 되어 기억 저편으로 떠났다. 그리고 생활고를 비관해서 스스로 세상을 등진 친구까지 그렇게 셋을 떠나보냈다. 모두가 나의 기억 속 친구들과 짧은 이별 긴 추억이다. 죽는다는 것은 기억이다.

지금 죽어도 괜찮으세요?

날을 샜다. 죽음에게 물어보고 있었다. 지금 죽어도 괜찮겠냐고? 아직 할 일이 많고 해야 할 일도 많이 남았다. 못 가 본 곳이 아직도 많은데… 이건 물어보는 것이 아니라 사정을 하고 있는 나를 본다.

서른 즈음 자살 뉴스를 보거나 자살 소식을 전하는 지인들을 이해하지 못했다. 죽을 용기로 살지 왜 자살하냐고 어설픈 아는 척을 했다. 오만에 절은 그 시절의 나는 편견이 가득했다. 세상을 등질 만큼 힘들고 견딜 수 없어 그런 선택을 했을 터인데….

심지어 누구보다 힘든 시간을 보내고 있으면서 극단적 선택을 했다는 기사를 보면 혀를 차곤 했다. 눈을 감았다 뜨면 5년씩 지나가 버리길 바랐다. 그땐 그랬다. 지금 생각해보니 용기가 없었던 시절이었다. 다행스럽게 죽을 용기가 없었던 비참한 내가 그 시절에 있었다. 살아보니 죽음을 선택하고 행동으로 옮기기까지 썼다 지웠다 셀 수 없는 반복을 했을 텐데 말이다. 감히 내가 고고한 죽음을 하찮게 생각했던 것이다.

누구나 자살 시그널을 남긴다. 어떤 방법으로든 전달하려 한다. 그것은 살고싶다는 외침이다. 나를 봐달라는, 당신과 함께 세상을 살아내고 싶다는 몸부림이다. 흔히 하는 말로 천성이 바뀌면 죽는다고 농담처럼 한다. 안 하던 짓을 하면 뭔가 신상의 변화가 있다는 것이라 생각하면 된다.

먼 길 보내고 나서 되돌아보면 그때 그래서 그랬다고 통곡을 한다. 죽어보겠다고 해봤던 경험자로 나의 죽음 시그널은 무엇이었을까? 그것은 내가 죽고 난 뒤 주변 사람들이 느끼는 것이다. 자신도 모르게 죽음 시그널을 남긴다. 죽어봐야 아는 것이다. 누군가가 남기는 죽음 신호를 느꼈다면 즉시 연락을 해보시라, 당신은 한 사람의 세상을 구한 것이다.

호랑이는 죽어 가죽을 남기고 사람은 죽어 이름을 남긴다고 들었다. 호랑이는 동물이라 가죽을 남기는 것이 당연하다. 사람도 각자의 이름을 가지고 살다가 죽으면 망자의 이름이 장례식장 모니터에 뜬다. 이름을 남긴다는 의미를 너무 크게 두면 안 된다 생각한다. 어릴 때는 훌륭하고 유명한 사람만 이름을 남기는 것이라 생각하고 배웠다. 어른이 되고 살아보니 죽어 남기는 이름의 크기와 삶의 무게가 다른 것일 뿐, 누구나 이름은 남기고 죽는다. 하여 누구든 이름에 미안하게 살면 안 되겠다는 생각이 든다.

죽음이라는 단어를 생각하면 가장 먼저 떠오르는 것이 무엇인가? 슬픔, 이별, 아쉬움, 그리움이 생각난다. 산다는 것은 죽기 위한 여행이라고 생각하기도 했다. 죽음을 가까이에서 보기도 했고 죽어보려고도 했기 때문에 죽음에 대한 두려움은 없다. 내가 죽고 난 뒤 적어도 잘 죽었다는 소리를 듣고 싶을 뿐이다. 다산 정약용이 아들에게 보낸 편지에 집안을 일으키는 방법은 공부뿐이라고 했다. 소중한 것을 잃었다고 너무 슬퍼하지 말라고도 했다. 내게도 그런 아버지가 있었으면 하고 부러웠다. 살아내려 애쓰며 가장 잘한 일이 공부를 시작한 것이다. 6년째 공부를 끝내지 못하고 있다. 아직 죽지 못하고 있는 것처럼….

지금 죽어도 괜찮으세요?

과연 지금 죽어도 괜찮다고 말할 사람이 몇이나 될까? 어려움이 닥칠 때 죽고 싶다는 얘기를 무심코 한다. 정말 죽고 싶을까? 살아야 하니까, 살아보자고 하는 말이다. 우리는 그렇게 죽음과 잘 지내고 싶은 것이다. 내가 죽음을 두려워하지 않는 이유이기도 하다. 죽음은 내 친구다. 살면서 겪을 수 있는 일들을 모두 경험해봤으니 지금 죽어도 괜찮다고 말할 수 있다. 다만 그 경험들을 나눌 수 있는 시간이 필요한 것뿐이다. 매일을 마지막처럼 견디며 세상과 맞서 이겨내고 있다. 누구보다 아름답고 행복한 나의 자리를 찾아갈 테니까. 나는 당당히 죽음과 싸워 이겼다. 볕이 따뜻한 날 흔들의자에 앉아 내가 쓴 자서전을 읽으며 조용히 죽는 내 모습을 상상 해본다. 아름다운 죽음이다.

인생의 막이 내릴 때

나를 알아가며 진정한 행복과 자유를 공유하고픈 늦깎이 작가
내 인생의 막이 내릴 때,
"행복했다" 말할 수 있다면
"건강했다" 말할 수 있다면
"감사했다" 말할 수 있다면
"사랑했다" 말할 수 있다면
"정말 잘 지내고 간다" 말할 수 있다면 좋겠다.

최순남 ●●●

- 한국열린사이버대학 객원교수
- 한국교육강사진흥원 수석연구원
- 강사-인공지능/신재생에너지/디지털 교육
- 미주예술원 다루 명예이사
- University of Connecticut 교육심리학 박사
- 한양대학교 교육공학과 학사/석사

이메일 snchoi001@naver.com
연락처 010-9918-7909

내가 생각하는 죽음

　죽었다 살아난 사람을 만나 본 적이 없다. 내가 직접 죽었다 살아난 적도 없다. 영화나 드라마를 통해 보아온 수많은 죽음의 세계는 그저 누군가의 상상력을 통해 만들어놓은 허구라고 생각한다. 인간은 죽어서도 행복하고 평안한 삶을 꿈꾸기에 알지 못하는 미래를 보장받기 위해 충실히 살고자 한다. 종교는 사후 세계에 대한 비전을 제시하고 어떻게 살지에 대한 방향을 알려주기에 우리 각자는 자신의 가치관에 따라 종교를 선택하게 되는 것이다.

　'죽으면 난 어떻게 될까?' 내 마음 깊숙한 곳에서는 윤회설이 자리 잡았고, 어느 때는 예수님을 통해서만 평안한 세계를 보장받을 수 있다고 생각했으며, 지금은 어느 한 종교에만 국한되지 않은 신이 자연 일부로 인간을 만들어 냈다는 쪽으로 마음이 기울고 있다. 어느 한 종교에서 주장하는 제한된 교리에 얽매이기보다 자연의 이치와 섭리를 올바로 이해하고 그것을 거슬러 살지 않는다면, 사후의 세계를 두려워하거나 걱정하지 않아도 된다고 믿는다. 그래서 나는 살아있는 동안 그 이치와 섭리를 꾸준히 터득하고 최선을 다해 살기로 했다.

난 인생 초반부터 사람들이 다이아몬드수저, 금수저, 은수저, 동수저, 철수저, 플라스틱수저, 흙수저로 태어나는 것이 참 불공평하다고 여겼다. 또한 살아가면서 우리가 쌓아가는 덕행에 따라 공정하게 심판을 받지 않는다는 점도 늘 심기를 불편하게 만들었다. 천벌을 받아도 마땅할 인간이 떵떵거리며 잘 산다는 것은 뭔가 세상의 이치에 어긋나 보였다. 그러나 지금은 이러한 불공평해 보이는 것이 언젠가는 자연의 이치대로 흐를 거라는 믿음이 생겼다. 그 불공평함이란 것도 나의 잣대로 보기 때문일지도 모르고, 현재뿐 아니라 그 이후의 세계까지 고려한다면 그다지 신경 써 가며 살지 않아도 될 일이라 여긴다.

죽음에 대한 기억

죽음을 생각했을 때 가장 먼저 떠오른 아이가 있다. 축 늘어진 어깨에 창백한 얼굴로 배시시 웃어주던 친구. 그는 대학교 1학년 때 동기였다. 마치 〈러브 스토리〉 영화 속 여주인공이 백혈병으로 죽은 것처럼 그도 같은 병으로 한 학기도 채우지 못한 채 그렇게 가버렸다. 햇볕이 내리쬐는 봄날, 그는 종종 교문 입구 돌부리에 걸터앉아 엷게 웃음을 머금고 하염없이 지나가는 사람들을 바라보곤 했다. 삼수하고 대학에 들어온 그가 느낀 대학 생활의 감회는 남달랐을 거라 짐작만 했다. 그래서 그의 물기 어린 눈빛이 고진감래 끝에 맛보는 그만의 기쁨이라고 생각했다.

"병렬이가 백혈병이래.", "AB형 혈청이 있어야 병렬이가 산대. 병원에서 AB형인 사람들 수혈이 필요하다고 연락해 왔어." 학과 대표가 다급한 어조로 우리 학과 전체에 공지했다. 상태가 급박하다고 했다. 나를 포함하여 우리 학과 AB형 선배 동기들이 다 모여서 병원으로 서둘러 갔다. 하지만 내가 수혈할 차례는 끝내 돌아오지 않았다. 얼마 지나지 않아 그의 사망 소식이 들려왔고, 그는 우리 기억 속에서 서서히 사라져 갔다.

수혈해주면 누군가를 살릴 수 있다는 생각에 가끔 난 적십자 버스를 보면 자진해서 버스에 올랐다. 살아가면서 나 또한 누군가의 피를 받아야 할 때가 올지도 모르고, 수혈을 하더라도 3개월이면 새로운 피가 만들어지며, 무엇보다 피는 돈 주고 살 수 없으니 수혈을 해야만 할 이유는 너무도 많았다. 예전엔 힘들었지만, 지금은 혈액을 오래 보관할 수 있는 기술이 발달하여 자기 피를 미리 뽑아놓고 나중에 필요할 때 자기 혈액을 부작용 위험 없이 쓸 수가 있다고 한다. 하지만 적극적인 나의 수혈 의지에도 불구하고 기본 조건이 충족되지 않아 늘 수혈할 기회를 얻지 못했다. 여자, 작은 체구, AB형 등 퇴짜의 이유는 타당하게 보였지만, 수혈 한번 못하는 상황이 나를 실망하게 했다.

생명이 다해서 죽음을 맞이하는 것과 달리 사고나 병으로 갑자기 세상을 떠날 때는 가족이 느끼고 감당해야 하는 슬픔이 다를 수 있다. 운이 없었더라면 나는 아버지 없는 세상을 살았을 것이다. 아버지는 평소 아픈 걸 잘 참으시는 성격이다. 아픈 것을 잘 참는 것은 그리 좋은 일이 아니다. 최근에 아버지께서 축농증 수술을 하셨는데, 집도한 의사가 "어떻게 축농증이 이렇게 심하게 될 때까지 놔두셨어요!" 환자의 참을성을 이해하지 못하겠다는 표정과 함께 가족을 힐책하는 어조로 축농증 상태를 설명했다. 의사는 코에서 썩는 냄새가 지독해서 아버지 당신은 숨쉬기도 곤란하셨을 텐데 옆에서 왜 방치했느냐는 눈초리를 보내, 동석한 나를 민망하게 했다. '그 참을성 때문에 세상을 일찍 하직하셨을 수도 있었는데 아직도 아버지는 참는 걸 미덕으로 생각하시는 걸까?' 라고 생각하기도 했다. 가물가물 엄마가 전해주신 옛이야기가 떠올랐다.

내가 엄마 배 속에서 꼬물거리고 있을 때, 아버지께서 맹장염이 터져 생명이 위험한 적이 있으셨다. 아버지는 자주 배가 아프다고 하셨다. 나를 임신하고 계셨던 엄마는 농사일 때문에 아버지께서 배가 아프다고 해도 크게 신경을 써드리지 못했다. "아이고 배야, 도저히 움직일 수가 없어." 급기야 어느 날, 배를 움켜잡으며 아버지가 심하게 바닥에 뒹구셨다. 동네 어른들이 달구지에 아버지를 싣고 버스를 타고 충주 시내까지 가셨다. 그 동네는 병원도 없고, 버스를 타려면 족히 한 시간은 걸어야 하기고, 게다가 버스가 하루에 두어 번만 다녔기에 충주까지 가는 과정이 얼마나 힘들었을까? 아버지께서 병원에 도착하셨을 때는 이미 맹장이 터져 두세 군데 병원에서는 수술을 못한다고 거부했다. 마지막 병원에서 더 이상 기다릴 상태가 아니라고 위험을 무릅쓰고 아버지의 맹장 수술을 감행했다. 배를 가르니 불순물이 한 양동이가 나왔다. 아버지는 천만다행으로 목숨을 건지셨다. 그 당시 엄마는 병원에도 따라가지 못하셨고, 낳지도 않은 나까지 아이 둘을 둔 과부가 되지 않을까 노심초사하셨다고 한다.

그리고 아버지께서는 내가 미국에서 살 때 또 한 번 죽을 고비를 맞으셨다. 건설 회사에서 일하시다 갑자기 뇌경색이 와서 쓰러지셨다. 다행히 병원으로 금방 이송되어 적기를 놓치지 않아 목숨은 건지셨다. 하지만 오른쪽 사지가 마비되셨다. 환갑도 채 지나지 않은 때였다. 밥숟가락도 제대로 못 쥐어서 음식을 줄줄 흘리셨다. 휠체어 없이는 움직이지도 못하셨다. 엄마는 지극정성으로 아버지 재활을 위해 애쓰셨다. 이후 한의원과 재활 센터를 수도 없이 드나드셨다. 눈만 뜨시면 재활 운동을 하셔 지금은 마비 흔적을 찾을 수 없을 만큼 원상 복귀가 되셨다.

그 이후로 평생 끊지 못하시던 담배를 끊으셨다. 소주를 좋아하는 술고래이신 아버지는 주량도 대폭 줄이셨다. 그 사고로 아버지는 돌아가실 때까지 평생 산재 보험료를 받게 되셨다. 오빠가 매달 드리는 용돈으로도 이미 여유가 있지만, 매년 오르는 산재 보험금으로 두 분이 평생 돈 걱정 안 하실 만큼 재정적 안정을 누리게 되셨다. 늘 자식을 위해 고생을 하고 정직하게 살아오신 부모님이 하늘로부터 받은 은혜가 아닐까 하는 생각도 든다. 아버지께서는 언제나 말수가 적으셨지만, 성격이 까칠하셨다. 그런데 여러 번의 위험 고비를 넘기면서 지금은 엄마 말씀이라면 무엇이든 다 따르는 순한 양이 되셨다. 힘든 일을 옆에서 함께 겪고, 언제나 문제가 생기면 씩씩하게 해결해 주시는 엄마를 믿고 의지하시는 모습을 보면 정말 전화위복이 이런 것이 아닐까 싶다.

내가 겪은 죽음의 고비

나에게도 죽을 고비가 있었다. 일곱 살 때였다. 시골에서 서울로 이사 온 후 1년 동안 삼양동에서 부모님께서는 식료품 가게를 하다, 문을 닫고 답십리로 이사를 하여 힘들게 살 때다. 전세방 한 칸에 우리 식구들 5명이 함께 살았다. 10살이던 오빠, 5살이던 남동생이 시골에 계시는 할머니 댁에 왔다 갔다 하면서 지냈다. 연탄으로 방을 덥히는 구들장 형식의 집이었다. 시골에서는 아궁이에 나무로 불을 지펴 방을 덥혔지만, 당시 대부분의 서울 집들은 연탄을 사용했다. 우리 집도 연탄을 사용했고 그로 인해 큰일이 날 뻔했다.

우리나라에서 연탄은 50년대 후반부터 사용하기 시작했는데, 당시 연탄가스 중독으로 사망한 사건이 많았다. 이런 뉴스를 흔하게 접하던 시기, 나도 하마터면 뉴스 속의 주인공이 될 뻔했다. 어느 추운 겨울날 창문을 꼭 닫고 자던 우리 방에도 연탄가스가 스며들었다. 연탄가스는 형체 없는 무시무시한 흉기였다. 아버지께서는 잠이 설들었던 상태였는데 갑자기 내가 일어나더니 힘없이 푹 쓰러지는 소리에 잠이 깨셨다. 방안에 가스 냄새가 나는 것 같아 창문을 열어 놓고 우리를 다 깨우셨다. 오빠와 동생은 금방 깨어났는데 나는 아무리 흔들어도 깨어나질 않았다고 한다.

아버지는 기겁하고 나를 둘러업고 병원으로 한달음에 달려가셨다. 달리는 와중에도 아버지는 큰소리로 내 이름을 계속 부르셨다. 애타게 내 이름을 부르신 아버지 목소리가 가늘게 들려왔는데 나는 꿈을 꾼다고 생각했다. 대답할 기력도 없었다. 그러고는 병원에 가서 주사를 맞을 때가 돼서야 온 세상이 떠나가도록 나는 소리를 질렀다. 뒤따라오던 엄마는 내가 우는 소리에 큰일이 난 줄 알고 가슴이 덜컥하셨단다. 만일 그날 밤 부모님께서 푹 주무셨고 내가 조용히 잤더라면, 나 뿐 아니라 우리 가족의 운명은 어떻게 되었을지 모르겠다. 일가족의 연탄가스 중독 사망이라는 대서특필 기사가 났을지, 나만 저승으로 갔을지 말이다. 1980년 중반까지도 연탄가스 중독으로 사망한 수가 해마다 수백 명씩 되었다고 하니 난 정말 행운아였음이 틀림없다.

두 번째로 행운의 여신이 나를 도왔다고 느꼈던 적이 있다. 미국 코네티컷에서 발행한 교통사고였다. 그날은 이런저런 생각을 하며 아이들 학교 근처를 운전하고 있을 때였다. 비나 눈도 오지 않았던 맑고 상큼한 초봄. 그런데 갑자기 자동차 핸들을 조종할 수가 없었다. "어머, 핸들이 멋대로 움직이네." 너무 갑작스러운 순간이었다.

핸들을 좀처럼 제어할 수가 없었다. 늘 중고차만 몰아서 웬만한 증상이 나타나면 무엇 때문인지 감이 잡힐 만한데, 원인이 퍼뜩 생각이 나지도 않았다. 생각할 틈도 없다는 게 맞았다. 이미 차가 비탈길의 아래쪽 초입 부분까지 미끄러졌다. 어디로 돌려서 세울 만한 공간도 없었다. 제멋대로 움직이는 자동차와 속수무책으로 싸우고 있었다. 긴 시간이 아니었음에도 한참을 그러고 있다는 느낌이었다. 온몸에서 식은땀이 나는 순간, 그때 비탈길 위에서 차 한 대가 내려오고 있었다. 기리가 좀 있어서 경적을 울렸지만, 그 차도 내려오는 속도가 있어서 그대로 있으면 추돌사고가 확실히 일어날 순간이었다.

'충돌은 막아야 해' 온 힘을 다해 왼쪽으로 핸들을 꺾었다. 차가 붕 떴다. 한순간 정적 속에 갇혔다. '어떡하지?' 하는 한마디가 튀어나왔고, 뒤이어 '쿵' 하는 굉음과 함께 나는 눈을 감았다. 눈을 떠보니 물이 마른 개울 모래밭에 커다란 바위 두 개 중간에 내 차가 박혀있었다. 바로 앞에는 천연가스 파이프가 땅속에서 살짝 삐쳐 나와 있었다. 수도 없이 그 길을 오갔건만 오늘에서야 그 도로가 오가기 좁은 다리 위였다는 것을 알아차렸다. 그날은 길가에 공사장으로 가는 트럭에서 흘러내린 자갈돌이 여기저기 흩어져 있었고, 하필 그 길을 내가 과속을 해서 사고가 난 것이었다. 신고를 받고 달려온 경찰차들의 사이렌 소리와 사람들 웅성거림에 몽롱함이 씻겨나갔다.

"한 치만 잘못 떨어졌어도 대참사가 일어났을 겁니다." 천만다행이라며 위로하는 경찰의 말에 안도했다. 하지만 문이 찌그러져 혼자서는 빠져나올 수 없이 걸레짝이 되어버린 내 차를 보고 '이걸 다행이라고?' 라고 생각하며 어이가 없었다. 차는 수리할 수 없는 상태로 망가져 폐차시켰다. 새로 차를 사야 할 생각까지 미치니 앞이 캄캄했다. 하지만 '아, 이게 기적이구나'를 깨닫는 데는 그리 오래 걸리지 않았다. 내 몸은 손톱만큼의 상처도 없이 마치 누군가 사뿐히 안아서 내려준 것처럼 멀쩡했다. 모래로 떨어져 몸에 전달된 큰 충격도 없었다. 창문이 깨지지 않아 파편도 없었다. 한 치만 더 앞에서 떨어졌더라면, 천연가스 폭발로 내 몸이 화염에 휩싸여 공중분해 되었을지 모를 일이었다. 경찰의 말이 한순간 이해가 되었고 마음속에서 감사가 터졌다. "살려주셔서 감사합니다." 남편한테 한동안 부주의하게 운전한다고 꾸중을 들어도, 자동차를 새로 사야 할 어려운 상황에서도 난 그저 구원받음에 기쁘고 감사했다.

세 번째로 황천길을 비켜 간 아찔한 사건도 있었다. 한국에서 시어머님께서 돌아가셨다는 갑작스러운 비보를 받았다. 갑자기 시어머님께서 목욕하시다 욕탕에서 쓰러지셨고, 요양보호사가 금방 발견해서 응급차를 불렀지만, 병원으로 가시던 중에 돌아가셨다 전해 들었다. 결국 미국 생활 25년 만에 한국에 들어왔다. 급하게 아무 준비 없이 한국에 들어왔다. 시어머님께서는 오랫동안 허리가 아프셨다. 하지만 그렇게 사고로 갑자기 돌아가실 줄은 몰랐다. 시아버님께서 다리가 아프셔 걸어 다니시 못하시고 늘 앉거나 누워서만 생활을 하셨기 때문에, 시어머니께서 그 수발을 드느라 고생을 많이 하셨다.

 맏며느리의 역할을 제대로 하지 못한 죄책감도 들었고, 그렇게 허망하게 가신 것도 마음 아팠다. 미국에서 아이들이 학교 다닐 때라 2주간만 머물 일정을 잡고 한국에 들어왔다. 장례식을 마치고 시아버님 시중을 들어야만 해서 다른 일들은 신경 쓸 틈이 없었다. 오랜만에 온 한국이었지만 친구들이나 지인들께 인사 전화조차 한 통 못했다. 통화하고 만날 수가 없으면 마음만 더 힘들어진다는 생각에 모든 연락을 자제했다. 하지만 워낙 오랜만에 한국에 온 터라 친정집에는 간절하게 다녀오고 싶었는데, 친정에서 하룻밤을 자고 오는 것도 시아버님, 남편 눈치가 보였다. 오랜만에 가는 친정집인데 하루를 못 자고 오는 심정이 편하지 않았다. 또한 자고 오지는 못해도 최소한 미국에 살면서 신세 진 게 워낙 많은 오빠는 꼭 보고 와야 한다고 생각했다. 오빠한테 내가 친정이 있는 천안에 왔다고 연락했다. 하지만 하필 그날 중요한 임원 회의가 있다고 늦어질 거라고 연락이 왔다. 오빠는 당연히 내가 친정에서 하룻밤을 자고 간다고 생각했던 것이다. 나는 초조하게 오빠를 기다렸지만, 시간이 늦어지면서 남편과 시아버님이 눈에 자꾸 밟혔다. 더 이상 기다리는 것이 무리였다.

    그렇게 천안을 떠나 용산에 도착한 시간은 밤 10시가 넘었다. 서울 시내 대중교통에 익숙지 않았던 나는 초조했다. 용산역에서 지하철을 바꿔 타야 하는데 큰 가방을 들고 계단을 내려가기가 힘들게 느껴졌다. 친정어머니께서 언제 또 올 기약도 없는 딸에게 바리바리 싸주신 음식은 혼자서 들기엔 역부족이었다. 이리저리 무거운 가방을 끌고 승강기를 찾았지만, 눈에 들어오지 않았다. 마음이 조급해 그냥 계단으로 내려가기로 했다. 쉼호흡을 한번 하고 가방을 한 계단 내리는데 바퀴 하나가 계단 끄트머리에 걸려서 힘이 아래로 쏠렸다. '악' 소리 한 번 지를 틈도 없이 큰 가방과 나는 가파른 계단을 함께 굴러 바닥으로 내동댕이쳐졌다. 꽤 긴 계단이었다. 중간쯤에서 뭔가에 부딪혔다. 속도가 좀 감해지긴 했지만 나와 가방은 끝까지 굴러떨어졌다. 머리에서 피가 흐르고 있었다. 사람들이 우르르 몰려왔다. 누군가가 손수건을 주면서 피를 닦으라고 내밀었다.

    '몸을 움직일 수 있을까?' 하는 생각이 들었고, 천천히 앉으면서 몸을 움직여 보았다. 계단 모서리에 머리가 부딪치거나 다리가 걸렸더라면 즉사했을 수도 있었다. 발목이 심하게 아팠다. 움직일 수 있으니 부러진 곳은 없는 것 같았다. 삽시간에 역에서 일하는 사람들

서너 명이 와서 물었다. "응급차를 부를까요? 일어서실 수 있으세요?", "혹시 응급차를 부르면 누가 돈 내나요?"라며 그 와중에도 나는 비용 걱정이 앞섰다. 미국은 응급차 부르는 값이 엄청 비싸고 개인이 그 비용을 지급해야 하는 것을 알았기에, 선뜻 응급차 불러 달라 요청하지 못했다. 한국은 응급차가 무료였고, 다행히 금방 달려온 응급차를 타고 근처 대학 병원으로 향했다.

한국에 오랫동안 살지 않아서 보험이 없었지만, 비용도 100만 원 이하여서 큰 안도의 숨을 쉬었다. 머리가 좀 찢어져 6~7바늘을 꿰매고 발목을 삐긴 했지만, 크게 걱정할 필요는 없다고 했다. 황천길 가는 줄 알았는데 또 살아갈 기회를 주셨다. 이곳 한국의 응급시스템 하나만으로도 난 한국에 반하는 경험을 했다. 그리고 왜 미국 교포들이 멀고 먼 이곳까지 병을 고치러오는 지 온몸으로 절실히 느꼈다.

시아버님을 보내드리며

시어머님이 돌아가시고 3년쯤 지났다. 시아버님 병간호를 이제 맏며느리인 내가 맡아야 한다고 생각했다. 90세가 훌쩍 넘으신 시아버지께서는 앉아 계시기도 힘들고, 24시간 내내 누워서 지내셨다. 몸 상태는 그러했지만, 정신이 또렷하고 의사소통도 잘하시는 터라 얼마나 더 오래 사시게 될지는 아무도 몰랐다. 기약이 없는 상황이라 나는 미국 생활을 어느 정도 정리하고 한국에 들어왔다. 시어머님께서 살아 계실 때 간호하기 힘들어 시아버님을 요양원으로 모셨던 적이 있었다. 며칠을 요양원에서 보내신 뒤 시아버님은 "죽어도 요양원에서는 못 살겠다."고 하셔 다시 집으로 오셨다. 그래서 요양원이나 요양병원은 선택할 대안이 아니었다. 마지막으로 맏며느리 역할을 제대로 해보려는 나의 선택은 시부모님께서 베풀어주신 은혜를 갚는 절호의 기회였다. 나와 시아버님은 임종하실 때까지 11개월을 함께 지냈다.

코로나가 한창일 때 시아버님이 기침을 조금씩 하시기 시작했다. 보라매 병원 응급실로 갔다. X-ray 사진의 폐 한쪽이 허옇게 나왔다. 약간 호전되는가 싶다가도 악화하기를 반복하다가 다른 쪽 폐마저 나빠지기 시작했다. 인공호흡기를 달아야 할 순간까지 갔다. 순식간에 병원 전체가 급박한 상황이 닥쳤다. 의사와 간호사들이 여기저기서 달려왔고, "생명 연장을 하실 건가요?"라며 의사가 물어왔다. 미국에 있던 아이 아빠는 시아버님을 살려낼 방법이라면 뭐라도 다 해달라는 요청을 했다. 그때부터 시아버님께서는 힘난한 과정을 겪으셔야 했다. 음식을 드실 수 없어 기도삽관을 하셨다. 의사소통이 막혔다. 내게 "고맙다."라는 말씀이 마지막 또렷한 음성이었다. 이후 응급환자실로 들어가셔야 했다. 코로나 상황이 악화돼 응급환자실은 하루에 30분만 방문할 수 있었다.

그런데 이번에는 시아버님의 복부에 이상이 생겨 수술할지 말지 결정하게 되었다. 수술을 하시고 몇 시간을 더 사실지, 며칠을 더 버티실지 의미가 있는 수술이 아니었지만, 남편은 그대로 수술을 감행했다. 그때부터는 신경 안정제를 놓아 의식도 없는 상태가 되셨다. 의사는 시아버님이 고통을 느끼시지 않고 편안한 상태라고 나를 위로했다. 더 이상 시아버님 눈동자도 마주칠 수가 없게 된 나는 그저 속수무책이었고, 뭔지 모를 울분이 깊숙한 곳에서 올라오고 있었다. 누구를 위한 수술인지 통 알 수가 없었기 때문이었다. 그 상태로 수술하셨고, 결국 1주일 정도 버티시다 세상을 떠나셨다. 위급한 상황이 올 때마다 병원에서는 손을 놓아도 된다고 했지만, 자식의 도리로 차마 결정을 내리기가 힘든 경우가 많았다. 병원 대기실에서 마지막 며칠을 보내며 난 나의 마지막을 미리 준비해서 '내 마지막은 내가 선택할 수 있도록 해 놓아야겠다.' 결심했다.

나에게 죽음에 대한 또렷한 기억은 대학 시절부터 시작되었고, 나이가 들면서 죽음을 직접 보고 생각할 기회는 점점 더 많아졌다. 누구나 예외 없이 죽는 것은 불변의 법칙이다. 삶의 경험을 통해 이제는 시시각각으로 삶과 죽음의 경계에 접근하면서 살고 있다는 사실도 느껴진다. 마지막으로 그 경계를 언제 넘어갈지 우리는 아무도 모른다. 삶과 죽음의 경계선은 존재하겠지만, 그것이 주는 의미는 전혀 다른 이치와 섭리로 돌아가는 세상은 아닐 것이다.

　내가 힘들 때 함께 도와주고 위로가 되어준 누군가 있어서 삶이 즐거웠다면, 이젠 내가 그 누군가에게도 힘이 되어 함께 행복한 시간을 만들어 가면 죽어서도 평안을 누리게 되지 않을까? 욕심내지 않고, 상처 주지 않고, 시기하지 않고, 도와주고, 위로하고, 사랑하고, 각자의 위치에서 최선을 다해 열심히 산다면 어디에 존재하든 행복할 수 있다고 믿는다. 세상이 제대로 돌아가는 데는 자연이 지닌 '비밀'의 법칙이 늘 존재하고 있으며, 그것에 거스르지 않고 살아가는 것을 깨닫고 실천해 가며 사는 게 중요하지 않을까? 삶과 죽음, 별개의 세상이 아니며 현재(present) 삶에서 행하는 모든 것이 미래를 위해 Pre-Sent하고 있는 것이기에 지금, 이 순간 소중하고 알차게 보내는 것이 최선이라 믿는다.

어느 날 갑자기

　인생의 경제적 자유를 위해 시스템을 구축하고, 시간적 자유를 위해 '더불어 함께 하는' 건강한 공동체를 만드는 일에 많은 시간을 쏟았다.
　그러던 어느 날 갑자기 찾아온 하반신 마비 그리고 뇌출혈, 이로 인해 두 번의 생사 고비를 넘겼다. 지금은 사람들에게 내 경험을 바탕으로 '건강한 아름다움은 현대인의 경쟁력이다'를 알리는 중이다.
　건강한 밥상 바꾸기, 건강한 마음 찾기, 건강한 운동, 건강한 생활습관 가꾸기, 건강 4H의 중요성을 알리며 다시 주신 소중하고 귀한 새 생명을 살고 있다. 병마와 싸우며 좌절을 겪는 사람들에게 나의 경험이 반딧불 희망을 밝혀줄 수 있기를 희망한다.

임해숙 ●●●

- 원타임 대표
- 휴먼브랜드 공저
- 로드랜드 대학 치유학 박사
- 인체 리모델링 전문가
- 성공리더십/팔아야산다/시스템조직관리 강사
- NLP/컬러도형 심리 테라피 전문가

이메일 luck0777@naver.com
블로그 https://m.blog.naver.com/luck7878
인스타 https://www.instagram.com/tv/CcDHMaKgUor/?igshid=MDJmNzVkMjY=
연락처 010-6506-7575

갑자기 찾아온 뇌출혈

어느 월요일 아침, 회의 참석을 위해 일찍 일어났다. 전날 출장에서 늦게 귀가한 탓일까? 컨디션이 영 좋지 않았다. 출근이 조금 늦겠노라 문자를 보냈다. 안정을 취한 후 나가려는데 이상하게 어지러웠다. 몸의 균형이 맞지 않고 휘청거렸다. 급기야는 쓰러질 것 같았다. 얼른 벽을 짚고 침대로 가서 누웠다. 눕는 순간 왼쪽 팔이 몹시 저리고 차가워지더니, 마비가 오는 느낌이 들었다. 왜 이러지? 이게 무슨 일이야? 느낌이 심상치 않았다. 갑자기 심장이 쿵쾅쿵쾅 방망이질하며 뛰기 시작했다. 침착하자 마음을 다스리면서 오른팔로 왼팔을 주물렀으나 허사였다. 순간 큰 소리로 아들을 불렀다.

청심환을 먹고 사혈 침으로 손을 따고 혼자 별짓을 다 했다. 그런데 점점 다리까지 저리면서 싸늘하게 굳어갔다. 얼굴과 혀까지 굳어가는 느낌이 들자 덜컥 겁이 났다. 안 되겠다 싶었는지 아들이 119를 불렀다. 잠시 후 도착한 구급대원이 큰 목소리로 외친다.

"환자 데리고 내려오세요."

"지금 어머니 몸에 마비가 와서 움직일 수가 없습니다."

구급대원들이 들것을 챙겨 집으로 올라왔다. 그들은 급하게 움직였다. 뇌출혈이 의심된다고 했다.

"뇌출혈은 1분 1초가 급합니다. 서두르지 않으면 생명이 위험해요."

가장 가까운 뇌 전문병원 응급실에 도착했다. 모든 검사를 마치고 일단 응급실에 입원했다.

"바로 응급처치를 해서 큰 수술은 안합니다. 약물로 치료하면서 경과를 두고 봅시다."

의사 선생님은 짧게 상황을 설명한 뒤 자리를 떴다. 나는 응급실에 누워있으면서 계속 속으로 되뇌었다.

'이제 아무 일도 없을 거야. 지금 잠시 꿈을 꾸고 있는 거야. 내일 아침이면 일어나서 여기를 걸어서 나갈 수 있을 거야. 분명히 아무 일 없이 이 병원을 걸어서 나갈 거야. 반드시! 꼭!'

아침이 되었다. 밤새 걸었던 주문은 이뤄지지 않았다. 내가 치뤄내야 할 고통의 무게를 예감했는지, 뜨거운 눈물과 콧물이 범벅이 되도록 울고 또 울었다. 계속 울다가 또 쓰러지면 큰일난다는 간호사님의 말이 귓전을 울렸다. 응급실 옆에는 뇌수술을 받은 여러 환자들이 의식이 없는 식물인간 상태로 누워있었다.

눈만 껌뻑거리며 기도에 삽입한 줄에 의지하여 음식물을 넘길 뿐, 아무도 알아보지 못한 채 꼼짝도 못하고 병상에 누워있는 것이다. 코로나 때문에 간병인도 둘 수 없고 가족도 만날 수 없던 때였다. 정신만 멀쩡하다 보니, 응급실의 밤은 너무 무섭고 스산했다. 심장이 터질 것 같았다.

'누가 나 여기서 좀 꺼내주세요. 저 아무렇지도 않아요. 저를 집으로 좀 데려다주세요.'

나는 마음속으로 이렇게 외쳤다. 밤새 뜬눈으로 아침을 맞이했다. 다음 날 아침, 여느 때처럼 일어나려고 몸을 움직였다. 그런데 일어날 수가 없었다. 꼼짝도 하지 않는 내 몸에 "이건 아니야! 이건 아니야! 이건 아니라니까!"라며 정신 나간 사람처럼 소란을 피웠다. 그러면 응급실 의료진은 아무런 대꾸도 하지 않은 채 주사와 약으로 나를 진정시켰다.

꿈이길 바랐지만 현실이었다

아무리 아니라고 외쳐도 몸은 꼼짝도 할 수가 없었다.

"화장실에 가고 싶어요.", "소변 줄 했으니까, 그냥 보시면 됩니다." 퉁명한 간호사의 말 한마디. "큰일 보려고요.", "기저귀 채웠으니, 그냥 보세요." 죽고 싶은 마음이 이럴 때 생기는 걸까 싶었다. 나를 살뜰히 챙겨주는 사람은 아무도 없었다.

간호사들이 와서 약과 링거, 주사 외엔 아무것도 해주는 게 없었다. 움직일 수도 없고 말할 수도 없으니, 너무나 답답했다.

'엄마, 딸을 왜 이렇게 빨리 데려가려 하세요. 저 많이 사랑하셨잖아요. 아직 할 일이 많아요. 하고 싶은 일도 남았고요. 엄마, 뭐라고 말 좀 해보세요.'

나는 서러움과 애먼 원망을 저 세상으로 떠나신 어머니에게 쏟아냈다. 그래도 아무 소용이 없었다. 응급실에서 꼬박 사흘을 보냈다. 나는 일반 병실로 옮겨 달라고 재촉했다. 하지만 돌아오는 대답은 싸늘했다. 혈압이 잡힐 때까진 응급 상황이니만큼, 더 지켜봐야 한다는 것이다.

빠른 회복으로 일주일 만에 일반실로 옮기게 되었다. 일반 병실은 간병인이 있어야 한다고 했다. 가족들과 자식들에게 짐이 되고 싶지 않았던 나는 간병인을 오게 해달라고 청했다. 다행히 경험이 있는 간병인이 왔다. 일반 병실에서 가장 힘든 게 대변을 받아내는 것이었다. 몸은 마음대로 안 되고 정신만 온전한 나에겐 이것이 제일 큰 수치감을 불러일으켰다. 나 스스로 환자라는 생각을 하지 못하고 정상이라는 생각을 했기 때문에, 오래 참다 그만 내 의지와 상관없이 실수해 버리고 말았다. 너무나 당황스럽고 창피했다.

　간병인이 이 일을 도와주러 온 분이라는 걸 까맣게 잊은 채, 타인의 눈에 초라하게 비쳐질 내 모습을 의식하고 있는 나를 보았다. 어쨌든 고통과 수치심으로 인해 자존감이 떨어지는 그 시간을 오롯이 견뎌내야만 했다.

　그냥 순수한 아기가 되어 버리면 좋으련만, 화장실도 혼자 갈 수 없고 세수도 혼자 할 수 없고 말도 마음대로 할 수 없고…. 혼자 할 수 있는 게 하나도 없었다. 이건 살아있어도 사는 게 아니다. 이럴 바에는 차라리 약을 먹고 조용히 생을 마감하면 좋겠다는 생각이 들었다. 사랑하는 이들에게 짐이 되고 싶지 않았다. 창문까지 기어갈 수만 있다면, 간병인이 잠든 사이 뛰어내리고 싶다는 충동이 하루에도 수십 번, 수백 번 일어나는 동안 감사하게도 기적이 일어나기 시작했다.

　10일 만에 소변 줄을 빼고 휠체어를 타고 일반 병실에서 다시 재활병원으로 옮겼다. 재활병원에는 나와 같은 뇌 질환 환자들이 무척 많았다. 100명의 환자가 있으면 100명의 간병인과 100명의 물리치료사가 있었다. 뇌를 다친 환자들의 증상은 정말 다양했다. 말을 못하는 사람, 걸을 수 없는 사람, 눈이 보이지 않는 사람, 음식을 먹을 수 없는 사람, 아무것도 기억을 못 하는 사람, 계속 딸꾹질만 하는 사람,

몸이 꼬이고 뒤틀리는 사람 등 정말 다양한 사람들이 모여 있는 고통의 공동체였다. 그곳에서 많은 환우들을 만나면서 나는 지금의 내 현실을 인정하고 기적의 희망을 바라보기로 마음을 다잡았다. 그때 입원해 있던 다른 환자들은 오히려 나를 부러워했다. 병원에는 중증 환자가 어찌나 많은지, 나 정도는 경증 환자 축에도 들지 않았다.

사람들은 살아가는 동안 아프지 않기를 소망한다. 그러나 막상 큰 병에 걸려보면 또 다른 세상을 알게 된다. 평범한 하루가 또는 아무렇지도 않은 일상이 기적이었다는 것을. 나보다 더 많이 아픈 사람들 속에서 나는 생의 새로운 감사를 배우게 되었다.

혹독한 재활훈련

어차피 죽을 목숨 살려주셨으니 큰 뜻이 있으리라 믿고 죽을 만큼 재활하다 보면 또 기적이 일어날 것이라 확신했다. 뇌졸중 환자들은 뇌혈관이 부분적으로 막히거나 터져 뇌 신경 스위치가 꺼져있는 상태다. 그렇기에 잠자고 있는 다른 뇌 신경 세포를 깨워 기억력이 회복될 수 있게 부단히 훈련해야 한다. 그러나 훈련을 해도 평생 어떤 후유증이 어떤 식으로 나타날지 아무도 모른다고 했다. 하지만 '난 할 수 있다!' 라며 마음을 굳게 먹고 재활 운동에 집중했다.

한 달 만에 화장실 가는 것을 목표로 삼았다. 아무도 믿어주지 않았지만 나는 백지가 된 하얀 뇌에 하나씩 새로운 희망의 점을 찍어가면서 다른 신경이 깨어날 수 있게 재활훈련에만 전념했다. 언제 끝날지 모르는 고통과 통증의 긴 터널 속에서 희망의 빛 하나만을 품고서 말이다.

재활 한 달째. 벽을 의지해 화장실까지 갈 수 있게 되었다. 휠체어를 의지하면 마음가짐이 해이해질까 봐 간병인에게 휠체어를 반납하게 했다. 선생님도 간병인도 아직 이르다 했지만, 나는 기어이 휠체어를 반납했다. 병원의 의료진은 물론 간병인과 환자들까지 모두 내게 '독한 사람'이라고 했다. 하루 24시간을 재활치료에만 전념하다 보니, 몸은 뼈밖에 남지 않았다. 두 번째 목표는 3개월 후에 퇴원하는 것으로 정했다. 작동이 멈춘 발가락 움직이기와 제일 힘들다고 하는 손가락 움직이기를 하며 재활 운동에 내 영혼까지 다 끌어다 썼다. 하지만 내 마음과는 달리, 결코 쉬운 일이 아니었다.

뇌가 고장이 나니 밤이면 잠이 오지 않았다. 모두가 잠든 시간에 내 정신은 말똥말똥했다. 어차피 못 자는데 억지로 잠을 청하려 하지 않았다. 매일 새벽까지 불 꺼진 병실에서 손가락, 발가락 움직이는 운동을 하고 입을 움직이고 몸을 계속 움직였다. 몸이 굳지 않게 혼자 무의식에 주문을 걸며 간절히 기도했다. 얼마나 간절히 원하며 용을 썼는지, 병상 시트와 옷이 땀에 절어 고약한 냄새가 날 정도였다. 젖은 옷을 그대로 입은 채 젖 먹던 힘까지 동원하여 재활에 모든 걸 걸었다. 20일째 되던 날, 드디어 발가락과 손가락이 까딱까딱하기 시작했다. 뇌는 거짓말로 웃어도 웃는 것으로 기억한다고 하는 말이 증명되는 순간이었다.

무의식 상태에서 긍정의 언어가 정말 사람을 살릴 수 있고, 또 잠재능력을 키울 수 있다는 것을 직접 확인하는 순간이었다. 이제는 긍정의 마음과 긍정의 언어로 되는 것만 생각했다. 생각한 대로 이루어진다는 믿음이 확고해졌다. 나를 위해 간절히 기도해 주고, 건강 먹거리와 물질로 챙겨주며 여러 가지로 응원해 주는 내 소중한 가족과 심리커뮤니티 가족들, 그들에게 보답하는 길은 내가 건강해지는 것이라 생각했다. 과도한 재활 합병증으로 근육파열과 목 경직, 손목 통증과 발아치 무너짐 등이 나타났다. 의사 선생님이 큰일 나겠다고 운동을 만류할 정도였다.

그럼에도 나는 35kg의 몸으로 계단을 오르고 옥상에서 발을 끌고 다니며 운동을 멈추지 않았다. 매일 한계를 경험했지만 포기하고 싶을 때마다 3개월 안에 반드시 퇴원해서 소중한 사람들을 만날 것이다, 세상 빛으로 나갈 수 있을 것이다는 희망 하나만 품었다. 3개월 만에 개인의 노력으로 너무 좋아져 환자의 롤모델이 되었다. 병원 의사 선생님이 임상 사례발표 때 나를 표본으로 삼을 정도로, 재활치료의 스타가 된 것이다.

 재활 운동만큼 철저하게 관리하고 실천한 것은 건강한 먹거리였다. 신선한 채소와 견과류, 해조류, 과일을 챙겨서 먹었다. 병원의 음식만으론 행복한 밥상이 되지 못했다. 많은 환자들이 누워있으면서도 치킨이나 피자와 같은 음식을 수시로 시켜 먹는 걸 보았다. 그러니 갈수록 체중은 더 늘어나고, 혈액 상태도 좋을 리가 없었다.

 연일 기승을 더해 가는 코로나로 외출도 안 되고 면회 제한이 있다 보니, 좋은 식재료 구하기가 힘들었다. 그래서 매식사 때마다 효소를 챙겨 먹었다. 한번은 담당 의사한테 들켜서 '이런 거 계속 먹으려면 퇴원하세요.' 라는 경고까지 받았으나 몰래 챙겨 먹으면서 건강회복에도 정성을 들였다.

 드디어 3개월째 되던 날 나는 화장실을 혼자 한 발씩 걸을 수 있게 되었다. 퇴원을 하겠다고 했다. 병원에서는 더 있어야 한다고 했지만 나의 강한 의지 때문에 마침내 퇴원 결정이 났다. 반가우면서도 과연 내가 밖에 나가서 해낼 수 있을까 두려움도 일었다. 일단 병원을 벗어나서 생각해 보기로 했다. 하다가 안 되면 또 다른 방법을 찾아보자 생각한 뒤 무조건 퇴원했다.

퇴원 후 바깥 세상은 천국을 보는 느낌이었다. 암울했던 병실 생활을 뒤로 하고 밖의 햇빛을 보니, 눈이 부셨다. 너무 눈부셔서 눈을 똑바로 뜰 수 없고 발은 헛디딜 듯 어설펐지만 일상으로 돌아온 기쁨은 더없이 컸다. 마치 첫 걸음을 내디딘 아이처럼, 그것을 지켜보는 새내기 엄마처럼, 새로운 삶을 선물 받은 감동이 밀려왔다.

죽음의 문턱에서 만난 인연

퇴원 후 요양원에 입소하고 싶지 않아서 바다가 내다보이는 안면도의 지인 펜션으로 갔다. 안면도에서 나의 일상은 규칙적이었다. 바닷가 백사장을 맨발로 걷기, 바다를 향해 큰소리로 외치기(목소리 재활), 등산과 108배 등 하루를 온통 재활운동에 바쳤다. 생살을 칼로 도려내는 것만 같은 시간이었다. 산에서 바다에서 재활하다, 지쳐 울다가 산 바닥에 드러눕기도 여러 번, 운동 후 통증과 씨름할 때마다 지인 두 분이 마사지를 해주셨다. 얼마나 정성을 들여 관리를 해주시는지 그때마다 땀방울이 내 몸을 적셨다. 나는 속으로 감사의 눈물을 흘렸다. 내가 무엇이라고 이렇듯 무조건적인 사랑을 주시는지 살아가는 동안 이 은혜를 잊지 않으리라 다짐했다.

형제나 자식도 할 수 없는, 따뜻하고도 품 넓은 사랑을 주심에 감사드린다. 암으로 두 달밖에 못 산다는 시한부 선고를 받은 지인을 보면서 느낀 것은 미움도 욕심도 애착도 집착도 애달픔도 질투도 모두 내려놓은 삶의 자세였다. 온전히 감사와 사랑과 나눔과 희망으로 하루를 후회 없이 만들어 가는 이들. 그렇게 두 분은 삶으로 내게 깊은 울림을 주었다.

갑자기 혈압이 너무 올라가 응급 상황이 여러 번 오다 보니, 밤에 잠을 한숨도 못 자고 비상 상태로 나를 지켜주었다. 하루 이틀도 아니고 과한 걱정과 민폐를 끼치는 게 미안해서, 나는 집으로 돌아가겠다고 했다. "이 몸으로 어딜 가요. 가면 누가 반겨줄 것이며, 가족들이 어떻게 도와줄 수 있겠어요? 만약에 무슨 일 생기면 이곳에 묻어드릴 테니, 걱정하지 말고 여기서 함께 이겨 냅시다! 혼자 걸을 수 있을 때까지 만이라도."라고 말씀해주셨다.

그날 우리는 바닷가에서 같이 껴안고 대성통곡했다. 나를 위해 같이 울어주고 같이 아파하며, 포기하지 않게 용기와 희망을 준 이분들을 의지하여 나는 다시 마음을 다잡았다. 힘들 때마다 운명 예찬과 긍정문을 목이 터져라 외쳤다. '나는 충분히 사랑받을 자격이 있다. 내 몸 안의 세포들은 건강하게 바뀌었다. 내 몸 안에 면역세포들이 활발하게 움직이고 있다, 내 몸은 깃털처럼 가벼워 잘 걷는다. 나를 만나는 모든 사람에게 건강한 에너지를 선물하고 있다. 나는 사랑을 전염시키는 사랑의 바이러스다.' 이렇게 내 온몸의 세포에 긍정의 메시지가 새겨지도록 외치고 또 외치니, 고통 · 아픔 · 상처 · 역경 · 시련 등이 감사 에너지로 바뀌는 게 느껴졌다.

꿈은 반드시 이루어진다고 했던가? 삶이 어찌 꿈꾸는 대로 쉬이 이루어질까. 그 여정에는 부단한 인내와 노력이 녹아있게 마련이다. 또 그 힘난한 삶의 굽이굽이에는 반드시 친구 · 스승 · 동반자의 사랑과 헌신도 들어 있다. 나는 살아오는 동안 과연 누구 한 사람에게라도 이정표가 되어 준 적이 있었던가? 나의 앞날에는 도움을 청하기보다 도움을 주는 사람이 되어 있기를 소망해 본다.

코로나로 인한 고비와 어머니의 종착역

뇌출혈로 병석에서 일어선 지 얼마 안 된 어느 날 갑자기 땀이 나며 추웠다. 너무 혹독한 재활을 해서 몸살이 났나? 며칠 쉬면 좋아지겠거니 생각했다. 3일이 지나니 옆구리가 쪼이고 등이 쪼이며 숨쉬기가 힘들었다. 아무래도 코로나 바이러스에 노출된 것 같았다. 진단키트로 검사를 해보니 양성이 나왔다. 뇌출혈 환자는 코로나가 제일 위험하다고 했다. 보건소에 접수했더니 나처럼 뇌출혈 코로나 환자는 입원 대상 0순위였다. 중요한 건 0순위여도 갈 병원이 없어 집에서 대기하고 있어야 했다.

저녁이 되자, 더욱 심장이 쪼여오고 아예 숨을 쉴 수조차 없었다. 의사에게 전화를 걸어 응급조치 지시를 받고 좀 안정되었다. 또 무슨 일이 생기면 119 산소 호흡기는 24시간 대기해 준다는 말이 있었을 뿐, 병실은 나지 않았다. 밑바닥도 부족해서 이젠 코로나까지? 내 인생은 여기까지인가? 이젠 원망할 힘도 없었다. 그냥 운명에 맡길 뿐이다. 지금 무슨 일이 생기면 그냥 집에서 죽을 수밖에 없는 상황이었다. 코로나 환자가 최고로 많을 때 걸렸기 때문이다. 집에 누워서 내 목숨을 또 한 번 운명에 맡기는 순간이었다. 말로는 이제 죽어도 괜찮다고 했지만 내가 어떻게 여기까지 버텨왔는데, 마음으로는 '나 더 살고 싶어요. 꼭 살아야 해요. 살려주세요.' 라고 외치고 있었다. 7일이 무사히 지나갔다. 하늘은 또 나에게 기적을 선물해 주셨다. 코로나로 또 한 번 죽을 고비를 넘겼다.

그즈음 시골에서 농사일을 하시던 아버님께서 후두암 수술을 받으셨다. 원인은 담배를 너무 좋아하셨기 때문이다. 수술 후 말을 못하시니 당신 마음대로 안되면, 물건을 던지고 사람을 때리곤 하셨다. 어머님은 그 모든 것들을 다 받아내고 혼자 농사일을 하셨다. 그러던 어느 날 아버님께서 돌아가셨다. 죽음을 처음 접한 나는 너무 무섭고 두려워 정신을 잃고 말았다. 혼수상태에 빠진 그 날의 기억 때문에, 지금도 장례식장에 못 간다.

어머님 혼자 농사일을 하시던 어느 날, 허리가 아파서 입원하셨다. 어찌 된 영문인지 어머님은 병원에 입원하면서 몸이 더 안 좋아지셨다. 엎친 데 덮친 격으로 치매까지 왔다. 이후 어머님은 치매로 8년 동안 병원 생활을 하셨다. 주로 큰형님이 간병을 맡았다. 코로나로 면회가 잘되지 않아 형님께서 고생을 너무 많이 하셨다. 누구를 원망하기보다 마땅히 당신이 해야 할 일이라 하셨다. 가족들이 다 직장생활 하느라 먹고살기 바쁘다며 대신 희생하신 따뜻한 가족사랑을 보여 준 큰형님께 하늘의 복이 준비돼 있을 거라고 믿는다. 코로나가 심할 때여서 임종도 지켜볼 수가 없었다. 어머님이 돌아가신 후, 장례식장에서 느낀 게 있다. 어머님은 말못하시는 아버님을 모시고 혼자 농사일만 하시다가 병원에 입원하셔 8년 동안 세상 구경도 못하고 그냥 가셨다.

이것이 우리 어머니들의 삶인가? 누구나 자신의 인생을 누릴 권리가 있는데, 자식을 위해서 남편을 위해서 살다 결국은 내 삶은 살아보지도 못하고 타인을 위한 삶만 살다 가신 것이다. 어머니는 과연 행복하셨을까? 그렇다고 자식이나 남편이 알아주는 것도 아닌데, 가시는 길 아무리 고급 장례 예식을 올려드린들 무슨 소용이 있을까? 떠날 때 화려하게 해드리는 것이 살아생전 못 한 불효의 보상이 될까? 살아 계실 때 한 번 더 찾아뵙고, 함께 하는 시간이 더 귀하고 소중한 시간이 아닐까 깨닫는 시간이었다. 부디 하늘에선 오롯한 당신의 삶을 멋지게 살아가시길 바라는 마음 간절했다. 자식은 늘 한발 늦게 깨닫는 존재인가 보다. 당신의 희생으로 우리가 있음을 진즉에 알았다면, 어머님이 살아 계실 때 얼굴 한 번 더 보러 갔을 것을.

깊은 겨울일지라도 봄은 반드시 온다

흔히 건강을 잃으면 돈도 사람도 다 떠난다고 한다. 내가 아파 보니 가장 소중한 사람과 돈도 떠나간다는 사실을 부분적으로나마 실감했다. 건강이 재산이다. 건강을 잃으면 남 앞에 당당하게 나설 수도 없다. 혹시 짐이 될까 부담스러워 스스로가 천덕꾸러기가 되어버린 현실 앞에 자존감마저 끝없이 떨어진다. 슬픈 현실이다. 그럴 때면 나는 나에게 위로를 한다.

인생에 영원한 겨울은 없다. 봄을 맞을 씨앗을 준비하자. 공이 밑바닥으로 세게 내리쳐질수록 많이 튀어 올라가는 것처럼, 더 멋진 미래로 비상하기 위한 밑바닥이라 받아들이자.

일찍이 공자는 이렇게 말했다.

"하늘이 장차 어떤 사람에게 큰 임무를 맡기려 할 때는 반드시 먼저 그의 마음을 괴롭게 하고, 그의 근골을 힘들게 하고, 그의 육체를 굶주리게 하고, 그의 몸을 궁핍하게 만들어 그가 행하는 바를 어긋나게 만든다. 이는 그의 마음을 분발시키고 성질을 참을성 있게 해 그가 할 수 있는 일을 하게 하고자 함이다."

이것이 바로 밑바닥에서 내가 일어나야 하는 이유 전부였다.

이 지면을 빌어서 내게 '반딧불 희망'을 준 소중한 인연들에게 감사의 마음을 전하고 싶다. 내가 좋은 인연을 만나 희망을 품을 수 있게 된 것처럼, 이제는 나도 고통과 아픔의 긴 터널에서 울고 있을 이웃들에게 따스한 손을 내밀어 사랑의 지팡이가 되어 주고 싶다. 세상을 사랑하며 내게 주어진 생명에 감사한다. 삶은 희망이다. 병마와 싸우는 이들에게 서로 손 내밀어주며 온기를 나눌 수 있다면, 날마다 기적의 삶이 펼쳐질 것이다. 아직 움직임이 온전하지 못하지만, 그간의 경험에 바탕을 둔 강연과 상담으로 건강을 밝혀주는 희망 등대가 될 수 있기를 소원한다.

"돈을 잃으면 조금 잃는 것이고, 명예를 잃으면 많이 잃는 것이고, 건강을 잃으면 모든 것을 다 잃는 것이다."

죽음은 항상 나와 함께

32년간 간호학과 교수로 재직하다, 2017년 8월 명예퇴직했다.
 어렸을 때부터 '내가 왜 태어났는가? 우리는 죽어서 어디로 가는가?
 나는 누구인가?' 라는 질문이 내 삶의 전부를 차지했다. 이 질문의 답을 찾아서 상담심리학, 종교, 철학, 마음 수련, 선, 명상, 요가, 영성 공부 등을 찾아 헤매다 비로소 나는 '나' 에게로 안착했다.
 모든 이들이 고통에서 벗어나 행복이 바로 '나' 라는 사실에 깨어나기를 원하게 되었다.
 지금은 두개천골요법(CST: CranioSacral Therapy)을 기본으로 몸과 마음을 치유하는 '힐러세연' 으로서 제2의 삶을 살고 있다.
 누구나 행복을 누리는 삶을 살 수 있도록 돕는 것이 내 삶의 목적이다.
 사람들은 자신의 의지와는 이 세상에 상관없이 태어났다고 생각한다.
 그러나 그렇게 태어난 존재는 없다.
 모두가 존재의 의미가 있다.
 다만 아직 모를 뿐이다.

최송실

최송실 ●●●

○ 두개천골요법(CranioSacral Therapy: CST) 미국 공인전문가
○ 춘해보건대학교 간호학과 교수 32년간 재직
○ 조선대학교 보건대학원 대체의학과 외래교수
  두개천골요법 10년간 출강
○ 홀리스틱자연치유 연구소장
○ 조이디 힐링센터장

이메일 spritual88@naver.com
블로그 https://blog.naver.com/spritual88
연락처 010-3878-0552

죽음보다 더…

"아악! 무서워!"

나는 놀라서 깨어났다. 깜깜한 밤이었다. 꿈에서 깨어나니 안심이 되었다. 그것도 잠시 다시 잠들었다. 악몽은 신기하게도 이어졌다. '이번에는 절대로 잠이 들지 않을 거야!' 라고 다짐했지만 10살 아이에겐 피할 수 없었다. 또다시 잠에 빠지고 악몽에 시달렸다. 무섭고 괴로웠지만 도움을 요청할 수 없었다. 그랬다가 혼났기 때문이었다. 그것이 더 무서워서 참고 견뎠다.

나는 어릴 때, 늘 울었다고 했다. 친척들이 집에 오면 내게 물었다.

"아직도 많이 우니?"

이것이 내가 받는 인사였다. 너무 많이 울어서 어느 날 할머니가 '엄마와 송실이는 악연이라 안 맞으니 좋은 부모 만나서 잘 살라'고 5살인 나를 놀이터에 버렸다는 이야기도 들었다. 나는 웃음을 잃은 아이였다. 내가 울어서 집안이 안 풀리고, 아버지가 진급이 안 되고 엄마는 속상했다. 나라는 존재가 환영받지 못하며 게다가 없어져야 할 존재라는 생각이 마음속 뿌리 깊게 자랐다.

언제부터인지 모른다. 성장발달 단계에서 생각이라는 인지활동이 시작될 때부터였을 것이다. '죽어야지!', '빨리 죽고 싶다!' 이런 생각들이 최초의 생각이었다. 잠시 이 지구에 불시착한 영혼이라는 생각이 강했다. 어떻게 하면 이 고통에서 벗어날 수 있을지가 내 관심사였다. 나는 다시 돌아가고 싶었다. 내가 왔던 고향별로 돌아가고 싶었다. 하지만 나는 고향으로 돌아가는 길을 잃었다. 나는 사람들이 나와 비슷한 생각을 하고 사는 줄 알았다. 친구들 사이에서 나는 이상한 아이였고 집안에서 나는 정신 나간 아이였다. 나는 왜 태어났을까? 나는 누구인가? 이것이 내 삶의 화두가 되었다.

어릴 때의 악몽과는 반대로 커가면서 나는 잠자는 게 좋았다. 그래서 "취미가 무엇이냐?"고 물으면 "잠자는 것이요."라고 답할 정도였다. 아침에 일어나는 것이 가장 힘들었다. 아침이 오지 않기를 바랐다. 그냥 이대로 죽어도 좋다고 생각했다. 아침에 일어나기 위해서 나는 나에게 주문을 걸었다. '죽었다!' 라고 생각해야 겨우 일어날 수 있었다. 죽음은 내 삶의 원동력이 되었다. 죽을 힘으로 시작하고 죽을 힘으로 공부든 작업이든 했다.

내 삶은 죽음과 따로 떼어서 설명할 수 없다. 간호대학에 재직할 때도 '호스피스와 죽음 교육' 강의를 했고, 호스피스 병동 실습 지도를 했다. 국내 뿐만 아니라 호주와 미국의 호스피스 세미나와 워크숍에 참석했다. 비행기를 타는 긴 여행을 떠날 때마다 유서를 작성했다. 죽을 만큼 힘들 때 죽음을 생각했고, 그 죽음으로의 회귀만큼 나는 삶을 살아내었다. 죽음으로 향하는 마음의 크기만큼 나는 삶을 치열하게 살았고 앞으로도 살아갈 것이다.

죽음 맛보기

나는 허공에서 팔을 벌렸다. 무엇이든 잡으려고 손을 내밀었다. 그리고 추락했다. 오래된 건물의 계단이었다. 깎아지른 듯한 계단, 지하철 에스컬레이터 중에서 마치 가장 긴 계단의 에스컬레이터 그 경사 정도라 상상하면 이해가 될 수도 있겠다. 그 건물에 딸이 다니는 요가학원이 있었다. 원장님이 배웅해주느라 문을 열었는데, 문이 열릴 만큼 공간이 필요해서 나는 뒷걸음질 쳤다. 그러고는 한발 두발, 세 발자국에서 나는 스카이 워킹을 했다.

허공으로 몸이 뜨는 순간 나는 평온하고 고요해졌다. 위에서 어쩔 줄 몰라 하는 딸과 원장님이 보였다. 마치 춤추듯 아주 느린 슬로우 모션으로 나는 아래로 떨어지고 있었다. 세상은 정지했다. 나만이 움직이는 느낌이었고 아무런 소리도 들리지 않았다. 정신을 잃었다. 정신이 들어서도 고통은 없었다. 구급대원들은 나를 들것에 평행으로 들고 운반을 했다. 혹시라도 목이 꺾여서 마비가 올 수도 있는 상황이었기 때문이었다. 팔에 멍이 들고 부풀어 오르기 시작했다. 나는 구급대원에게 물었다.

"대략 얼마 정도의 진단이 나올까요?"

"검사를 해봐야 정확하게 알 수 있지만 최소 5주 이상 나올 것 같습니다."라는 대답을 들었다. 나는 학교에 휴직원을 제출해야 할 정도로 심각한 상태라고 생각했다.

병원에 도착해서 응급으로 엑스레이와 CT를 찍었다. 평생 그렇게 많은 사진을 찍기는 처음이었다. 수십 장을 찍은 것 같았다. 정신이 또렷해지면서 조금씩 아파왔다. 어떤 치료라도 받고 빨리 회복하리라 굳게 마음먹었다. 그런데 결과는 놀라웠다. 내 뼈는 아무 이상이 없었다. 어디 골절이 되어도 되었을 것인데 멀쩡하다니! 뒤로 자빠져서 머리부터 뒤집혀 내려와 벽을 박았는데 온몸이 멀쩡하다고? 하지만 다음날 내 몸은 충격으로 풍선처럼 온몸이 부풀어 올랐다. "날 좀 잡아줘! 이러다가는 천장에 닿겠어."라고 말하면서 딸과 함께 웃었다.

내가 큰 부상 없이 기적적으로 회복될 수 있었던 것은 나를 도와주는 수호신이나 수호천사가 도움을 주었다고 믿는다. 그들이 존재하고 있음을 느꼈다. 떨어져 머리를 부딪친 곳은 벽이 아니라 벽 쪽에 있던 커다란 도자기 화분이었다. 화분 안 공간이 충격을 완충시켜줬기 때문에 목이나 머리 손상을 막을 수 있었다. 그리고 명상과 의식 공부 또한 어떤 상황이든 받아들이게끔 나를 인도했다. 사고의 순간에서도 나는 이완이 되었다. 저항이 아닌 순응으로 커다란 부상을 최소화할 수 있었다.

그 계단을 오를 때마다 위험하다고 느꼈었다. 만약 그 건물에서 사고가 나야 했다면 나의 딸이나, 다른 누군가가 아니라 바로 내가 이런 경험을 해야 했다. 이만큼 무사할 수 있어서 감사했다. 어떤 경험도 나를 성장시킨다는 것을 온몸으로 경험하였다. 나는 이 경험을 통해서 어떤 확신이 들었다. 죽음은 언제라도 찾아올 수 있으며 죽음을 맞이할 때, 죽음이 그렇게 두렵고 고통스럽지 않다는 사실을 알게 되었다. 내 삶의 사명이 다할 때까지 나는 살아 있어야 함을 깨달았다.

저는 차라리 암을 선택할래요.

"저는 차라리 암을 선택할래요." 호스피스 강의를 하다가 만난 호스피스 자원봉사자의 말이다. 만약 죽을 때, 질병을 선택할 수 있다면 암을 선택하겠다고 했다. 암은 선물과도 같다고도 했다. 대부분 암에 걸린 사람은 처음에 부정하고 분노하고 좌절하지만, 받아들이고 죽음을 준비하는 단계를 거치게 된다. 자신의 삶을 정리하고 가족들과 사랑을 나누고 평화롭게 죽는 호스피스 환자를 10년간 돌보아 왔던 자원봉사자의 답변은 내게 큰 울림이 되었다.

위암 3기로 위절제수술을 받았으나 희망이 없는 상태로 퇴원해 집에서 투병 중인 이웃이 있었다. 그의 아내가 부탁을 해왔다. 어떤 식으로든 도움을 달라는 요청이었다. 나는 그 집 대문을 열고 들어갔다. 이내 썩는 냄새가 진동했다. 어두컴컴한 작은 방에 요를 깔고 이불을 덮고 있는 깡마른 환자와 대면했다. 그의 호흡은 불규칙했고 배의 상처에서는 고름이 흘렀다. 나는 일단 창문을 열어 환기를 시켰고 햇살이 들어오게 커튼을 걷었다. 마치 나이팅게일이 전선의 병상에서 제일 먼저 했던 것처럼 말이다. 그의 얼굴은 병색이 짙었고 목소리는 힘이 없었다. 미음으로 연명하고 있어서 깡마른 몸이 이불 속에서 힘겨워했다. 무엇보다 통증은 그의 삶 전체를 할퀴었다.

나는 상처의 고름을 닦아주고 거즈를 덧대어 드레싱을 해 주었다. 그리고 그와 대화를 나누었다. 실낱같은 희망을 붙잡고 있었다. 암 수술 부위는 잘 아물지 않는다. 혈액순환이 잘 안 되고, 상처치유에 필요한 영양도 부족하고, 상처가 회복될 수 있는 조건들이 턱없이 부족하기 때문이다. 그의 수술 상처 또한 그러했다. 수술 봉합 부위는 고름이 흘러 2차 감염까지 온 상태였다. 그의 호흡과 상처의 고름이 악취를 자아냈다. 이웃은 물론이고 가족조차도 이 방뿐만 아니라 이

집에 들어오는 것을 꺼렸다. 나는 그에게 원하는 것이 무엇인지 물었다. 그는 젊어서 가족에게 잘못해서 벌을 받고 있다고 믿었다. 그래서 가족들에게 미안한 마음을 전하고 용서를 구하고 싶다고 했다.

나는 부인에게 그의 마음을 알렸다. 그는 아내에게 사죄했다. "내가 천벌을 받아서 몹쓸 병에 걸렸다. 미안하다."라고 한동안 어깨를 들썩이며 울었다. 진심이 그의 아내를 울렸다. 나는 일주일에 한 번 방문해서 그가 죽음을 두려움 없이 받아들이도록 도왔다. 원하면 책을 읽어주고 기도도 함께했다. 사람들이 내게 물었다. "어떻게 그렇게 냄새나는 방에 있을 수 있냐?"라고. 나는 그냥 미소로 답했다. 이제야 답한다. "그 냄새가 역겨웠다. 하지만 냄새는 잠시일 뿐 방해되지 않았다. 그의 영혼이 맑고 순수했기에 함께 할 수 있었다."라고 말이다.

죽음에 직면한 환자들에게 이생을 하직하기 전 꼭 하고 싶은 것을 할 수 있게 해주는 것이야말로 호스피스의 꽃이 아닐까. 암은 그에게 천벌이 아니라 축복이었으리라. 그는 자신의 삶을 돌아보았고, 죽음은 새로운 시작이며 두려워해야 할 것도 천벌도 아님을 알게 되었다. 그는 너덜너덜해진 이생의 옷을 벗었고 그의 영혼은 자유를 찾았다.

관속에 들어가기 무서워요

2009년 나는 간호 학생을 대상으로 '죽음 교육' 강의를 했다. 이

론뿐만 아니라 실습을 준비했다. 수소문 끝에 관을 사서 입관 체험 실습을 준비했다, 또한 간접 죽음 체험으로 연극관람을 선택했다. 마침 부산 조은극장에서 상연하고 있던 연극이 있었다. '염쟁이 유씨'였다. 이 연극은 작년까지 서울 대학로에서 상연된 바가 있는 스테디셀러 연극이다. 죽음에 대한 풍자도 있었지만 죽음에 대해 생각해 볼 수 있는 작품이어서 학생들에게 권했다. 극단과 협의해 할인 가격으로 단체관람을 했었는데 지금에서야 감사한 마음을 전한다.

죽음 교육 실습은 다음과 같이 이루어졌다. 학생들에게 미리 유서를 써오도록 했고 학생들끼리 짝을 정해서 서로 조문도 써오라고 했다. 먼저 관에 들어가고 싶은 사람과 관 체험을 거부하는 그룹으로 나누었다. 커튼을 쳐 어둡게 하고 촛불을 켰다. 관 체험을 할 학생이 유서를 낭독하고 나서 수의로 갈아입었다. 수의라고 해서 놀랄 것은 없다. 그냥 학생들 실습할 때 입는 하얀색 가운으로 대신했다. 수의를 입고 관에 들어갔다. 그러면 도우미 학생이 관 뚜껑의 네 귀퉁이를 망치로 '탕탕탕' 세 번씩 치면서 소리만 내었다. 그리고 나서 친구가 관속에 있는 학생을 위해서 조문을 낭독하였다. 낭독이 끝나면 약 3분 정도 침묵의 시간을 갖는다. 그리고 관을 열어서 학생이 관에서 나오는 것을 도와주었다.

이렇게 40명 가량 유서 낭독, 조문 낭독, 입관 체험, 죽음 교육 실습 후 소감 나누기 등으로 진행되었다. 실습실은 눈물바다였다. 젊고 꽃다운 나이에 죽음이라니! 유서에는 주로 부모님에게 미안하고 사랑한다는 말이 대부분이었다. 간혹 결혼한 늦깎이 학생들도 있었는데 이런 경우에는 죽음을 직면하는 것을 더 힘들어했다. 오전 10시에 시작한 실습은 오후 5시가 되어서야 끝났다. 나는 이 입관 체험 실습을 3년 하고 그만두었다. 강의 시간 아닌 주말에 개인 시간을 할애해야 했고, 6시간 이상 울게 되어 체력적인 소모가 컸기 때문이었다.

사실은 이 죽음 교육을 계속하고 싶었다. 하지만 그 당시 입관 체험이 익숙하지 않았던 때였고, 나의 죽음 교육에 대해서 곱지 않은 시선들이 있었기 때문에 그만둘 수밖에 없었다. 외국 문헌을 보면 죽음 교육을 초등학교 때부터 시작하는 것이 좋다는 연구 결과가 있다. 죽음 교육이 빠르면 빠를수록 자살 방지에 도움이 된다고 한다. 죽음을 긍정적으로 인정한다면, 삶을 보다 적극적으로 잘 살 수 있다고 보고했다. 사람들과의 관계도 개선할 수 있다고 했다.

"관을 쳐다보기만 해도 무서워요."

학생 중에는 관을 보는 것만으로도 무서워하는 학생들이 있었다. 죽음 교육을 통해서 삶의 의미를 되찾은 학생도 있었지만, 어떤 학생에게는 견디기 힘든 경험이었을 수도 있었겠다. 첫해에 나는 무섭더라도 입관 체험을 하도록 격려했다. 나의 권유로 용기를 내었던 학생이 입관 체험 후 삶이 변화했다고 말했을 때 기뻤다. 하지만 어떤 학생에게는 공포의 체험일 수도 있었다. 그 두려움에 대한 후속 조치 없이 경험으로만 끝나면 후유증이 있겠다는 생각에 다음 해에는 원하는 학생들만 입관 체험하는 것으로 바꿨다.

사람마다 죽음에 대한 생각과 의미와 경험은 다를 것이다. 학생들도 마찬가지였다. 죽음을 받아들이고 경험하고 자각하는 속도도 제각기 다르다. 각 개인의 다양성을 존중해야 했다. 획일적인 죽음 교육은 죽음의 의미를 퇴색시켜 버릴 것이다. 그런데 나는 획기적이고 의욕만 앞서 좋을 것이라는 내 생각으로 밀어붙였던 과거의 나를 반성한다. 나의 기획이 모든 학생에게 좋지만은 않았을 수 있었음을 인정한다. 혹시 이 글을 보는 그 당시 제자들이 있다면 꼭 연락 주기를 바란다.

평화로운 아버지의 죽음

모든 장례 절차는 성대하고 순조로웠다. 장례식은 아버지 당신이 원하시던 그대로였다. 병상에서 아버지와 대화를 많이 나누었고, 아버지의 삶의 여정이 잘 마무리되도록 함께 했기 때문이었을까? 그렇게 울지 않았다. 두 달이 지났을 무렵 퇴근길이었다. 느닷없이 가슴이 찡 울렸고 눈물이 쏟아졌다. 나는 차를 골목에 주차하고 운전대에 엎드려 한참을 울었다. 그 울림은 아버지였다. '한 번은 꼭 사랑하는 사람 곁에 영혼이 찾아온다.'라고 어떤 이가 말했다. 느낄 수 있다고 했다. 나는 직감적으로 알았다. 아버지! 아버지! 아버지를 부르며 목 놓아 울었다.

"사랑하는 아버지! 당신이 내 아버지가 되어 주셔서 감사합니다."
"당신이 내 아버지인 것이 너무나 자랑스럽습니다."

아버지는 새벽 5시면 눈이 오나 비가 오나, 태풍이 불어도 뒷산에 올랐다. 황령산에 오르면 새벽 등산객들을 위해 쩌렁쩌렁한 목소리로 구령을 붙여 아침체조를 인도했다. 육군 대령으로 예편 후 사업실패로 힘들 때부터 시작한 등산은 뇌경색으로 쓰러질 때까지 계속되었다. 아버지 특유의 큰 목소리는 늘 유쾌했다. 아버지가 어머니보다 오래 사실 줄 알았다. 아버지는 입버릇처럼 말씀하셨다.

"내가 너희 엄마보다 일찍 죽어야 할 텐데……."

아버지 원함 때문이었을까? 아버지는 쓰러져 2년간 병석에 누워 계셨다. 그리고 영영 못 일어나셨다.

"아버지, 저 세상 가시는 거 두려우세요?"

나는 아버지가 삶을 잘 마무리하고 평화롭게 죽음을 맞이하도록 돕고 싶었다.

"아버지, 장례식은 어떻게 치를까요?"

"장례식에 오실 분들 명단은 어디에 있어요?"

"아버지, 이생에서 못다 한 미련이나 못 풀고 가는 숙제 있으세요?"

"혹시 보고 싶은 사람 있어요?"

나는 아버지 가슴에 남아 있는 게 있는지 묻고 또 물었다. 아버지가 여한 없이 이 세상 떠나기를 원했기 때문이다. 아버지를 만날 때마다 아버지가 원하시는 마지막 삶에 대해 나누었다. 아버지 몸은 이미 그 기능을 정지했다. 뼈에 가죽만 입힌 듯 뼈가 다 드러나 앙상했다. 하지만 아버지는 정신만큼은 놓지 않으셨다.

"아버지, 왜 못 떠나시는 거예요?"

그 답은 '어머니' 때문이었다.

어머니는 불면증과 소화 장애로 몸무게가 10kg 이상 빠졌다. 어머니는 아버지의 죽음을 받아들이지 못했다. 이러다가는 어머니가 먼저 세상을 뜨겠다는 생각에 우리 형제들은 겁이 났다. 보살펴야 할 사람은 아버지보다 어머니가 먼저였다. 나는 이모에게 도움을 청했다. 서울에서 온 이모는 몇 년간 이모부 병간호 경험으로 엄마를 위로했다. 이모 덕분에 어머니는 힘을 냈고 현실을 받아들였다.

이제 아버지는 세상 떠날 준비를 모두 마쳤다. 아버지는 두어 번 말씀하실 듯 입술을 움직였고, 이내 조용해지셨다. 나는 아버지가 주무시는 줄 알았다. 평화로운 죽음이었다. 여동생과 나는 아버지 생전에 좋아하시던 찬송가를 불렀다. 아버지는 기쁘게 우리의 노래를 들으며 새로운 여정을 시작하셨을 게다. 아버지는 역시 군인이셨다. 담대하게 죽음을 잘 받아들였고 죽음 전과 후를 잘 예비하고 떠나셨다. 염하는 분이 아버지를 보고는 놀라워했다. "이처럼 평화롭고 깨끗한 시신은 처음 보았다."라고 하셨다.

아버지가 떠나고 18년이 흘렀다. 아버지의 원대로 어머니는 혼자서도 씩씩하게 잘 지내 오셨다. 올해 94세 어머니가 100세까지 장수하시기를 간절히 원한다. 아버지와 마찬가지로 어머니도 평화롭게 죽음을 맞이하며 새로운 여정을 시작할 수 있도록 나는 도울 것이다. 죽음을 맞이할 때, 함께 있어 주길 원한다면, 나는 기꺼이 누구라도 돕고 싶다. 이것이 '힐러 세연'으로서의 또 하나의 사명이 아닐까 생각한다.

죽음은 항상 나와 함께

죽음! 죽음은 항상 나와 함께 하고 있다. 밤에 잠이 들고 아침에 눈을 뜨며 매일 죽음을 경험한다. 그런데도 우리는 인지하지 못한 채,

내일 아침 눈을 뜨게 될 것이라고 믿으며 잠이 든다. 습관적으로 내일이 있다고 믿는다. 죽음은 호흡 간에 있다고 했던가. 숨을 들이마신다. 숨을 내쉰다. 끝없는 생명뿐이다! 태어난다. 죽는다. 죽음은 새 생명의 탄생이다. 우리는 매 순간 늘 죽음과 함께한다. 죽음을 생명과 분리할 때, 죽음은 추상적인 의미를 지닌 채 다가온다. 내가 '살아 있다'라고 느끼는 한 그 속에 죽음은 거기에 함께 내재되어 있는 것이다.

우리는 죽음에 저마다의 의미를 부여한다. 죽음이 단절이고, 잃는 것이라는 두려움 때문에 죽음에 직면하려고 하지 않는다. 죽음에 대해서 생각조차 않고 살아간다. 지금 나의 생각, 기억, 나의 모습, 나의 소유물이 영원하리라는 착각 속에 산다. 죽음을 왜 두려워하는지 깊이 사유해보아야 한다. 죽음에 대한 영화나 드라마 같은 영상물들은 죽음을 자극적이거나 공포로 그려낸 것이 많다. 그리고 언론의 사회 기사면에서도 죽음 관련 기사들로 넘쳐난다. 이런 매체들을 통해서 우리는 알게 모르게 부정적이든 긍정적이든 죽음을 학습하게 된다. 우리는 시도 때도 없이 죽음 교육을 받는 셈이다.

나는 이 세상에 개죽음은 없다고 생각한다. 모든 죽음은 그에게만은 '의미 있는 소중한 죽음'이라는 결론을 내렸다. 우리의 삶을 남과 비교하지 말아야 하듯이 죽음 또한 그러하다. 어떤 죽음은 숭고하고 고결하며, 어떤 죽음은 헛된 죽음이고 개죽음이라고 폄하한다면 옳지 않다. 이렇게 죽음에 대한 판단분별 또한 사람들을 기만하고 있다. 죽음을 맞이할 때의 그 순간은 당사자만이 아는 것이다. 누군가가 노상에서 강도에게 무수히 칼에 찔려 죽었다고 상상해보자. 이 사람의 죽음을 우리는 어떻게 논할 수 있을까? 누군가는 아팠겠다, 무서웠겠다, 놀랐겠다고 그 사람의 심정을 대변한답시고 자신의 감정을 투영한다. 또 어떤 사람은 비명횡사했으니 안 좋다, 그렇게 죽고 싶지 않다, 혹 이런 사람도 있겠다. 원수라면 잘 죽었다! 라고 말할 수도 있을 것이다. 그러나 누가 알겠는가? 그가 죽음의 순간을 어떻게 맞이했을지.

　죽음을 준비하는 사람에게 필수적인 것이 명상이다. 죽음을 깊이 사유하고 명상하면 그것이 삶을 잘 사는 길이고, 그것이 바로 죽음을 준비하는 것이다. 어떻게 죽음을 맞이할 것인가? 지금 어떻게 살고 있나? 또 어떻게 살고 싶은가? 이 질문들은 똑같은 질문이 되어야 한다. 죽음은 나중에 언젠가 뒤에 오는 것이 아니다. 죽음은 늘 나와 함께 하고 있다는 것을 안다면 매 순간 삶을 소중하게 살게 될 것이다. 내 삶의 목적이 무엇인지 모르고 어떻게 찾아야 할지 모르는 사람들이 있다. 그럴 때 죽음을 떠올려 보자. 죽음을 한 달 앞두고 있다. 무엇을 하고 싶은지 10개를 써 보라. 죽음이 이제 3일 앞으로 다가왔다. 무엇을 하고 싶은지 3개를 써 보라. 이제 오늘이다. 주어진 시간이 1시간밖에 남지 않았다. 무엇을 하고 싶은가?

　나는 죽음에 드리워진 두려움을 극복하지 못하면 죽을 수 없노라고 결심했다. 내 목에 칼이 꽂혀도 나는 담대하게 내 죽음을 맞이하고 내 생을 축복하며 새로운 생명으로 거듭나리라고 다짐한다. 죽음에 대한 준비도 연습이 필요하다. 죽음을 맞는 어떤 모습이나 형상은 중요하지 않다. 그게 어떤 모습이든 언제 어떻게 찾아오든 간에 내가 원하는 죽음을 맞이하기 위해서 의식을 깨워 현존하고 싶다. 이생을 떠날 때, 나는 자유롭게 춤추고 싶다. 나비와 같이 훨훨 날고 싶다. 춤을 출 때마다 내가 이 세상에 뿌려 놓았던 에너지들을 소멸시키고 내가 차지했던 공간들을 자유롭게 내어 주고 싶다. 이것이 내 생에 대한 회향이며 참회이다.

인생의 종착역

   힘들고 숨도 못 쉴 것 같은 역경에서도 참고 견디며 지나가면 희망의 무지개가 보인다.
   그래도 인생은 살 만한 여행이다.
   수없이 많은 인생의 간이역에 도착한다.
   인연을 소중하게 여기며, 하루하루 나 자신을 칭찬하며 사랑으로 살아간다.

이숙희

이숙희 ●●●

○ 2020~22년 요양보호사
○ 2022년 웰다잉 심리상담사 2급

이메일 aaadkttk72@naver.com
연락처 010-5670-1249

죽음의 의미

어린 시절, 우리 집 앞에는 후백제 때 만들어진 우리나라의 3대 방죽이 있었다. 바로 합덕 연호방죽이다. 연호방죽은 세계 관계 시설물 유산으로 등재되어 있기도 하다. 저수지 중앙에 큰 섬이 있었는데, 큰 저수지에 20km가 넘는 석축으로 쌓아 올린 길을 따라 봄에는 벚꽃, 여름에는 홍연홍꽃이 너무 예쁘게 피어서 연꽃의 아름다움에 화려함을 더해주었다. 그리고 겨울이면 얼음이 꽁꽁 얼어 최고의 스케이트장이 되어 동네 꼬마들의 놀이터이던 곳이다. 하지만 이 곳은 아름다운 홍연홍꽃과 연꽃에 취해 저수지에 꽃을 꺾으러 들어갔다가 연줄에 걸려 당황해 귀신이 붙잡는 줄 알고 심장마비로 빠져 죽고, 초겨울에 빠지면 얼음이 너무 얼어 얼음이 녹아야 찾을 수 있는 곳이기도 했다.

어른들께서는 절대로 연꽃을 꺾으러 저수지에 들어가지 말라고 하셨다. 나는 그 길을 따라 학교에 다녔는데 동심과 낭만, 두려움이 서려 있는 연호방죽이었다. 이 연호방죽은 얼마나 크고 아름다웠던지 죽어서 저승에 가면 연호방죽 연꽃을 보았느냐고 해서, 못 보았다면 살면서 거기 한 번 못 가봤냐고 염라대왕한테 혼났다는 전설도 있었다.

중학교 3학년 때 처음으로 가을 소풍을 경주로 갔다. 당시 아버지께서는 경주에 가면 우리가 '경주 이씨'이니 집안 어른을 찾아뵈면 인사도 잘 드리고, 예의 바르게 하라고 신신당부를 하시며 용돈을 주셨다. 즐거운 소풍 길에 올랐다. 신났던 기억이 난다. 버스를 타고, 기차를 타고, 다시 버스를 타고 가며 노래도 부르며 친구들과 즐겁게 갔고, 가는 길에 남학생들과 펜팔 친구도 만들었다. 경주에 도착해서 경주 불국사, 다보탑, 석가탑을 보고 충격을 받았다. 아버지께서 항상 탑에 얽힌 전설을 말씀해 주셨는데, 늘 상상으로 마음속에 있었던 문화재의 모습을 실제로 보니 너무 아름다웠다.

그때 본 불국사 단풍이 평생 제일 아름다운 것으로 기억된다. 2박 3일의 소풍을 마치고 선물을 한아름 사서 새벽 신례원역에 도착하여 집으로 오는데, 우리 집에 불이 켜져 있었다. 어린 마음에 식구들이 나를 기다리는 줄 알고 뛰어 들어갔는데, 어쩐 일인지 사람들이 많았다. 놀래서 물어보니 아버지께서 돌아가셨다고 했다. 청천벽력 같은 말을 들으니 어찌할 바를 몰랐다. 엄마 품에 안겨서 한참을 울고 나서 돌아가신 아버지를 보는데, 너무 편안히 잠드신 것 같아 믿어지지 않았다. 3일 장사를 지냈는데 믿을 수가 없어 혹시 아버지가 살아있는데 잘못 알고 장례를 지내나 하는 생각도 들었다. 결국 3일 장을 치르고, 집에서 혼백을 모신다고 3년 상을 지냈다.

　아침, 점심, 저녁으로 상식(上食)을 하며 제삿날은 큰 제사상을 차려 가족 친지를 모시고, 성대하게 손님을 대접하며 치렀다. 갑작스럽게 아버지께서 왜 돌아가셨는지 어머니께 여쭤보았다. 아버지는 심장병과 당뇨 때문에 흰쌀밥을 드시면 안 되고 보리밥을 드셔야만 했다. 흰 쌀밥을 많이 드시면 숨이 차서 숨쉬기가 힘들다 하셨다고 했다. 술을 좋아하시는데 술도 드시지 않으며 건강관리를 하셨는데, 가을 추수를 하던 어느 날, 일꾼들에게 대접하시면서 술과 고기를 많이 드셔서 그만 탈이 난 것이었다. 그날 밤에 가슴이 터지는 것 같다며 가슴을 움켜쥐었고, 결국 59세의 젊은 나이로 생을 마감하셨다. 시조를 잘 부르시던 아버지는 서울대학교에 다니는 큰아들이 졸업하면 동네잔치를 하신다고 한복을 준비해 놓으셨는데, 그 한복도 입어 보시지 못하신 채 돌아가셨다.

남동생의 죽음

　나는 결혼 후 합덕에서 건어물 가게와 장례 물품을 파는 가게를 함께 운영했다. 아기를 낳으면 첫 미역국을 끓이는 미역을 팔고, 장사를 지낼 때 쓰는 삼베 수의 짓는 천을 팔았다. 그 시대에는 집에서 장례를 치르기 때문에 장례를 치를 때 삼베와 옥양목을 필(둥치)로 사가서 동네 분들이 다 모여 바느질 잘하는 분들이 망자(亡子)의 옷, 상주들의 옷과 건, 행전을 모두 만들었다. 또한 한팀은 음식 준비를 해서 손님 대접을 하는 동네 행사였다. 초상이 나면 제일 먼저 칠성판 위에 시신을 눕히고 칠성칠포(七星漆布), 칠성판 위에 올리고 반듯하게 펴서 일곱 자. 일곱 치로 된 베로 꼭꼭 매었다. 칠성판은 이승과 저승의 경계에서 인간을 또 다른 세계로 인도하는 존재로써 삶, 죽음, 무덤, 불멸 염원이라고 한다. 북두칠성에 있는 삼신할머니에게 명줄을 받아 태어난다고 생각했고, 그래서 죽으면 북두칠성을 본떠 넣은 칠성판을 지고 저승길에 가야만 염라대왕이 받아준다고 믿었다.

　초상이 나면 돌아가신 분들의 사연도 많았다. 오랜 세월 치매. 중풍으로 갑자기 쓰러져 죽고, 교통사고, 알코올 중독 등 다양했다. 어떤 집은 밭일하다 어르신 점심 챙겨 드리러 들어가 보니 돌아가신 분, 어머니, 아들, 며느리 셋이서 식사하는 도중 반찬을 올려드렸는데 숟가락을 갑자기 떨어뜨리며 그 자리에서 돌아가신 분도 있었다. 망자가 재산이 있으면 장례비용을 걱정 안 하지만, 돈이 없어 장례를 못 지내면 동네에서 추념해서 장례를 지내기도 했다. 내가 장사를 할 적에 장례 물품을 대주고 값을 못 받은 적도 많았다. 이 글을 쓰다 보니 그 옛날 밤 12시에 초상이 나면 칠성판 들고 상갓집에 찾아가던 생각도 난다. 남들은 무서워서 어떻게 하느냐는 물음에 직업정신이라고 했다. 무섭지는 않았다.

내게는 아픈 기억으로 남아 있는 남동생이 한 명 있다. 나와 너무 많이 닮아서 나를 아는 사람들은 지나가는 남동생을 보면 아무개 동생 아니냐고 할 정도로 닮았었다. 시골에서 장사했고, 손님들에게 외상을 주면 외상을 갚으러 직접 오지 않아서 받으러 다녀야 했던 시절이었다. 당시는 기본 4km에서 8km를 걸어서 5일 장에 와야만 했던 시대였기 때문이다. 외상을 해 간 손님들의 주소는 알고 있기에 외상값을 받으러 나 대신 남동생이 다니러 가면, 누나와 똑같다 하여 외상값을 보내왔다.

하지만 뭐가 잘못되었던 것일까? 외상값을 대신 받아주는 남동생에게 오토바이를 사주었는데, 그만 탈이 나고 말았다. 어느 날 나를 보러 오던 남동생은 그만 오토바이 사고가 났고, 교통사고로 한양대

중환자실에서 깨어나지 못한 채 저세상으로 떠났다. 누나를 도우려 했던 남동생이 고맙고, 안타깝고, 미안했다. 아니, 미안하다는 말도 다 하지 못할 정도로 마음이 아팠다. 남동생은 갓 결혼해서 2살 딸아이가 있었다. 조카와 올케가 눈에 밟혀 죄책감을 많이 느끼기도 했다. 지금도 남동생은 아픔으로 남아 있는데, 그동안 천도재를 지내면서 내 마음속에 묻어 두었다. 항상 그리운 동생이다.

남편의 갑작스러운 죽음

어느 해 7월 여름, 폭우가 내리던 날이었다. 그날도 오전에 장례물품을 배달하려고 남편은 직접 운전해 출발했다. 고향 지인의 부모님이 돌아가셨다고 연락이 왔던 탓이다. 그런데 오후에 경찰서에서 전화가 왔다. 남편이 교통사고가 났다면서. 병원으로 가보니 남편은 응급실이 아닌 영안실에 있다는 것이었다. 말도 안 된다며 믿지 않으며 영안실 문을 열었는데… 고 '민병세'라 이름이 쓰인 침대 위에 남편은 있었다. 고인을 흰 천으로 덮어놓았다. 흰 천을 치우고 '왜 이러고 여기에 누워 있냐?'며 흔들어도 보고, 손을 잡아도 꼬집어도 봤지만 움직이지 않았다. 평온하게 웃는 모습으로 차가운 냉기만 있었다. 남편의 손은 시릴 정도로 너무 차가웠다. 지금도 그 차가움은 잊을 수가 없다.

남편은 한마디 말도 없이 교통사고로 갑작스럽게 세상과 이별하고 말았다. 그 자리에는 44살 나와 어린 삼 남매만 남겨졌다. 하고 싶은 말도 있었을 텐데 말이다. 우왕좌왕 장례를 치르고, 삼우제를 지내고, 친척분들이 가고 난 뒤에 내 마음은 말로 표현할 수 없을 만큼 허무했다. 등 뒤를 받쳐주던 큰 산이 없는 것처럼 등 뒤가 시렸다. 정말 어느 날은 저녁에 배달 갔다 왔다면서 문을 열고 들어올 것만 같았다. 어떻게 살아야 할지 참 막막했다.

애들하고 살고, 가르쳐야 했기에 힘을 내려 해도 마음이 추스르기가 힘겨웠다. 겨우 힘을 내서 나가 보니 세상은 하늘은 맑고 햇볕은 따뜻하고 사람 모두가 그대로 변한 게 하나도 없어 보였다. 변한 것은 나의 내면과 정신세계의 충격뿐이었다. 왠지 부끄러웠다. 지금이야 그런 말을 하지 않지만, 그 시절 남편은 먼저 보낸 사람에게는 남편 잡아먹은 여자라고 했다. 괜히 날 두고 사람들이 그런 말을 하는 것 같아 몸과 마음이 움츠러들었다. 이것이 과부가 된 여자의 설움인가 매일 하늘을 보고 한숨만 쉬었다.

하지만 힘든 일은 그것에서 끝나지 않았다. 남편의 갑작스러운 죽음 앞에 믿었던 사람들의 배신감에 몸서리를 쳤다. 평소 친하게 남편과 지내던 사람 중에 돈을 빌려 간 사람은 말이 없고, 남편에게 돈을 빌려줬다며 돈 받으러 오는 사람만 생겼다. 어이가 없었다.

당시 남편과 난 장사로 돈을 좀 벌었고, 빌려주기는커녕 오히려 어려운 분들을 도와주던 처지였기 때문이다. 내 기억으론 도와준 분들은 50집이 넘었다. 힘들고 어려운 이들에게 돈도 빌려주고 논도 사주고 했지만, 거짓말을 하는 사람들이 있었다. 빌려 가지도 않은 돈을 빌려 가고 갚지 않는다며 거짓말을 하고 다니는 사람들이 있었던 것이다. 그것이 세상의 인심이었다. 너무나 큰 충격에 황당하고 억울하기만 했다.

죽은 사람은 말이 없었다. 죽은 남편은 밉고 심한 충격으로 슬프기만 했다. 기가 차면, 치끝이 떨린다는 체험을 했다. 꼬리뼈부터 등까지 떨리는데 어떻게 할 수 없어 응급실 신세를 지고 말았다. 안정제를 맞고서야 겨우 살아났다. 은혜를 원수로 갚는 사람들이었다. '여성시대 양희은, 서경석입니다' 라디오에서 '다녀오리다' 가 '영원히 이별' 이 된다고 들었는데, 정말로 내가 그럴 줄은 몰랐다.

4. 공원묘지 수난 시대

이후 지인의 소개로 난 공원묘지 사업을 하게 되었다. 공원묘지가 될 곳을 답사했는데, 앞으로는 매장을 산소가 아닌 공원묘지로 할 예정이니 사업성이 좋을 것이라 했다. 공원묘지 인허가 기간은 1년이면 된다고 했다. 합덕읍에서 알아주는 부자 두 사람과 내가 모여 3인방이 되어 공동명의로 공동묘지를 진행하기로 했다. 장소와 인허가 내용을 설명 듣고, 자료를 취합하던 중에 산을 사고 설계비용, 관공서 로비자금 등에 비용이 만만치 않았다. 법인을 설립하고, 투자해 사업을 진행하였으나 시청에 통과되지 못하고 반려됐다. 다시 자료를 보완해 시청에 제출을 했지만, 또 반려됐다.

알고 보니 4km 떨어진 동네 주민 동의 문제가 해결되지 않았던 것이다. 옆 동네를 방문하니 입구부터 반대 플래카드가 붙어 있었다. 이 문제가 해결되지 않아 국정원장을 찾아갔는데, 당시 국정원장은 같은 고향 안성 사람이었다. 그분을 찾아가 보기도 했지만 반대 아닌 반대를 했다. 경기도는 아직 공원묘지 계획이 없다는 이유로 시청에서는 위에서 압력이 들어와 허가를 못내 준다며, 요지부동이었다.

그러다 국정원장이 바뀌면 어떨까 하며 기다리고 있는 찰나, 김영삼 정권 때 토지 실명제가 생겼다. 하지만 운명의 장난인가? 함께 사업을 진행하던 세 명 중 한 명이 갑자기 함께 공동으로 구입한 이 산은 본인 명의로 되었으니 본인 것이라고 내용증명서를 보냈다. 너무 놀라서 한걸음에 달려가 항의하며 따졌지만 막무가내였다. 참으로 괘씸하고, 한심한 일이었다. 그렇다고 가만히 있을 수는 없었다. 돈이 30억 걸려 있었다.

답답해서 변호사를 찾아가 상의를 했지만, 법적으로 하는 방법뿐이라고 했다. 서산검찰청을 찾아가 상담하고 고발을 진행했다. 공동투자 설립을 했기 때문에 영수증과 작성한 서류가 있어 승산이 있다고 들었고, 바로 진행을 시작했다. 하지만 몇 주 후에 검찰청을 다시 찾았을 때, 법원 서기가 지난번과 태도가 많이 달라졌다. 참 이상하다고 여겨 변호사한테 갔더니, 변호사는 상대편에서 손을 쓴 것 같다고 했다. 그래서일까? 재판에서 패소했고 즉시 고등법원에 항소했다. 그리고 또다시 대법원에 항소하면서 변호사는 부장판사 퇴임 변호사를 샀다. 몇 번의 재판 끝에 조정에 들어갔다. 돈을 낸 대로 각자의 땅을 찾았다.

그러다 보니 세월은 흘러 1년이면 된다는 인허가는 어디 가고, 재판을 하느라 9년이 지나 빚은 눈덩이처럼 불어나 있었다. 어제의 동지가 오늘의 적이 된 것이다. 정신을 차리고 보니 장작불 위에 내 발을 넣고 지글지글 태우는 것처럼 느껴졌다. 발을 빼야 하는데 넉넉지 못한 곤혹스러운 상황이었다. 모든 게 날아가 버렸다. 말 그대로 파산이었다. 그리고 남편의 죽음에 이은 충격으로 더는 살고 싶지 않았다.

이제는 정리해야 한다

시대가 바뀌고 재래시장 상권이 줄고, 농협마트에서 장례용품까지

팔다 보니 나 같은 자영업자가 설 자리가 점점 좁아지고 장사는 쉽지 않았다. 곰곰이 생각해 보았지만 헤쳐나갈 길이 보이질 않았다. 어쩔 수 없이 재산을 정리하고, 파산을 결심했다. 남에게 줄 채무가 더 많았다. 지금까지 우리 '태광상회'를 믿고 도와주신 분들, 돈을 빌려주신 분들께 너무 죄송스러운 일이었다. 그때 시당숙께서 2,000만 원을 빌려주셨는데 갚지를 못했다. 매일 오셔서 재촉하셨지만, 밥 먹을 돈도 없으니 어찌할 수 없었다. 죄송스럽고 그냥 죽고 싶은 생각만 들었다.

어떤 방법으로 죽을까? 높은 곳에서 투신할까? 아니면 농약을 먹을까? 하던 와중에 친정어머니께서 노환으로 병석에 눕고 말았다. 늘 큰딸 걱정을 많이 하셨는데, 가족상의 후 큰 오빠 댁으로 모셔서 돌아가실 때까지 돌보는 게 어떠냐고 상의했다. 간호는 내가 하기로 했다. 엄마와는 3주 정도 함께 지낸 것 같다. 우리 엄마는 참 한 많은 여자의 일생을 사셨다. 교육열이 좋으셔서 6남매를 모두 가르치시면서 땅 사주는 것보다 공부를 시켜야 한다고 하셨고, 그 당시 대학교까지 보냈다. 재산은 빼앗아 가도 머리에 든 지식은 못 뺏는다며, 큰오빠는 미국 유학을 보내 모 대학교 총장까지 지냈고, 여동생은 LG그룹 호주 총괄사장으로 임명되어 현재 호주에 살고 있다.

자식을 자랑스럽게 생각하며 행복해하시는 어머니. 나의 영원한 응원자, '박검의' 우리 엄마를 잘 보내 드려야 했다. 만감이 교차하며 허탈했다. 엄마에게 사랑한다는 말을 한 번도 해 본 적이 없는 것 같았다. 우리 엄마는 치마를 입어 여자지 여장부였다. 참 경우 바르고, 훌륭한 분이셨다. 이후 엄마 장례를 모시고 허탈하게 실의에 빠져서 사업의 실패로 삶의 의욕도 없는 나도 그만 땅으로 들어가 자고 싶었다. 그때 우리 집에는 빨간 종이만 나부끼고 있었다.

하지만 죽으라는 법은 없었다. 우리 가게 오랜 단골손님이셨던 김 사장님이 소식을 듣고 날 찾아 오셨다. 이러고 있으면 정말 큰 일 나니 본인 집에 가서 쉬라고 데리고 갔다. 그 집 현관문을 열고 들어가는데 따뜻한 운무가 나를 감싸는 것 같았다. 참 신기한 기운을 느껴 보았다. 밥을 먹고 누웠는데 그대로 몸이 일으켜지지 않았다. 그대로 잠만 자는 나를 식사 때가 되면 밥은 먹고 자라고 하며 밥을 챙겨 주셨다. 얼마나 세월이 흘러갔을까? 1년 동안 난 잠만 잤다.(잠자는 우울증이고, 심신이 쉬는 중이라는 걸 나중에 알았다.) 겨우 기운을 차려 일을 보러 다니는데 당숙이 돌아가셨다는 연락을 받았다. 나는 연이은 충격으로 그 자리에서 망부석처럼 멈춰서 더는 움직이지를 못하게 되었다.

그 후 충격으로 걷지를 못하고, 어깨와 팔을 쓸 수가 없었다. 이런 난감한 일을 또 어찌하나? 하루라도 빨리 돈을 벌어 남은 빚을 갚아야 하는데 말이다. 마음에 고통은 더욱 심해지고 몸은 움직여지질 않으니 이 또한 어찌할까 앞이 캄캄했다. 의료보험은 연체되어 안 되고, 병원비도 없고, 눈만 뜨고 깜빡이는 내 신세가 더욱 한심했다. 그때는 죽어야 하는데 걷지를 못하니 나가지도 못하고 소변은 왜 그리 자주 보게 되는지 그 또한 고통의 연속이었다. 전국의 명의가 있다면 찾아가 고쳐 달라고 애원하고 싶었던 게 당시 나의 심정이었다.

다행히 김사장님의 도움으로 대전, 인천, 서울, 부산, 지리산 병원과 한의원, 대체의학을 3년이 넘게 찾아다녀 봤지만, 병명은 딱히 없었다. 답답할 노릇이다. 어느 의사는 구경이나 다니며 맛있는 것이나 먹고 하라고 했다. 못 고친다는 뜻이다. 그때 집 앞에서 공사를 했는데, 김사장님에게 나를 거기 파 놓은 웅덩이에 넣어 달라고 그리고 포크레인으로 내 몸 위에 흙을 덮으면 된다고 조르고 하소연하기 시작했다. 얼마나 한심한 부탁인가? 내 생각만 하고, 상대방 생각은 못한 것이다. 그렇게 아프고 힘들어하는 사람을 알뜰히 챙기며 따뜻한 밥을 해 줬는데, 생각해 보면, 얼마나 속상하게 한 행동인가! 그때는 몰랐다. 지금 생각하니 얼마나 바보같이 은혜를 저버리는 행동과 말들이었나 싶다. 다시 생각해도 죄송한 마음뿐이다.

그래도 김사장님의 정성에 보답하기로 마음먹고, 죽을 용기로 살아 보자고 운동을 시작했다. 서 있기도 어지럽고, 10분은 커녕 3분도 못 걷고 다리가 아팠다. 그동안 계속 누워 있었던 탓에 근육이 다 풀려서 정말 힘들었다. 하지만 열심히 일어나 집 밖으로 나가는 연습으로 3분, 5분, 10분 걷는 시간을 늘려나갔다. 그러던 어느 날 재채기를 하는데 몸이 너무 아파 재채기를 할 수가 없었다. 웅크리고 겨우 한 숨을 쉬었다. 다음날 또 재채기가 나오려 하는데, 아파도 참고 재채기를 해 보기로 했다. 하지만 너무 아팠다. 온몸의 고통을 참고 나서 생각해 보니 내가 수년 동안 재채기를 하지 않았고, 지금의 병은 기가 막혀 고통으로 난 병이라는 걸 깨달았다.

  '기막혀 죽는다.' 라는 말도 있다. 나처럼 어처구니없는 일을 당하면 죽는다 라는 속담이다. 내가 정말 그랬던 것 같다. 목숨은 신의 영역인가 보다 여기며 신이 나를 살려 주시는 이유가 있을 것이라는 생각이 들었다. 이후 난 건강을 회복하고, 다시 살아야겠다는 결심을 했다. 지극 정성으로 밥해주시고, 뒷바라지를 해주신 분에게 은혜를 보답하기로 마음먹고, 더 열심히 운동했다. 하지만 마음과 몸은 계속 따로따로 움직이며 말을 듣지 않았다. 이런 나의 모습이 안타까워 딸들이 책을 소리 내며 하루 한 페이지씩 읽어 보라고 했다. 세월이 약이라 운동과 낭독을 꾸준히 하니 이후 차츰차츰 회복되는 걸 느낄 수 있었다.

그러고는 나도 누군가에게 보탬이 되는 삶을 살아 보려고 늦은 나이지만, 국가 요양보호사 자격증을 공부했다. 1년 만에 취득해서 지금은 4급 어르신을 돌봐드리는 일을 하고 있다. 요양보호사 일을 하며 건강은 건강할 때 챙겨야 하며, 자신을 소중히 여기고 사랑해야 한다는 것, 돈보다 건강이 최고니 항상 마음을 넉넉히 가지고, 사랑과 나눔으로 살아야 하는 걸 느낀다. 누구에게나 주어지는 한 번뿐인 인생 태어나서 가는 곳은 죽음의 종착역이다.

어느덧 이제 내 나이 여든을 바라보면 하나씩 정리하는 방법을 배우고 또 전파하고 싶어 '웰다잉프로그램'을 듣고 지난날 내가 경험한 죽음과 내 인생의 종착역에 대해서도 생각해 본다. 갑작스러운 죽음으로 인해 슬퍼할 가족들도 떠올려 본다. 인생의 종착역으로 가는 것도 하나의 준비가 필요하다는 걸 느끼는 중이다. 유서를 남기고, 자신의 묘비명을 지어보고, 삶을 정리하는 기록을 남기고, 죽음의 공간 '관'에 들어가 보는 체험 등을 해 보고 있다. 나의 장례에 대한 계획을 세우고, 장례 방식을 결정하고, 자신이 갈 곳에 미리 방문하여 둘러보고 계약을 해 놓고, 상조회사와 상담 등을 미리 준비해 두며 자식이 걱정하지 않게 준비해 두고 싶다. 사고나 질병으로 당하는 죽음이 아니라, 준비하고 맞이하는 죽음이 되어야 한다는 생각으로 내 마지막을 잘 살아내고 있다.

죽음을 준비하는 10 계명도 생겼다.

첫 번째, 죽기 전에 하고 싶은 일 작성하기

두 번째, 건강 체크 하기

세 번째, 법적 효력 있는 유언장 자서전 작성하기

네 번째, 고독사 예방하기

다섯 번째, 장례 계획 세우기

여섯 번째, 자성의 시간 갖기

일곱 번째, 마음의 비 청산하기

여덟 번째, 자원봉사 하기

아홉 번째, 추억 물품 보관하기

열 번째, 사전의료의향서 작성하기

"나는 21세기 의료 발전을 위해 신체와 뇌를 서울대학 뇌병원에 기증하고, 내 삶의 마지막 종착역에 도착하려 합니다."

삶이 치유다
- 살아있는 것만으로 충분히 아름답다 -

  직장 생활 15년, 그림책과 교구를 바탕으로 아이들과 엄마들을 대상으로 하는 감성 놀이 수업을 했다. 부모 수업, MBTI 자격증, 모래놀이 치유사, 수지 에니어그램 강사 등 자격 취득을 했다. 아이, 청소년, 부모를 위한 자기 본질을 안내하는 일을 했으며, 유치원과 학교에서 감성 놀이 강의를 함께 했다. 그리고 2020년 2월 폐암 4기 진단 후 지금은 투병 중이다. 바쁘게 살던 시기에는 목표를 향해 달려갔는데 시한부를 경험하고 목표보다는 삶을 천천히 현미경과 망원경으로 보는 특별한 하루를 살고 있다. 일상이 얼마나 아름다운지 감동하며 감사하며 감내하며 살아가는 중이다.
  현미경으로 보면,
  아파트 단지에서 앞으로 넘어진 적이 있다. '철푸덕' 하고 넘어지자 앞에서 오던 중학생 남자 셋이 웃고 난리다. 너무 부끄러워 일어나지 못하고, 그대로 엎드려 얼굴만 화단 쪽으로 돌렸다. 그때 만난 꽃이 손톱보다 더 작은 꽃마리였다. 아주 작은데 모든 것을 다 갖춘 아름다운 꽃이다. 강제로 무릎이 땅에 닿고 보니 볼 수 있는 작은 세상이었다. 넘어져도 괜찮다. 바닥을 쳐도 괜찮다. 바닥인 줄 알았는데 지금까지와는 또 다른 세상을 만날 수 있다. 그래서 삶은 아름다운 것이며 버티고 견디는 것만으로도 대단한 것이다.
  망원경으로 보면,
  아름다운 노을을 눈에 담기 위해 3시간을 기다렸다. 아름다워서 눈 깜박이는 것도 아까운 순간이었다. 순식간에 사라지는 아름다움이다. 이런 순간을 기록한다. 좋은 추억은 또 다른 천연진통제라 생각하며 수집한다.

정남희

정남희 ●●●

이메일 jnh740423@gmail.com
연락처 010-2623-2133

나이 어린 스승의 3번 충고

"언니! 나, 병원 다녀왔어. 검사를 조금 더 해보자고 하네. 암은 확실한데 자궁경부암인지, 내막암인지 모른대. 아직 병기도 확실하지 않고. 다음 주에 결과 상담하기로 했어. 언니가 전화 기다릴 것 같아서 했어! 걱정하지 마. 수술하면 된다고 하니까 괜찮을 거야." 한동안 막내는 말이 없다. "에구구! 언니 앞에서 지금 무슨 소릴 하는지 모르겠네. 아무튼 언니는 아무 생각 말고 잘 지내고 있어. 알겠지?" 이 글을 준비하고 있을 때 사랑하는 막냇동생에게 온 전화였다. 폐암 4기 언니에게 동생은 병명도 모른 체, 다음 주 결과 상담을 기다려야 하는 착잡한 마음을 다 드러내지 못하고 실없는 웃음으로 대화의 틈을 채우고 있었다. 나를 안심시키기 위해 웃는 그 웃음이 불편하다. 지금 막내 마음이 누구보다 더 힘들다는 걸 나는 알고 있다.

어릴 때부터 막내는 그랬다. 늘 자기 자신보다 언니, 오빠가 우선이었다. 맛있는 간식은 아껴두었다가 우리에게 나눠주었고, 친구 좋아하는 언니를 위해 함께 있고 싶어 밀전병을 준비하는 아이였다. 막내와의 약속보다 친구와의 약속이 중요했던 나는 늘 약속을 어겼고 그럴 때마다 막내는 기다림의 날들이었다. 그러던 어느 날 막내는 "난 다음에 책을 쓸 거야. 제목은 이미 정했어. 난 우리 집의 막내가 아니라 노예였다." 웃으며 말하는 막내의 이면을 그때는 알아보지 못했다. 그저 농담으로 듣고 다 같이 웃었다. 어릴 때부터 큰 수술을 했던 나 때문에 항상 부모님은 바빴고 막내와 남동생은 뒷전이었다. 알아서 잘 크고 있어서 문제가 전혀 없다고 생각했는지도 모른다.

우리 삼 남매가 함께 사립대학을 다녔을 때다. 실력 없는 나는 취업하는 게 두려워 대학원으로 도피했고, 남동생은 공대 3학년, 막내는 미대 2학년이었다. 속없는 나는 그날도 좋아하는 음반을 사기 위해 막내에게 해 2만 원을 빌렸다. 그랬더니 "언니! 너 그거 알아? 내 작품을 유리로 해야 하는데 돈이 없어서 아크릴로 하는 내 마음을 아냐고!"라고 소리치며 3만 원을 주고 밖으로 나갔다. 늘 가족들에게, 친척들에겐 첫 딸인 내가 누구보다 우선이었다. 그런 모든 것을 당연히 생각하는 나에게 "넌 네가 박수받을 때 얼마나 많은 사람이 박수 없이도 고생하고 뒷바라지하는지 알고 있어?"라고 막내는 말했다.

그때부터 막내는 긴 방황을 시작했다.

처음으로 뜨끔했다. 그 전에 막내의 마음을 알아차렸다면, 헤아렸더라면 어땠을까? 막내가 집을 나가고 얼마나 후회했는지 모른다. 너무나 마음이 아프고 몸이 아팠다. 그 아이가 무엇을 하고 있든, 살아만 있게 해달라고 빌고 또 빌었다. 내가 그동안 누렸던 것들이 결코 당연한 것이 아니라는 것을 알았다. 내가 플러스해서 가진 만큼 누군가는 마이너스로 가져가고 내가 언젠가는 돌려줘야 하는 삶의 몫임을 깨달았다. 그것을 알아가는 동안, 막내는 6개월의 방황을 끝내고 집으로 돌아왔고 나에게 말해주었다.

"언니야! 내가 집에 다시 온 건 엄마, 아빠 때문이 아니야. 언니의 따뜻한 말 한마디 때문이었어! 살아만 있어 달라는 언니의 문자들이 나를 살게 한 거야."라고 말했다. 소중한 막내를 꼭 안아주었다. 나이는 어리지만 세 번의 충고로 나를 성장시킨, 나의 어린 스승을 다시는 잃고 싶지 않았다. 나는 그때부터 변하기 시작했다.

2%의 부족함으로 만나게 되는 내면의 나

이제야 타인이 보이기 시작했다. 인정받고 싶고, 사랑받고 싶은 욕구와 상처를 사람들에게서 누구보다 빨리 알아차렸다. 나보다 더 아프고 힘든 그들을 위로하고 공감하느라 내 욕구는 억압하고 억제했다. 그것이 당연하다고 생각했다. 그때는 이것이 나중에 문제가 될 것이라고 전혀 알아차리지 못했다. 일하면서 늘 부족한 2%를 찾으며 성장할 수 있었다. 마음의 힘을 키우는 감성수업, 부모교육, 다른 유형의 아이들을 이해할 수 있는 수업으로 정신없이 바빴고 여러 가지 자격증을 취득했다. 늘 주류보다 비주류의 아이들에게 마음이 갔다. 아이들 수업을 하면서 왜 각자 다른 모습인지, 무엇이 두려운지, 아이들의 욕구가 궁금했다. 아이들의 성장통 속에 난 함께였다. 그러다 자존감이 약하다는 스승의 말을 듣고 처음으로 나에 대한 생각이 들었다. 막내의 조언 이후로 내가 아닌 타인에게 열중하고 살았던 내가 또 틀렸단 말인가? 도대체 어떻게 살라는 거야? 혼란 속에서 나에 대한 욕구, 진정한 나 자신을 알아가고 싶었다.

'공감 클래스(곁앤결 프로그램)'에서 나와의 소통이 우선이라는 것, 나를 잘 알고 사랑한 만큼 타인과 연결되고 공감할 수 있다는 것을 알게 되었다. 지금까지 내가 해왔던 것은 겉치레였다. 나를 먼저 사랑하지 않고 타인에게 주는 사랑은 헛헛함이었다. 잘하고 있다고 착각했던 마음과 직면해야 했다. 그러기 위해서는 나를 먼저 알아야 했고, 곁앤결(수지 에니어그램 전북 센터)에서 내면의 나를 처음으로 바라보기 시작했다. 두려움과 불안이 가득한 나, 막내에게 상처를 준 경험과 나의 긴 병원 생활로 인해 나의 모습과는 다르게 인정받고 싶어 타인에게 맞추고 있는 나와 마주했다. 이곳에서 마지송 센터장을 만났다. 내면 아이를 만나며 내 빛깔대로 사는 것은 절대 이기적인 것이 아니라 건강한 개인이라는 것, 내가 왜 그렇게 타인의 상처에 마음이 움직였는지도 알게 되었다. 나의 내면과 마주하고, 타인과 다른 나를 알게 되면서 조금씩 숨이 쉬어지기 시작했다. 그리고 나를 알면 알수록 내면은 단단해져 갔다.

인생 그래프가 파노라마처럼 지나갔다. 모든 경험이 지금의 나를 만들었다는 생각이 들면서 감사했다. 사람은 언제든 의도하지 않아도 상처를 줄 수 있고, 나 역시 상처를 주고받을 수 있는 존재라는 것을 깨닫는 순간, 막내에 대한 미안함과 죄책감도 내려놓을 수 있었다.

폐암 4기라는 이름의 시한폭탄

중국 연수를 다녀오고 난 이후 폐암 4기 진단을 받았다. 그동안 어깨가 아파서 석회화 건염, 오십견인 줄 알고 마약성 진통제를 복용했는데, 그 통증이 모두 암의 뼈 전이 때문이라는 것이다. 1기, 2기도 아닌 4기! 현실감이 전혀 없었다. 유전자 변형이라고 했다. 그동안 잘하고 있다며 통증도, 마음의 욕구도, 감정도 꾹꾹 눌러놓았던 것들의 합이 폭발하는 순간이었다. 남은 시간이 3년이라는 것을 알게 되니 가장 우선순위가 떠올랐다.

누구보다 가족이 우선인 남편이 제일 걱정이었다. 신앙이 있는 나는 그래도 믿는 구석이 있으니 오히려 차분해지고 앞으로 어떻게 하지? 라는 현실적 문제를 고민한다면, 남편은 그렇지 않았다. 갑자기 시한폭탄을 떠안고 사방이 막혀 누구에게도 건넬 수 없이 온몸으로 견디고 있는 그를 위해 난 힘을 내야 했다. 병원을 오가는 동안 얼마나 둘이 울었는지 모른다. 열심히 산 것밖에 없는데 왜 이런 병이 왔을까? 우리 아이들은? 그다음은 어떻게 마무리하지? 한편으론 억울하고 화가 났다. 몇 달은 사람들 앞에서 아무렇지 않은 척 그 순간에도 나를 걱정하고 위로하는 이들을 안심시켰다 '난 괜찮아요. 잘 견뎌볼게요.' 그러나 하나도 괜찮지 않았고, 섭섭해지기 시작했다. 마음과 행동이 일치하지 않아 괴로움이 컸다.

도저히 이대로는 안 되겠다 싶었다. 같은 암 환자라도 만나서 앞으로 내가 어떻게 해야 하는지, 어떤 일들이 생길지, 미리 이야기라도 들으면 나을 것 같은데 내 주변에 암 환자는 없었다. 머리가 터져 버릴 만큼 두려움이 찼을 때, 대전 자운당(신점, 영점을 보는 곳)을 찾아가야겠다는 생각이 들었다. 신점을 보는 것보다 세상을 다른 각도로 바라보는 열린 사람의 이야기가 내겐 절실하게 필요했다.

사람이 치유다

수술도 방사선도 안 되는 나는 당장 할 수 있는 치료가 표적항암제였다. 배꼽을 뺀 모든 구멍에선 피와 진물이 났다. 그중에서도 배설이 가장 큰 문제였다. 이미 부작용으로 설사는 예상하고 약도 준비했지만, 수시로 터지는 설사를 통제할 수는 없었다. 신경을 쓰니 심한 방광염까지 동반해 대소변을 무력하게 쏟아내는 일들이 감당할 수 없을 정도로 생겼다. 참혹했다. 내가 가장 두려워했던 일이 지금 무방비로 벌어지고 있었다.

마음이 더는 견딜 수 없을 때 자운당에 갔다. 작은 빌라에 들어서는 순간, 고소한 빵 냄새가 났다. 방금 구운 스콘과 어울리는 홍차를 선생님은 준비해 주셨다. 사람을 대하는 따뜻함이 느껴졌다. 신당으로 들어가기 전 화장실을 들렀다가 정갈함을 보고 눈물이 왈칵 쏟아졌다. 그 순간 깨달았다. 나에게 배설은 더럽고 냄새나고 은폐하고 싶은 것이라면, 자운당의 화장실은 배설까지 귀하게 대하는 장소였다. 따스한 빛과 향기로움은 물론 바구니에 곱게 접어둔 하얀 손타올과 한번 사용 시 담아달라는 작은 바구니의 글씨까지 아름다웠다. 볼일을 보며 그동안 배설은 수치스럽다고 생각해 화장실도 제대로 못

가던 나의 행동이 이렇게 내 몸을 망가뜨렸다는 것을 알아차렸다. 선생님과 대화를 나누며 아이처럼 그동안 하고 싶었던 것을 마음껏 하는 것이 나에겐 '천연 면역 치료제'라는 이야기를 들었다.

그 이후로 나는 다시 한번 달라졌다. 빠져버린 음모와 머리털이 하나도 부끄럽지 않았고, 배설을 조절하지 못하는 내가 수치스럽지 않았다. 대신 미리 화장실에 자주 들렀고, 나의 뱃속 신호에 귀를 기울였으며, 나의 마음을 먼저 생각했다. 외출이 예전보다 자유로워지니 사람들과 만나 행복해지는 순간들이 많아졌다.

휴게실의 화장실과 도로공사 영업소 화장실을 모조리 섭렵했던 날들이 있었다. 곳곳에 실수해 비닐봉지와 갈아입을 옷과 물티슈 그리고 울면서 그곳을 청소했던 순간을 지금은 웃으며 말할 수 있다. 그 순간마다 내 곁에 있어 주며 함께 화장실을 찾아주고, 문밖을 지키며 청소를 도와주던 우리 가족들, 세 남자의 사랑이 없었다면 과연 그 터널을 빠져나올 수 있었을까? 물론 지금도 항문과의 전쟁은 진행 중이다. 대신 난 나를 돌볼 수 있는 사람이 되었다. 이렇게 요즘 그동안 놓치고 있었던 나의 모든 것들에게 말을 걸고 사과하고 달래는 시간을 보내고 있다. 그런데 신기하게도 나에게 평안이 찾아왔다. 선물처럼.

처음 병원은 서울이 아닌 가까운 화순 병원이었다. 내성이 생기고 다른 표적치료제를 찾는데 안 되니까 담당 선생님은 이제 항암치료

밖에 없다며 항암을 권유했다. 그렇게 항암을 하기로 마음 먹고 난 후, 신기하게도 처음으로 '서울로 가볼까?' 라는 생각이 들었다. 첫 진단을 받고 주변에서 큰 병원으로 가라고 할 때는 마음이 전혀 움직이지 않더니 이번엔 내 마음에서 먼저 큰 병원으로 가볼까 싶었다. 마침 마지송 센터장님에게 이야기했더니, "내 마음에 그런 생각이 들었다면 그건 나에 대한 예의예요. 꼭 흘려듣지 말고 서울로 가봐요."라고 말해주었다. '나에 대한 예의', 그래 마음속 이야기를 들어야지.

신랑과 상의하고 만나게 된 분이 신촌세브란스 조병철 교수님이다. 다른 병원은 서울에 연고가 없다면 화순에서 항암을 하라고 했다. 그러나 조병철 교수님은 폐암은 시간과의 싸움이고 속도전이라며 최선을 다해 이것저것 시도해 보자고 했다. '이 한마디를 듣기 위해 내가 이곳에 왔구나. 감사합니다. 이런 적극적인 의료진을 만나게 해 주셔서.' 그날부터 부모님은 조병철 교수님을 위해 기도로 함께 하신다고, 너무 감사해서 SNS도 하지 못하는 친정아버지는 교수님 유튜브 영상에 감사드린다고 댓글을 달 정도였다. 그 마음에 또 한 번 감동이 일어났다. 나의 인연까지도 부모님은 마음속 깊이 연결하고 있었다.

한 번은 병원에 입원했을 때다. 몸이 나아지니 노을이 보였다. 사진을 찍는데 옆 환자분께서 그런 나를 물끄러미 바라보셨다. 오해하실까 봐 "미안합니다. 노을이 너무 아름다워서요."라고 말씀드렸다.

"그 자리에서는 노을이 보이네요." 하면서 한참 창밖의 노을을 바라보셨다. 그 모습이 기억에 남았다. 간에 전이가 심한 폐암 4기 그 환자분은 진단을 받고 혼자 조용히 울고 계셨다. 얼마나 힘드실까 하는 마음에 대화를 나눠볼까 하는 생각을 잠깐 했다. 하지만 이것 역시 나의 오지랖인가 싶어 조용히 그분을 위해 기도를 했다. 시간이 흘러 퇴원 준비를 하는데, 그분에게는 인사를 하고 싶었다. "저 퇴원해요. 저는 작년에 폐암 4기 진단받았어요. 최고의 면역제가 감동이래요. 우리 웃으면서 잘 견뎌요." 하는데 눈물을 주르륵 흘리시더니 진단받은 그다음 날부터 나와 이야기를 나누고 싶었다고 하셨다. 몇 번이나 망설이셨다고, 저도 그랬다고 말씀드리고 연락처를 주고받았다. 종종 통화도 하고, 자연 사진도 보내드리며 서로를 격려했다.

어느 날 꿈을 꾸었다. 꿈속에서 내가 시뻘건 피를 흘리며 죽었다. 그러고는 죽은 몸에서 영혼이 나와 죽은 나를 바라봤다. 고개를 돌려 보니 옆에서 다른 사람이 또 빨간 피를 토하며 죽었다. 너무 무서웠다. 나도 죽고, 다른 사람의 죽음까지 목격을 해서 깨어나고 싶은데 깰 수가 없다. 난 또 가위에 눌리고 말았다. 그때 어디선가 "다시 태어남! 다시 태어남!"이라는 소리가 들렸다. 다시 태어남이라는 음성이 들리자 내 마음속에서 되뇌었고, 순간 부활이 떠오르며 마음이 조금 편안해졌다. 다음 날 잔디를 맨발로 거닐며 악몽에 대해 신랑과 대화를 나눴다. "아무래도 내가 다시 태어나려나 봐. 이 꿈 좋은 꿈인 것 같지? 내 느낌이 그래."하며 웃었다. 그날 역시 병원에서 만난 그 선생님께 사진을 보내드리며 안부를 물었다. 그리고 이틀 후, 그분의 부고 문자를 받았다. 너무 놀랐다. 따님은 엄마에게 내 얘기를 들었다며 너무 고마웠다고 답장을 보내주었다.

  그분을 위한 애도를 하면서 혹시 이틀 전 내게 다녀가신 것이 아닐까? 병원에서 잠깐 만났던 인연으로 이렇게 연결된 것일까? 정말 외롭고 힘든 시기에 만나 내게 마지막 인사를 하고 가셨다면 난 진짜 그분 몫까지 살아내야겠다 싶었다. 인연에 대해서 깊게 생각해 보는 계기가 되었다. 그리고 꿈처럼 나 역시 응급실을 오가며 죽을 것 같은 시간을 보내고 한 번도 경험하지 못한 환청과 환시까지 보는 힘든 시간을 보냈다. 하지만 결국 모든 시간을 신랑과 함께 그 터널을 빠져나왔다. 진짜 다시 태어나는 것처럼······.

  우리 집 아래층에는 목사님 내외분이 사신다. 난 가톨릭 신자다. 진단받은 시기에 얼마나 다급했으면 엘리베이터에서 만난 목사님께 폐암 4기 진단을 받았다며 날 위해 기도해 달라고 부탁드렸다. 예전의 나 같으면 전혀 할 수 없는 일들이 미처 머릿속으로 생각하기도 전에 입에서 툭 튀어나왔다. 그러던 어느 날 사모님께 전화가 왔다. 당신이 아팠을 때 가장 실질적 도움이 음식이었다며 매주 목요일 5시

아파트 라인의 몇 분과 함께 사랑의 밥상을 우리 가족을 위해 준비하시겠다고 했다.

층간 소음으로 매일 뉴스가 나오는 요즘 같은 시기에 가족도 힘든 일을 이웃이 준비한다니 놀랍고도 신비로운 일이다. 사양을 하기 전에 그냥 즐기면 된다고, 이건 당신이 아니라, 하느님이 하시는 일이라며 즐겁게 하고 싶다고 하셨다. 유기농 재료와 제철 음식으로 마음이 맞는 몇 집이 모여 후원을 받고, 음식 장만은 사모님이 하신다 했다. 사랑은 흘러가게 하는 것이라는 덕담까지 주셨다. 진짜 그리스도의 향기는 이런 것이구나 느껴졌다.

똑똑 노크 소리와 함께 7~8첩 국과 반찬으로 구성된 사랑과 정성 가득한 치유의 밥상이 매주 목요일 5시 문 앞에 놓인다. 우린 이렇게 이웃 사랑을 먹고 있다. 벌써 1년 가까이 치유의 밥상을 먹으며 어느 날부터 나도 기도가 되었다. '하느님, 저도 당신의 쓰임을 받고 싶어요. 저를 신비의 도구로 사용해 주세요.' 나 역시 그동안 배웠던 캘리그래피를 이용해 엘리베이터에 이웃을 위한 응원 메시지를 적어 늦은 밤 붙였다. 거기에 누군가 댓글을 쓰기 시작하고, 누군가 필통을 만들어놓고, 감사의 마음을 전달하며 우리만의 소통 창구가 되었다. 때론 가족에게 직접 할 수 없는 사랑의 메신저 역할도 한다. 벌써 67번째 엽서를 붙였다. 역시 사람이 치유다. 받은 걸 친절히 돌려주면,

그 친절이 돌고 돌아 큰 사랑이 된다. 아픔이 길이 된다더니 어느새 전혀 늘 것 같지 않던 실력도 일주일에 3번씩 준비하니 향상되어 작은 꿈도 생겼다. 내 꿈을 지원하는 캘리그래피 공방이 우리 집 앞으로 이사 온 것도 참 신비롭다.

일일호시일 : 날마다 좋은 날

화장실을 혼자 가지 못할 정도로 힘이 들 때 친정엄마께 도움을 요청했다. 그 시간을 유년 시절과 다양한 추억을 이야기하며 그저 엄마가 옆에 계셔서 감사했다. 실은 엄마와 사이가 그리 좋지 않았다. 편애한 엄마 때문에 막내가 방황했다며 엄마를 미워했었다. 그러나 죽음을 경험하면서 미움이라는 감정 대신 엄마에게 연민이 생겼다. 엄마는 얼마나 힘들었을까? 이해가 되니 함께 있는 시간은 애틋한 감정을 새로 쌓을 정도의 밀도 높은 순간들이 되었다.

자꾸만 숲에 가고 싶었다. 그곳에 가면 사람이 주는 위안과는 또 다른 위로와 안식을 선물받는다. 치유의 숲에 일주일에 한 번씩 가는데 명상과 아로마테라피, 족욕에 산림욕까지 즐길 수 있다. 숲에서 한 시간은 우리가 2주일 정도 사회에서 보낼 수 있는 좋은 에너지를 준다고 한다. 자연을 만날 준비가 되어 있다는 건 어쩌면 지금 우리는 시련과 고통을 견디고 있거나 통과하는 순간일지 모른다. 가진 것이 없는 빈털터리 상태이거나, 죽을 것 같은 순간 자연이 보인다. 그 속에서 끈질긴 생명을 느끼고, 조화롭게 살아가는 나무와 식물들을 보며 무너진 나를 일으켜 세우게 된다. 이 순간 살아있음에 감사하다.

암은 삶의 위기였지만 나다움을 만나는 기회이자 기적

 한 친구가 정말 힘든 순간 나를 떠올린다고 했다. 그러면서 진짜 미안하다고 했다. 그러면 안 되는데 나를 생각하면 자기도 모르게 힘이 난다고 했다. 나는 얼마든지 나의 고통을 삶을 위로하는 데 쓰라고 말했다. 우린 수없이 고통과 시련에 흔들린다. 간혹 타인의 경험이 내게 말 없는 위로가 될 수도 있다. 그랬다면 나의 경험과 고통이 감사할 뿐이다.

 까마귀가 왕이 되고 싶어 이것저것 아름답다는 새들의 깃털을 몸에 꽂아 내 것으로 착각하는 동화처럼 나도 그런 주인공이 되고 싶은 시간이 있었다. 내 것이 아님을 알고 깃털을 모두 뽑아내고 나니 나는 아주 작은 까만새였다. 작은 몸을 커다랗게 부풀리고 살아왔더니 남은 건 병든 몸이다. 그런 내가 안쓰러워 내 입으로 끊임없이 나에게 말을 걸어주고, 깃털로 쓰다듬어 주며, 병든 나를 고백하니 주변에 다른 사람이 찾아오기 시작한다. 누군가는 나의 시간을 사고 싶다고 하고, 누군가는 보고 싶다 하고, 누군가는 나로 인해 힘든 순간을 빠져나올 수 있다고 한다. 어떤 이는 위로받았다 하고, 어떤 이는 자신이 변했다고 삶의 목표를 찾았다고 한다. 난 아무것도 한 것이 없는데 말이다. 그냥 나를 찾아오는 이들과 차 한 잔을 나눴을 뿐이다.

만 2년 넘게 병을 이겨나가는 과정을 보며 신랑은 말한다. 삶을 좀 단순하게 살아도 괜찮다고, 그리 허허실실 실속 없이 사는 것 같더니 아프니까 이리 많은 사람이 도와주는구나 싶다고 했다. 깊고 오랜 시간을 맺어온 사람부터 아주 짧은 순간 새롭게 만난 이들까지 참 신기하게도 누군가 날 위해 보낸 천사처럼 도움을 주고 있다며 정말 기적 같다고 했다. 마치 높은 산을 올라야 하는데 순풍이 불어 내가 올라가는 길을 힘들지 않고 갈 수 있게 돕는 것 같다. 머릿속으로 무언가를 얼핏 떠올리면 누군가 그것을 준비해서 준다. 그래서 나쁜 생각을 할 수 없다. 나도 모르는 새 그대로 이루어질까 봐.

어디에 있든, 누구와 있든, 무엇을 하든 요즘 나는 타인이 아닌 내가 우선이다. 나의 몸에서 보내는 신호를 잘 읽어 내는 것이 나를 사랑하는 사람들에게 보답할 수 있는 길이다. 그래서 천천히 숨 쉬고, 천천히 말하고, 천천히 먹고, 천천히 움직이며, 천천히 기도하는 생활로 이동하고 있다. 나를 억누르는 것이 아닌 자연스럽게 감사하며 사는 삶을 살아가고 있다. 거품을 조금씩 걷어내니 가벼워져 찰나에 집중하게 되고, 삶을 자연의 아름다움과 일상의 감사함으로 채우니 명상하는 것처럼 조금씩 맑아지는 것 같다.

이렇게 아파보니 그동안 나의 모습을 차근차근 돌아보게 된다. 내 삶에 이유 없는 사람이 없고, 의미 없는 일들이 없다. 물론 그때는 힘들었지만 결국 모든 것이 나를 만나는 과정이었다. 다만 조금 아쉬운 게 있다면 타인도 중요하지만, 언제든 함께할 수 있다고 생각해 가족들을 뒤로 밀쳐두었던 것을 너무 늦게 알았다는 것이다. 바빠서 놓쳤던 일상의 소소한 행복이 얼마나 중요한지 모른다. 고3 아들에게 말해주었다. 좋아하는 일을 미루지 말고 지금 당장 하라고, 그리고 너무 잘하려고 애쓰지 말고 즐기라고 말이다. 그러면 어느새 너만의 모습으로 존재한다고.

이렇게 아프고 나니 사람들에게 말하고 싶다. '나를 먼저 사랑하고 돌봐주세요.' 타인에게 듣고 싶은 이야기도 내가 나에게 먼저 해주고, 좋아하는 것을 하고 싶은 것을 마음껏 즐기라고 말하고 싶다. 행복 역시 멀리 있는 것이 아니라 바로 내 옆에 있으니 보물찾기처럼 내 삶 속에서 찾아보라고 권하고 싶다. 나는 부족한 사람이 아니라, 존재로 충분한 사람이니 포기하지 말고 내 안에 있는 영웅을 오늘 당장 깨울 수 있기를 소망한다.

4번의 죽음이 가르쳐준 인생의 비밀
- 죽으면 비로소 보이는 삶들 -

모태 꽃집 총각. 꽃집 창업 10년 차. 대통령직속 청년위원회 선정 청년 장사꾼 1등 출신. 독일IHK 플로리스트. 2013년 7월 15일 창업 시작

'크로바 원예원' 이라는 꽃집을 운영하시는 부모님의 장남으로 태어났다. 꽃과 식물을 다루는 직업은 절대 하지 않을 것이라고 했지만, 이 업계에서 내가 해야 할 일들이 있음을 사명으로 느끼고 2010년 7월 창업을 결심했다. 즉, 더욱 효율적이고 다수에게 이익이 되는 보편적인 시스템과 메뉴얼을 만드는 것이었다. 나는 학창시절 우울증과 내성적인 성격으로 심각하게 인생을 비관했지만 책 스승, 사람 스승, 운동 스승을 만나면서 스스로 인생을 긍정적으로 많이 바꾸었다. 이름, 대학교, 성격, 기질, 체력, 전문성들을 바꾸었다.

남은 인생도 내가 좋아하는 사람들과 함께 도전과 패기로 사람들에게 희망을 전하며 보람찬 삶을 만들기 위해 '애플비 상생 월드'를 설립했다.

1000년 가는 꽃집 창업
세상을 바꾸는 청년창업
성공할 수밖에 없는 사업계획서
세계 최고의 비즈니스 모델
꾸준한 자기계발, 나를 살리는 운동.. 이라는 키워드로
사람들과 함께 성장, 함께 성숙, 함께 행복을 맘껏 누리고 나누며 살고싶다.

이대강

이대강 ●●●

○ MJ 그룹 운영
○ 꿈과 소망이 이루어지는 애플비 상생 월드 대표(2021)
○ 이대강 꽃집 창업 성공연구소 대표(2019) / 이대강 플라워 대표 (2013)
○ 저서『사람이 몰리는 꽃집 창업의 비밀』(2019),
  『나를 살린 자기사랑 테라피』(2022) 외 다수 출간
○ 한국 플로리스트 작가 협회장
○ 성균관대 유전공학사 졸업/학점은행제 경영학사 졸업/
  현대직업전문학교 실내건축과 중퇴
○ 80개 이상의 기록/수료증, 상장보유
  (상표 특허 2개, 디자인 출원 1개, 메트로 가요제 장려상)

이메일   globalc25@naver.com
블로그   https://blog.naver.com/globalc25
연락처   010-5282-8016

엄마의 가나 초콜릿

나는 지금도 가나 초콜릿을 보면 떠오르는 생생한 장면이 있다. 때는 고등학교 3학년 말쯤이다. 사실 나는 3수를 했다. 편입, 재수까지 합치면 총 5수를 했다. 어릴 적부터 집안에서 장남이자 장손이라서 기대를 많이 받고 자랐다. 중학교 때까지 성적은 비교적 중상위권을 유지하고 있었다.

하지만 중학교 3학년 말 처음으로 짝사랑하는 이성을 만나게 되면서 공부보다 연애에 관심이 많았다. 머릿속에는 어떻게 하면 그 친구가 나를 좋아하게 만들 수 있을까? 온통 그 생각뿐이었다. 그래서 매일 같이 종이학도 만들고, 시도 지어보고, 화장실에서 수없이 노래를 연습하며 녹음테이프를 만들었다. 드디어 10월 9일, 운명의 그 날이 왔다. 나는 서울 명일동에 있는 J 아파트에 15층으로 향했다. 선물을 직접 건네주고 싶었지만, 연락이 안 되어 그 친구 집 현관문 앞에 슬그머니 놓고 왔다.

그런데 갑자기 굉음이 울려 퍼졌다. 약 100일 동안 준비한 나의 선물이 15층에서 4층으로 내동댕이 쳐져 산산조각이 난 것을 보았다. 라면 발 같이 늘어난 테이프 줄은 데굴데굴 굴러 저만치 길어졌고, 플라스틱 케이스는 날카롭게 깨졌다. 정말 하늘이 무너져 내리는 것 같았고, 너무 충격적이어서 그대로 울면서 집으로 돌아왔다. 이 사건 이후로 나는 한동안 미친놈처럼 멍하니 좀비처럼 다녔다. 이유 없이 눈물만 나왔고, 고등학교 입학을 위해 가장 중요한 연합고사 시험도 잘 보고 싶지 않아서 대충 답을 찍고 나왔다. 입맛도 없고, 살면서 처음 느껴 보는 실연과 절망이었다.

이때부터 난 변하기 시작했다. 공부보다는 연애를 더 잘하고 싶다는 열망이 생겼다. 학교에서 선생님들 몰래 담배를 피우는 학생들의 모습이 멋있어 보여, 나도 집에 있는 아버지 담배를 몰래 훔쳐다가 옥상에 혼자 올라가 멋있게 피는 연습을 해보기도 했다. 점점 공부와는 멀어지고, 고등학교 2학년 때는 성적표를 보니 3등을 한 적도 있다. 물론 뒤에서였다. 쉬는 시간에는 학교에서 유명한 댄서 친구와 함께 브레이크 댄스도 연습하고 원킥, 나이키, 나인투나인이라고 하는 고난이도 춤 기술도 열정적으로 익혔다.

한편으로는 나는 초중고 시절 내내 발표 불안 장애와 사람과 눈을 똑바로 잘 마주치지 못하는 약간의 대인공포증이 있었다. 교실 앞에 나가거나, 여러 사람 앞에서 발표만 하려고 하면 머리가 하얘지고 너무 긴장돼서 발표 시간이 제일 무서웠다. 그래서인지 학교 가는 것도 정말 싫었다. 발야구, 축구를 하면 헛발질하기 일쑤였고, 키도 작은 데다 민첩하지 못해서 구기종목 운동에서도 별로 환영받지 못했다.

어머니께서 지인 중에 연세대학교를 다니는 형이 있어 과외를 시켜줄 테니 열심히 공부해 보라고 응원해 주기도 하였다. 하지만 성적은 나아지지 않았다. 실제로 아버지께서 폭언을 자주 하셨는데, 나에게 구제 불능이라는 말씀도 자주 하셨다. 틈만 나면 일어나는 부부싸움과 칼부림, 고성과 몸싸움, 부서지는 장롱과 전화기, 농약 난동, 그렇게 난 늘 공포와 불안에 떨며 살아야 했고, 끝날 줄 모르는 전쟁 같은 상황에 늘 하나님, 부처님께 가정의 평화를 간절히 기도했다. 희망이 없었다. 그냥 죽고만 싶었다. 그러던 어느 날 극단적인 행동을 하게 되었다.

그때 우리 가족은 빌라 1층에 살고 있었는데, 지하실로 통하는 계단이 있었다. 계단을 따라 내려가면 하나의 방이 있었다. 어느 날 그곳에 들어가 방문을 걸어 잠가 놓고, 소주 1병을 거의 원샷을 했다. 그리고 담배 1갑을 뜯어 20개비를 통째로 피우기 시작했다. 그렇게 1

시간을 줄기차게 피워댄 것 같다. 나중에는 산소가 부족했는지 어지럼증을 느끼다가 기절을 했다. 몇 시간 지나서 스르륵 눈을 뜨며 깼지만, 눈가에는 눈물이 가득 맺혀 있었다.

또 한번은 내가 살던 아파트 6층 옥상에 올라가 보았다. 막상 뛰어내리려고 해보니 도저히 용기가 나지 않았다. 다시 1층으로 내려와 근처 학교 운동장을 터벅터벅 걷기 시작했다. 그러다 당시 가장 친한 친구에게 전화를 걸었다. "이게 내 마지막 전화일 거야. 내가 죽으면 우리 엄마랑 가족 잘 보살펴 주면 좋겠다."며 메시지를 전했다. 정확히 기억은 나지 않지만, 친구는 "헛소리하지 말고 빨리 집에 들어가서 발 닦고 잠이나 자라."는 말을 했다.

살아갈 이유도 희망도 없던 난 고민 끝에 서울 교대역 14번 출구 앞에 있는 약국을 찾아갔다. '수면제'를 달라고 했더니, 보호자 동의 없이는 줄 수가 없다며 '수면 유도제'를 건네주었다. 그걸 받아서 집으로 돌아와 힘없이 식탁에 앉았다. 그때 내 눈앞에 보였던 작은 네모 상자가 있었다. 그것이 바로 엄마가 놓고 간 '가나 초콜릿'이었다.

'그래도 살아보자. 한번 내 인생 지금부터 바꿔 보자. 잘살아 보자.' 이런 다짐을 하고 나니, 항상 오가던 교대역 주변에 '우울증 해소, 성격 개조, 잠재력 개발'이라 적혀있던 '단학선원'이 떠올랐다.

일단 지푸라기라도 잡고 싶은 심정에 이곳에 가서 기점검을 받았다. 어느 날 센터장님께서 '발끝 부딪히기' 수련을 시켰는데, 약 3분이 지났을 무렵 너무 힘이 들었다. 그래서 포기하고 싶은 찰나 '너 죽고 싶다고 했잖아. 그럼 그 죽을 용기로 발끝 부딪히기를 죽도록 열심히 해서 네 인생을 바꿔 봐.' 라는 내면의 소리가 들렸다. 정말 발에 불이 날 정도로 열심히 하고 나니 온몸이 땀에 흠뻑 젖었다. 이렇게 내면의 소리에 집중하다 보니 내가 원하는 것이 무엇인지 알게 되었다.

그러던 어느 날 서울 양재 교육문화회관에 가서 심성 수련이라고 하는 특별수련을 받게 되었는데, 이때가 나의 무대 공포증과 대인기피증을 정면 돌파하게 되는 역사적인 날이었다. 원래 나는 3명 이상 사람 앞에서 말을 하게 되면 어딘가 어색하고 불편했다. 그런데 그날은 어디에서 용기가 생겼는지, 200명 이상 앞에서 미친놈처럼 큰소리도 쳐보고 거침없이 드러내고 표현하는 나를 만나게 되었다.

이렇게 나는 20살 인생의 절망적인 상황에서 환골탈태하는 마음으로 첫 번째 사람 스승을 만나서 나의 기질과 성격, 습관 등 많은 것이 바뀌게 되었다. 이후에도 매일 절 수련을 하여 처음에는 100배, 300배씩 하다가 6개월이 되었을 때는 1,000배, 1년이 되었을 때는 3,000배를 하게 되었다. 3,000배를 3번 정도 하니 거의 6년간 중독되었던 담배도 끊게 되었고, 매일 책 읽기와 운동 습관을 장착하게 되었다. 혹시 지금 죽고 싶을 만큼 힘든가? 그렇다면 이 말을 꼭 기억하라. '하늘은 스스로 돕는 자를 돕는다.' 어떤 상황에서도 자신을 돕고 사랑해야 남들도 돕고 하늘도 도와줄 수 있는 것이다.

4번의 죽음이 알려준 인생의 중요한 가치 4가지

나는 4번 죽어보았다. 다시 말하면 존엄사 체험이라고도 말하는 입관 체험을 4번 해보았다. 아마도 나는 인생의 마디 마디에서 본능적으로 죽음에 가까워지는 연습을 통해 내가 진정으로 원하는 것을 계속 찾고 싶었나 보다.

이 글을 보는 독자분들도 잠깐 1분 정도 상상 여행을 떠나보셨으면 좋겠다. 지금부터 천천히 눈을 감고 상상해 보는 것이다. 문밖에 검은 옷을 입은 저승사자가 와 있다. 그 저승사자는 당신을 이번 생에서 다음 세상으로 데려가려고 한다. 모든 것을 정리하라 말한다. 친구 관계도 가족관계도 주변의 모든 인간관계에서 마지막 작별의 인사를 하라고 말이다. 잠시 후 10분이 지나면 이번 생애에 내가 일구었던 모든 명예와 재산, 사회적 지원, 업적, 건강, 인간관계를 뒤로하고 모든 것과 이별해야 한다. 유서를 쓰지 못했다면 지금이라도 괜찮으니 마지막 글을 적으라고 저승사자는 말한다. 9분, 8분, 1분…이제 시간이 1분밖에 남지 않았다.

내 인생의 마지막 1분이 남아있다면 그대는 누구에게 어떤 말을 전하고 싶은가? 그대는 무엇을 가져가고 싶은가? 그대는 무엇을 남기고 싶은가?
〈첫 번째 죽음: 20대 초반 단월드에서, '인간을 널리 이롭게 하라' 홍익인간의 가치〉
나는 20살에 처음 기 수련을 시작했다. 이때 당시 나는 수련을 하다가 내가 없어지고 우주와 하나 되는 물아일체 명상 삼매경에 빠져 본 경험이 있다. 너무 황홀하고 신기할 정도로 놀라운 경험이라서 평생 기억에 남을 것 같다. 심기 혈정의 원리를 배웠고 인간의 목적은 영적 완성이라는 말에 동의했다. 그래서인지 그곳에서 진행하는 웰다잉 체험을 할 때 무언가 껍데기가 하나 벗겨지는 듯한 느낌을 받았다. 그리고 나는 천화(성통공완)하기 위해 존재한다고 믿게 되었다.

죽는 날까지 더불어 잘 사는 세상인 홍익인간 이화세계를 위해 나는 살아야겠다고 굳게 다짐했다. 본성과 통하여 공적으로 완수한다는 사명이 생겼다. 현실적으로는 한의사가 될 것을 결심했다. 그래서 늘 하얀 의사 가운을 입고 환자들에게 침을 놓는 상상을 했다. 명확한 목표와 방향이 생기다 보니, 안 하던 공부도 열심히 하게 되었고 내가 무엇을 위해 살아가야 하는지 비전도 정하게 된 소중한 기회가 되었다. 전북 익산까지 내려가서 원광대 한의대 편입학을 시험을 봤을 정도로 열성적이었지만, 막상 공부해 보니 나의 적성과는 거리가 있어 한의사는 깨끗하게 포기를 했다.

〈두 번째 죽음: 30대 중반 효원 힐링센터에서, 가족의 소중함에 대한 가치〉

나는 방배동의 에너지스타로도 유명한 곽동근 소장님의 웃음 치료 관련 강의를 들으러 간 적이 있었는데, 이곳에서 우연히 긍정적 미남 강진영 소장님이 운영하는 커뮤니티를 알게 되었다. 여기에서 레크레이션 강사와 웃음치료사 자격증을 취득하기도 했다. 거의 한 달간 프로그램이 진행되었는데 마지막 수업이 바로 웰다잉 체험이었다.

큼지막한 삼베옷을 입고 영정사진을 찍으며 유서를 적어보기도 했다. 유서를 적을 때마다 등장하는 인물은 항상 어머니, 아버지, 동생이 먼저다. 따뜻한 말 한마디 더 해드리고 기쁘게 해드릴 걸… 하며 내 인생을 돌아보고 참회하게 되었다. 그래서 나는 웰다잉 체험은 사람들에게 1번 이상은 꼭 해보기를 강력히 추천한다. 요즘에는 인터넷에 검색해 보면 강원남 소장이 운영하는 '행복한 죽음 웰다잉 연구소'라는 사이트에 관련 책과 다큐멘터리, 프로그램 등이 자세하게 나와 있어서 참고하면 좋을 것 같다. 내 경우 두 번째 입관 체험을 통해서 다시 한번 가족의 소중함을 깊이 깨우치는 계기가 되었다.

〈 세 번째 죽음: 30대 후반 지리산에서, 자신의 소중함에 대한 가치〉

나의 세 번째 죽음은 지리산에 위치한 자운선가 과학명상센터에서 체험한 죽음이다. 가장 기억에 남는 것은 '고.미.사' 이다. 즉, 그동안 내가 살아오면서 고마운 사람, 미안한 사람, 사랑하는 사람과의 추억과 기억을 소환하여 하나씩 풀어보는 시간을 가졌다. 그리고 나의 몸과 나의 에고에게도 '고.미.사' 를 했다.

특히 어릴 적 유치원 시절, 초등학교 시절의 짝 얼굴까지 생각나며 과거의 기억 속으로 완전히 몰입하게 되었다. 어릴 적 불쌍하게 서 있는 나의 모습들을 보며 짠한 감정이 마구 올라왔다. "많이 외로웠구나… 내가 너의 제일 좋은 친구가 되어 줄게." 하며 스스로 위로하고 격려하며 응원도 해주게 되었다.

내가 나를 사랑하는 만큼 나를 미워하는 감정도 동시에 존재한다는 것을 알게 되었다. 그래서 나를 더욱 사랑하려면 나의 미움과 열등함도 잘 인정해 주어야 한다. 우리는 얼마나 스스로 자신과 깊이 소통하고 있는가? 외롭고 두렵고 서러움을 느끼는 솔직한 나의 마음은 외면한 채 다른 사람과의 관계를 더 우선시한 적은 없는가? 우리는 죽는 날까지 여러 관계 속에서 소속감을 느끼며 살아간다. 그런데 이때 타인과의 관계도 참 중요하지만, 무엇보다 제일 중요한 것은 나의 내면과의 관계이다. 있는 그대로 내 모습을 인정해 주고 내가 진정으로 원하는 것이 무엇인지 작은 소리에도 귀 기울여 주다 보면, 나는 천군 마마를 얻은 든든한 후원자가 생기게 된다.

〈네 번째 죽음: 30대 후반 경남 통영 죽도에서, 꿈과 소망의 아름다운 가치〉

마지막 죽음은 경남 통영에 있는 죽도 힐링캠프에 갔을 때였다. 이때 나는 사업적으로 잘 풀리지 않아 1억 원에 가까운 빚이 있었다. 그래서 맥도날드와 편의점 아르바이트를 하여 추가 수익을 올리고 있었다. 하지만 매달 지출되는 금액이 200만 원이 넘다 보니 생활은 점차 궁핍해지고, 거의 매일 편의점 도시락으로 끼니를 때웠다. 상황이 좋아지지 않자 현실을 극복하고 지혜를 얻고자 재기중소기업개발원에서 운영하는 힐링캠프에 지원했다. 그곳에서 나는 한 달간 야외에서 텐트 생활을 하며 하루 2끼를 먹으며 철저하게 나를 돌아보는 시간을 가졌다. 내가 실패했던 원인을 떠올렸고, 내가 간절히 바라고 있는 나의 꿈들이 하나씩 떠올랐다.

캠프 마지막 주차가 되었을 때 이곳에서도 입관 체험을 한다는 것을 알게 되었다. 이미 3번이나 경험했던 것이라 익숙할 법도 했지만, 이번 체험은 나에게 어떤 메시지를 전해줄까 기대도 되었다. 차디찬 관속으로 들어가 천천히 죽음을 맞이하고 있을 때 바깥에서 관뚜껑에 못을 박는 소리가 너무 무섭고 쓸쓸하게 들렸다. 이렇게 내 몸이 더는 관 밖으로 나갈 수도 없이 언젠가 흙 속으로 묻혀 없어질 것을 생각하니 하염없이 뜨거운 눈물이 두 뺨을 적셨다. 이때 나는 깨달았다. 부모님께 손자를 안겨드리지 못했다는 죄송스러운 마음이 들었다. 다음 생애에는 꼭 결혼을 잘해서 예쁜 아이도 낳고, 잘 키울 것이라는 기도와 다짐을 하게 되었다.

이처럼 우리는 인생의 마지막 순간이라고 하는 죽음에 가까워지면 내가 가장 갈망하는 것들이 떠오르고, 가장 사랑하는 사람들이 생각난다. 그러니 오늘 내가 가장 원하는 것을 하고, 가장 사랑하는 사람들과 이야기하며 즐거운 하루가 되길 소망한다.

죽어서도 사랑을 전할 수 있는 멋진 방법

나는 보험회사에서 약 1년 6개월 영업사원으로 재직하였다. 30살에 6개월, 40살에 1년이었다. 국내외에서 가장 유명한 글로벌 보험회사에서 돈을 잘 벌고 영업 매뉴얼과 시스템을 배우기 위한 목적으로 입사했지만, 나는 뜻밖에도 사랑을 잘 실천하는 방법을 터득하게 되었다. 꽃이든 보험이든 무언가를 잘 팔려면 상품에 대한 이해, 고객에 대한 이해 그리고 고객에게 줄 수 있는 이익이나 가치를 명확히 알아야 한다.

사실 처음에 나는 종신보험의 가치를 잘 이해하지 못했다. 하지만 청년 시절을 지나 내가 고생을 좀 해보고 가족의 소중함을 깨닫고 난 후에는 보험이 다시 보이기 시작했다. 종신보험은 반드시 한번은 사망보험금을 지급해 주는 보험이다. 죽어야 돈이 나온다. 인간은 언젠가 반드시 한번은 죽는다. 내가 경제적 여유가 있다면 가족에게 유산이나 상속을 넉넉히 남겨 주겠지만, 그렇지 않고 내가 죽었을 때 남아있는 사람들에게 짐이 될 수도 있다. 최소한 장례비는 남겨 주어야 존엄한 죽음을 맞이할 수 있지 않을까?

나는 고시원 생활을 약 10년 넘게 했다. 때로는 학업에 정진하기 위해, 때로는 일에 몰두하기 위해 고시원을 선택했다. 고시원에서 처량하게 라면을 먹는데 문득 그런 생각이 들었다. '이렇게 죽으면 나는 가족에게 남겨 줄 수 있는 게 없구나.' 라는 생각이 드니, 그때에도 자신이 한없이 무능력하고 작게 느껴졌다.

몇 년 뒤에 나는 10년 만에 보험회사에 다시 입사하게 되는 일이 있었다. 예전에는 종신보험을 뭐하러 드나 싶었지만, 지금은 종신보험이 꼭 필요하다는 생각에 3개를 들게 되었다. 바로 어머니, 아버지 그리고 미래의 와이프를 위해 각각 사망보험금을 두둑이 가입해 두었다. 물론 부모님보다 먼저 이 세상을 하직하는 일은 있어선 안 되겠지만, 내가 줄 수 있는 가족에 대한 사랑으로 종신보험 가입을 선택했다.

당신 인생의 마지막 해피엔딩 장면은 무엇인가

약 7년 전인 것 같다. 너무 아찔한 기억이다. 강남에 뱅뱅사거리 테헤란로를 완전히 만취한 상태에서 약 시속 200km/h에 가깝게 모든 신호를 무시하며 약 1km 거리를 돌진한 적이 있었다. 괴성과 함께 흐르는 눈물을 멈추지 못한 채 그렇게 한참을 달리고 분이 조금 풀리고 나니 상황을 인식하게 되었다. 이날은 비 내리는 전봇대 아래에서 새벽 즈음 잠을 청했다. 이후 내 인생의 마지막이 그렇게 끝나서는 안 된다고 늘 반성하고 있다.

2012년 독일의 어느 해변, 나는 물놀이를 하고 있었다. 처음엔 깊지 않았으나 몇 발자국 더 들어가 보니, 갑자기 바닥에 발이 닿지 않았다. 순간적으로 너무 당황하여 온몸이 경직되었고 재빨리 헤엄쳐 나오려 했지만, 점점 물에 잠기게 되면서 "살려주세요." 목청껏 소리를 고래 고래 질렀다. 하지만 그때 동행했던 한국 사람들은 물론 외국인들도 다가오지 않았다. 이렇게 죽는 건가 싶어 모든 것을 포기하고 오히려 몸에 힘을 뺐더니, 약간의 부력이 생겨서 기적적으로 살았다. 순간 '내가 너무 잘못 살았구나.' 하는 생각이 들었다. 주변 사람에게 서운한 감정도 복받쳐 올랐다. 그런 일이 있고 난 뒤에 나는 정말 마지막 죽을 때의 모습을 상상하게 되었다.

첫 번째는 나의 장례식 때 나와 유가족의 행복을 빌어주고 추모하며 '이대강' 덕분에 많이 행복했고, 잘 살았고, 고마웠고, 꿈과 소망이 이루어졌다고 말씀하시는 분들이 1억 명 이상이 되는 해피엔딩. 두 번째는 내가 정말 사랑하고 좋아하는 여자와 결혼하여 화목하고, 건강한 가정을 꾸리고, 잘 살다가 100살쯤 되었을 때 얼굴 가득 화평한 미소를 지으며 한날한시에 같이 죽음을 맞이하는 해피엔딩

사과 나무를 심을 것인가, 사람 나무를 심을 것인가

'내일 지구의 종말이 온다 해도 나는 오늘 한 그루의 사과나무를 심겠다.'
– 마르틴 루터

많은 사람이 알고 있는 격언이다. 실제로 내가 집필한 첫 번째 개

인 저서에도 프랑스 작가 장 지오노의 『나무를 심은 사람』 이야기를 언급했다. 사람이 3명밖에 살지 않는 척박한 땅에 매일 같이 도토리 씨앗 100개를 5년 동안 심어서, 아름다운 숲을 이루게 하여 만 명의 주민들이 사는 희망찬 마을로 만들었다는 내용이다. 소설 속의 주인공 '부피에'가 심은 것은 단순히 나무 그 자체라기보다 자연과 인간을 살려낸 희망의 씨앗이었다.

내가 2013년 '이대강꽃집'을 처음 창업할 때, 로고 이미지를 파란 장미로 결정한 이유는 바로 파란 장미의 꽃말이 희망, 기적을 뜻하기 때문이었다. 나는 꽃과 식물을 통해서 사람들에게 희망을 전하고 싶었다. 아무리 절망적인 상황에 있다고 할지라도 희망을 품게 되면 우리는 열정과 끈기를 갖게 된다. 10년간 꽃집을 운영하면서 수만 개 이상의 꽃과 식물을 직접 식재하고 판매하기도 했지만, 요즘 들어서는 사람 씨앗에 더 관심이 많아졌다. 즉, 나와 같이 희망의 나무를 심을 사람이 필요하다. 혼자서 심을 수 있는 나무의 숫자는 한정될 수 있지만, 여럿이서 함께 나무를 심는다면 더 빨리 더 많이 심을 수 있을 것이다.

실제로 나무 한 그루가 에어컨 6대, 선풍기 800대의 냉방효과가 있다고 한다. 요즘처럼 환경에 대한 심각성이 자주 대두되던 때가 없다. 나도 중요하지만, 우리와 전체를 조망할 수 있는 넓은 시야와 마음 그리고 지구를 사랑하고 살리고자 하는 마음이 있다면 이 세상은 조금 더 아름다운 곳이 될 것이다. 우리 '애플비 컴퍼니'에서 진행하는 꽃가마 투어에서도 담배꽁초 줍기 이벤트를 소소하게 실시할 예정이다. 정기적으로 수목원과 식물원에 탐방하여 자연과 교감하며 식물과 지구를 사랑하는 마음을 키우는 프로젝트를 하고 있다. 관심 있는 독자분들의 많은 참여를 기대하게 된다.

가왕 조용필의 노래 중에 '바람의 노래'가 있다. 이 가사의 마지막 부분에 이런 가사가 나온다. '보다 많은 실패와 고뇌의 시간이 비켜갈 수 없다는 걸 우린 깨달았네. 이제 그 해답이 사랑이라면 나는 이 세상 모든 것들을 사랑하겠네' 이 세상 모든 것들을 사랑한다면 모든 문제가 해결될 것이라고 말한다. 하지만 이 세상 모든 것들을 사랑하기에 앞서서 내가 정말 원하는 것이 무엇이고, 내가 진짜 되고 싶은 것이 무엇인지 자신과 더 찐하고 깊은 소통을 하다 보면, 자신을 더 많이 사랑하게 되고 그 안에 내 혼이 살아 기뻐하는 보람찬 일을 하게 될 것이라 믿는다. 오늘도 나는 나에게 묻는다.

'내 소중한 영혼아, 내 소중한 몸아, 오늘은 무엇을 가장 하고 싶니? 무엇을 하면 네가 정말 기쁘겠니?'

지금 죽어도 좋은 만큼
네가 사랑하는 삶을 살아!

- 지금 죽어도 후회 없이 네가 사랑하는 삶을 살아! -

현재 '청도재가노인복지센터'의 센터장으로 활동하고 있다. '강덕무관' 우슈태극권 사범으로 활동하면서 참만남 NLP 마음치유스피치 서울 위원장으로도 활동하고 있다. '청도재가노인복지센터'에서는 65세 이상 또는 65세 미만의 노인성 질환을 지닌 어르신 중 거동이 불편해 일상생활이 어려운 분들께 장기 요양 등급 신청 및 방문 요양, '긴급 돌봄 SOS' 등의 돌봄 케어를 해드리고 있다. 마음치유, 운동처방을 통해 어르신들과 가족분들이 행복한 삶을 살아갈 수 있도록 힘쓰고 있다.

사람들이 자유롭게 표현하고, 스스로 힘을 갖게 하고, 삶의 주인공을 원하는 사람들에게 자아 성장을 돕는 것에 헌신하고 있다.

우정희

우정희 ●●●

- 현)청도재가노인복지센터 대표
- 미국 로드랜드 대학 자연치유학 박사
- 한세대학교 사회복지행정학과 박사과정 5학기 차
- 대한웰다잉협회 동대문지회장
- 강덕무관총본관(1972) 이재봉 관장 쿵후 우슈태극권 사범
  사)대한우슈협회 공인 6단
- 동대문구우슈협회 수석부회장 / 서울시우슈협회 (전)이사
- 참만남 NLP 마음치유스피치센터 서울 위원장
- 국제공인 NLP 마스터 프랙티셔너
- 한국시니어플래너지도사협회 교육이사
- 서울시 동대문구 소재 전농1동 통장협의회 회장
- 네이버 인물 등재

이메일 sungwoo39@naver.com
블로그 https://blog.naver.com/sungwoo39
연락처 010-7799-3226
유튜브 https://www.youtube.com/channel/UCim6xxDUcRVXBtFyCjh3GmQ

죽음과도 같은 고통 이혼 :
한순간 사라져버린 존재, 나는 누구인가?

 삶에서 절대로 일어나지 말았어야 할 일, 내겐 죽음과도 같은 이혼을 경험했다. '이혼녀'라는 꼬리표는 세상이 내게 '실패자'라며 주홍글씨를 새기는 것과 같았다. 인간이 받는 스트레스 중에서 1위는 배우자의 사망이 100%, 2위는 이혼이 73%라고 한다. '죽음' 다음으로 '이혼'이 고통스러운 인생의 사건이다. 삶을 살아가면서 세상 사람들의 시선과 이혼한 사람은 뭔가 잘못된 사람, 부족한 사람이라는 편견속에서 스스로 힘을 갖기까지 극복해 오면서 살아온 십여 년의 기나긴 세월의 흐름이 있었다.

 난 50대 초반의 멋진 '돌싱'이다. 이렇게 당당하게 서기까지 십여 년이 넘는 시간을 지나왔다. 오랜 시간 동안 혼자라는 외로움으로 살아왔다. 사람들과의 관계에서 깊이 연결되지 못했고, 모든 것을 떠맡아 혼자 했다. 조선 시대도 아닌데 사회는 이혼이라는 제도 아래 '이혼녀'라는 꼬리표를 달아주었고, 나는 그 아픈 이름표를 숨기고 싶었다. 외로운 현실을 외면하고 싶었다. 나의 하루는 늘 바빴고, 고군분투하며 치열한 삶 속에서 외롭고 힘들었다. 이제는 아름답게 시작하는 싱글이다.

바쁘게 더욱더 힘들게 채찍질하며 살아왔다. '외로운 감정도 사치야'라고 생각할 정도로 말이다. 너무 바빠 외로울 틈이 없게 했고, 자신이 얼마나 아파하는지 따위는 철저히 무시하고 외면하며 살아왔다. 이혼은 늘 부모님께 죄송한 마음을 가지게 했다. 그럴수록 힘든 마음을 들키지 않으려고 숨기고 싶었다. 아무 일도 없었던 것처럼, 씩씩한 것처럼, 가족들에게는 더욱더 잘하려고 애를 썼다. 하지만 그럴수록 나에게 돌아오는 건 힘이 빠지는 관계와 공허함이었다. 나에게 잔인할 정도로 무심하며 가혹했지만, 그저 열심히 달리고 부지런히 살면 모든 게 다 잘 해결될 거라고 생각했다.

그리고 아이와의 분리에서 깊은 상실감과 외로움이 있었다. 혼자 살아가는 두려움과 고단함, 아이에 대한 그리움으로 자책감과 죄책감이 늘 있었다. 뭔가 일어나지 말았어야 할 일이라 생각하며 받아들이지 못했던 삶이었다. 지인 몇 명에게 이야기해 보았지만, 돌아오는 피드백은 더욱 힘들기만 했다. 이후 난 '누구나 아픈 것이 하나씩 있는 거지. 그냥 열심히 살지 뭐. 말하지 말자.' 하며 표현하기보다는 감정을 안에서 삭였다. 경제적 어려움, 무너지는 자존감으로 삶이 너무 무거웠다. 전세도 얻기가 어려워 월세방, 지하방, 옥탑방으로 이사를 해가며 직업과 학교생활을 병행하였는데, 무거운 어깨가 축 늘어져 삶에 의미를 잃은 채 힘없이 다녔던 시간이었다.

이후 껍데기처럼 가두어두었던 수많은 이야기를 벗겨 내고 나니, 온전한 나를 만날 수 있었다. 모든 게 내가 만든 이야기 속에 나를 가두고 살았다는 것을 알기까지, 수많은 이야기를 거두어내고 온전한 나로 살아가기까지, 많은 영역에 용기를 내면서 살아왔다. 그리고 '자아 개방'을 하는 것, 나의 아픔을 세상 밖으로 꺼내놓는 것이 얼마나 중요한지를 알게 되었다. 그러기 위해서는 용기가 필요했다. 이후 진정하게 사람들과 나눌 수 있는 표현의 자유로움을 얻고, 비교 평가 판단하지 않고 상대방을 크게 대할 수 있게 되었다.

삶에 죽음과도 같았던 '이혼'을 통해 혼자 당당히 서기까지 사회복지학 공부와 2009년부터 마음치유 스피치 'NLP 치유학', '강덕무관' 쿵후 우슈태극권, '대한웰다잉협회' 등의 활동과 배움이 큰 도움이 되었다. 내 마음을 있는 그대로 표현하고 진정성 있게 나눌 수 있는 친구가 있어야 한다는 것을 배웠다. 또한 관계의 소중함, 가족의 소중함을 배웠다. 사람들과 관계에서 소통하고 나누는 삶의 가치도 배웠다. 삶이 마지막처럼 느껴질 때, 바닥을 치는 경험할 때, 이미 일어난 일은 바꿀 수 없다. 그러나 그 문제상황을 대하는 태도나 마음가짐은 바꿀 수 있다. 그 일로 내가 깨달은 것은 무엇인가 생각하며, 그 속에서 배우고 스스로 힘을 가질 수 있을 때까지 버텨내야 한다. 자신을 사랑해야 한다. 부족하고 못난 모습까지도 안아주고 품어주어야 한다. 지금은 세월이 흘러 예전의 이혼을 경험했을 때보다는 세상이 유해졌다고 하지만, 15년 전쯤 그때의 나는 죽음과도 같은 고통을 겪었다.

나의 죽음 경험

20대에 꿈 리스트에 있던 미국을 2021년 11월에 가게 되었다. 30년 만에 미국 로드랜드 대학 '자연 NLP 치유학' 박사학위를 받는 졸업식에 참석하기 위해서였다. 가기 전 코로나 상황으로 갈 수 있을까부터 시간과 일정을 조율하는 과정이 있었다. 하나, 졸업식만 참석한다. 둘, 미국까지 갔는데 졸업식만 하고 바로 오자니 후회할 것 같아 졸업식이 끝나고 여행을 며칠하고 온다 이중에 결국 후자를 선택했다. 몇 년 전 미국을 일주일 정도 무료로 갈 수 있는 기회가 있었지만, 책임감에 못 간다고 거절한 후 많은 후회를 하였기에 이번에 큰마음을 먹고 결단을 내렸다. 설렘과 기대감으로 박사학위 수여식을 잘 마무리했고, 가실 분들이 출발하고 나머지 일행들은 자유여행을 하기로 했다. 렌터카를 빌리고, 안되는 영어로 셀프 주유도 하면서 미국 사막을 달리기 시작했다. 끝도 없는 사막이 펼쳐졌고, 저녁에는 해지는 노을과 아름다운 경이로운 모습에 감동하기도 했다.

미국에서 가장 기가 센 곳이라는 '세도나'에 도착해서 일정과 하고 싶은 것, 경험하고 싶었던 것을 의논하던 어느 날이었다. 다음날 바이클 타기를 결정하고 앱을 검색한 후, 장소에 도착했다. 높은 건물이 없고 푸른 초목과 어디를 봐도 여유로운 사람들, 자유로운 모습들, 여유가 가득한 곳이다. 몇 년 만에 타는 것이라 처음엔 약간 긴장했는데, 넓게 펼쳐진 대자연 속에서 바이클 타는 재미는 상상도 해보지 못했던 자유로움과 편안함을 주었다. 지도를 보며 정한 대로 코스를 점검하면서 갔는데 어느 지점부터 비포장도로가 나왔다. 조금만 더 가보자 하는 마음으로 더 갔다. 선두를 달리던 분이 멈추고 나서 뒤에 있던 내가 선두로 달리게 되었다. 비포장도로에 내리막길이 나오더니 곧이어 급회전 구간으로 갑자기 바뀌었다. 급회전 구간은 마치 낭떠러지 절벽 같았다. 난 급회전을 했고, 자전거와 함께 넘어졌는데 갑자기 모든 시간이 멈춘 듯했다.

영화나 드라마에서 사람들이 죽음 직전에 느린 화면으로 파노라마처럼 보여주는 장면이 그냥 하는 게 아니구나 하는 생각과 동시에 시간이 멈춘 듯 정지되고 아주 느린 화면이 영화 필름처럼 지나가는 느낌이 들었다. 고요함이 느껴졌고, 머릿속에서는 '감사합니다'가 느린 정지 화면으로 스쳐 지나갔다. 찰나 같은 순간에도 눈이 바닥에 닿아 스치는 느낌이 들었다. '아~눈은 안 되는데.' 라는 생각이 들며 정신을 잃고 모든 게 정지되었다. 얼마나 지났는지 일행의 목소리를 들으며 의식이 돌아왔을 때, 몸을 움직이려고 했지만 움직여지지 않았다.

깨었을 때 머리는 배낭을 베고 있어서 다행히 충격에서 보호할 수 있었다. 그런데 허리가 아파 무릎을 세우려고 했을 때 무릎을 세울 수가 없었다. 몸이 움직여지지 않았다. 무슨 일이 생겼구나 하는 불안감이 들었다. 비포장도로 길 중앙에 쓰러져 널브러져 있었고, 인적이 드문 곳이었다. 복지 현장에서 어르신들을 도와드리는 입장에서 일해오다, 이제는 반대로 케어를 받는 입장이 되었다. 무릎이 접히지 않았고, 방바닥에서 일어서기가 안되고, 손가락이 심하게 쓸려 팔목에도 힘을 쓸 수가 없었다. 걷는 것부터 모든 일상생활에 제약을 경험하는 동안 불편함을 온몸으로 느끼고 체험하게 된 것이다. 어르신들께 마음 편안하게 도움받으셔도 된다고 말해왔는데, 도움을 받는 입장이 되어 보니 마음이 아주 편치만은 않았다.

머나먼 미국 땅에서 응급차에 실려 통역을 통해 소통하고, 무릎을 꿰매며 환자가 되어 치료 과정을 경험했다. 코로나 상황으로 응급차는 혼자만 탈 수 있다는 말에 두려움이 올라오기도 했다. 무릎까지 감아놓은 압박붕대로 인해 붓고, 통증이 있어 구부려지지 않았고, 눈과 턱이 바닥에 쓸려서 쓰라리고 벌겋게 속살이 드러났다. 역시 혼자서는 살 수 없고 더불어 살아가는 삶이다. 신체에 대해 감사하는 마음을 갖게 되었고 잘 관리해야겠다는 생각이 들었다. 일상생활을 하는 것이 당연한 것이 아니라, 기적이라는 것을 실감했다. 미국에 가면 꼭 봐야 할 나이아가라폭포나 미술관 등 몇 군데 더 가보려고 했던 곳을 취소하고, 차로만 이동 가능한 곳으로 일정을 변경했다. 미국 UCLA 대학교에 들르고, 그곳에서 미국에 있는 지인 가족과 만남을 가졌다. 사고 현장에 도움을 주었던 이름 모를 분들께 고마움을 전하고 싶다.

가족의 죽음 경험 : 아빠의 부재를 처음 느끼다

아버지에게 갑작스러운 뇌출혈 사고가 생겼다. 아버지가 세상에 안 계실 수도 있구나를 처음으로 경험했던 충격적인 사건이었다. 늘 그 자리에 항상 그렇게 계실 거라 생각했다. 중소기업에서 중견간부로서의 생활을 접고, 효자이신 아버지는 차남임에도 할아버지 할머니를 모시기 위해 시골로 가는 큰 결단을 내리셨다. 당시는 몰랐는데 성장해 보니 그런 결단을 내린다는 게 쉬운 일은 아니라는 생각이 든다. 시골은 겨울이면 바쁜 일손이 모두 끝나고 여유가 있는 시기이다. 그쯤 아버지는 산에 나무를 베는 일을 며칠 동안 하셨다. 산에 가서 톱으로 나무를 절단하는데 이때 길이, 거리를 모두 고려하고 사람이 다치지 않도록 계산해야 한다. 그러다 그만 지인분께서 자른 나무에 머리를 맞고 뇌출혈로 쓰러져 입원하셨다. 동생들은 모두 어렸고, 내 나이 30대 초반쯤이 아니었을까 싶다. 병원에서 지내며 아버지 병수발을 하며 여러 일을 대처해야만 했다.

아버지의 부재를 경험하고 "정희 네가 부모 대신이다."라는 친척들의 말들, 부모님의 말씀, 그것에서 오는 책임감까지 어디에서 누구와 의논해야 할지 막막했던 시간이었다. 혼자 변호사 문제를 처리하고, 가해자를 만나서 대화하는 것, 변호사와 미래에 있을 일에 대비하는 부분 등 문서들을 정리하고 작성하는 일까지 어떻게 해야 할지 몰라 여기저기 알아보러 다녔던 나날이었다. 그때쯤 감자가 수확기였던 것 같다. 의식을 회복하신 아빠는 "감자를 캐야 하는데." 하는 혼잣말에 "제가 하고 올게요."라고 대답하고, 혼자 산에 가서 감자를 캐기도 했다. 혼자 산속에서 너무 무서웠다. 무슨 정신으로 그렇게 했는지 지금 생각하면 그때 일이 영화 필름처럼 그대로 재현될 정도이다.

아버지는 "퇴원하면 뭐가 제일 하고 싶으세요?"라는 말에 "삼겹살에 소주 한 잔 먹고 싶다."라고 하셨다. 가해자는 아버지가 쓰러져 고통받는 동안 연락을 주거나 병원에 한 번도 찾아오지 않았다. 주변 지인분들은 아빠의 뇌출혈 후유증에 대비해야 한다고 했다. 아버지의 부재를 경험한 그 날, 내가 동생들을 책임져야 하는구나 하는 생각이 들었고, 무섭고 두려웠다. 동창 친구 아버지가 가해자였는데 그때 이후로 그 친구와의 관계도 멀어지고 인연이 끊겼다. 십여 년의 세월이 흐른 뒤, 그 친구를 찾고 싶어 수소문했지만 만나고 싶지 않다고 전해 들었다. 만약 지금 만난다면 서로 화해하고 용서를 구하고 싶다. 미안한 마음이다. 당시 두려움을 느꼈던 나의 마음을 동생들은 이해할 수 있을까? 이제 그 무거웠던 마음의 근원이 무엇이었는지 깨닫는다. 바로 동생들을 책임져야 한다는 마음으로부터 오는 '책임'과 잘해야 된다는 '모범'이라는 무게로 삶을 무겁게 살았다는 것을 알게 되었다.

아버지의 부재를 통해 상실감을 경험함으로써 무엇을 배울 수 있었을까? 우리가 가족이라는 이름으로 맺고 있는 사람들과 만나는 사람들이 언제까지 곁에 같이 있지 않을 거라는 것이다. 어느 날 갑자기 떠날 수도 있음을 기억해야 된다는 것이다. 부모님께 고마움을 표현하고 사랑한다고 존경하는 마음을 전하는 것을 지금 해야 한다. 마음을 다해 정성껏 우리를 보살펴 주셨던 것을 이제는 우리가 정성을 다해 몸과 마음을 보살피며 부모님께 돌려 드려야 한다. 정성을 담아 따뜻한 한 끼 식사를 대접하는 것도 지금 해야 하고, 살아계실 때 한 번 더 찾아뵙고 부모님의 얘기를 들어 드리는 것도 지금 해야 한다. 부모님의 삶에서 이루고자 했던 것은 무엇인지, 앞으로 이루어 나가고 싶은 것은 무엇인지 들어보는 시간을 갖는다면 어떨까? 섭섭한 것이 있더라도 이해되지 않은 게 있더라도 그럴 수도 있다고 생각해 보자. 부모님도 완벽하지 않음을 인정하고 최선을 다해 살아오신 삶에 대해 존경을 표현한다면, 여태껏 힘들게 당신들이 살아왔던 시간의 고단함이 눈 녹듯 녹으며 마음의 평화를 가질 수 있지 않겠는가!

자신의 삶도 마찬가지다. 원하던 일들을 지금 도전하고 실행하면서 깨달음을 얻고, 지혜를 얻는 삶을 사는 것이다. 원하는 삶을 살아가려면 나중에 준비가 되면 하는 것이 아니라 지금, 지금 그 일을 해야하는 것이다. 그리고 감사하는 삶이다. 하루라는 삶이 주어졌다면, 그 시간을 가치 있는 시간으로 써야 한다는 것이다. 세상에 기여하고 헌신할 수 있는 일은 무엇일까? 삶에 목적과 방향을 찾는 노력을 하고 행복한 삶을 사는 것이다. 언제 떠날지 모르는 삶, 용기를 갖고 도전하기를 바란다. 만나고 싶은 사람이 있다면 지금 만나야 한다. 나는 올해 지인분들께 '밥 사주기'를 하고 있다. 살아오면서 고마웠던 분들과 인생에서 만났던 크고 작은 만남을 식사 한 끼를 대접하며 나누고 싶은 마음이다.

경제적 죽음 경험 : 다단계 코인 투자 사기

몇 년 전 지인을 통해 알게 된 분께서 전화가 걸려왔다. 코인 투자에 대한 이야기를 했고, 사업 비전을 얘기하는데 잘 모르지만 한번 들어보겠다고 했다. 들어보니 국가 발전에 도움이 될 것 같았고, 또 사회복지 영역에도 도움이 되는 사업이라는 생각이 들었다. 몇 번 교육을 들어보니 꼭 지금이 기회일 것 같다는 생각도 들었다. 자금이 없어 카드론으로 대출을 받아서 투자했고, 부모님께 난생처음 대출을 부탁드렸다. 대출이라는 것을 태어나서 처음 해보시는 부모님께 잘 돼서 갚겠다는 생각으로 투자를 했다. 새벽 4시 출근해서 청소도 하고 교육도 받았다. 지인 몇 분께 말씀드리고 초대하고, 투자를 권유하기도 했다.

하지만 믿고 투자했던 코인은 입금을 약속했던 기한을 며칠 남겨두고 사기로 판명이 났다. 모두 대출한 돈이어서 막막하고 앞이 캄캄하였다. 내가 힘든 시간보다도 나로 인해 믿고 투자했던 지인분들이 겪는 고통을 보는 것이 감당하기 더 힘들었다. 부모님께는 차마 사실대로 말씀드리지 못하고 시간을 달라고 하여 대출기한을 연장해 가면서 갚아나가기 시작했다. 부모님 돈은 지금은 모두 갚았지만, 갚는 과정에서 매달 청구되는 카드 대금을 돌려막기하고 연체를 시켜가면서 해결하려고 방법을 찾았다.

코인 투자 사기를 당하는 경험을 통해서 세상이 나에게 깨닫게 해주려고 했던 것은 무엇이었을까? 난 무엇을 배웠는가? 좋은 의도를 갖고 추천했더라도 결과가 나쁘다면 내 삶에 소중한 지인들에게 큰 고통을 줄 수 있고, 피해를 줄 수 있다는 것이다. 잘못되었을 경우를 대비해 최악의 상황을 고려하지 않았다. 여러 선택지를 고려하지 못했다. 지인분 중에는 어머니께서 돌아가시면서 주셨던 전 재산을 사기당하기도 했다. 자식들이 와서 몇만 원씩 주었던 용돈을 쓰지 않고 몇 년 동안을 꼬박 모아서 아들에게 유산으로 주려던 전 재산을 날리기도 했다. 그분들이 몇 년 동안 생활고를 겪으셨던 것을 생각하면 가슴이 미어지고 죄송스러운 마음뿐이다. 그럼에도 행여 내가 어떻게 나쁜 마음을 먹을까 잘못된 선택을 할까 노심초사 마음을 써주셨다. 이 지면을 빌려 죄송하다는 말씀을 전하고 싶고, 감사함을 전하고 싶다.

다양한 죽음 경험들

그 외 여러 가지 죽음을 경험했다. '청도 재가 노인복지센터(서울시 동대문구 전농로23길 19)'를 운영하면서 다양한 경험과 웰다잉

활동의 입관 체험, 할머니 할아버지의 죽음, 40대 사촌 동생의 죽음, 친지들의 죽음 등이 있었다. 또한 지역사회에 사각지대에서 가족들의 사랑이 없이 쓸쓸히 혼자서 맞이한 죽음을 지켜보기도 했다. 그곳은 소주 대여섯 병이 빈 병으로 뒹굴고 있었고, 추운 겨울 싸늘하게 식은 시신만이 남아 있었다. 119에 의하면 돌아가신 지 3~4일은 됐을 것 같다는 말을 듣기도 했다. 망자는 별거하는 도중이었는데, 며칠 만에 딸이 먼저 집안 문을 열어 보고 놀라 긴급하게 지원을 요청했다. 아버지가 그렇게 떠날 줄 모르고 있던 딸은 대성통곡을 하였고, 망연자실해 망자의 부인은 아무 말도 하지 못했다.

지역 어르신 중 효자 부부가 있었는데, 연탄을 때는 열악한 환경에서도 몇 년째 극진히 어머님을 간호하던 그분들의 기억을 잊을 수가 없다. 임종했을 당시 입관을 도와드리기도 했다. 예전에는 죽음을 대하는 것과 장례식장의 경험은 무섭다는 느낌이었는데, 지금은 무섭거나 두려운 마음이 아니라 한 인간으로서 존엄하게 죽음을 대할 수 있게 된 것이 큰 변화이다. 임종으로 남은 가족의 상실감에 대해 깊이 생각해 보기도 했다.

옥탑방에 살면서 요양보호사 자격증을 취득하고, 케어를 공부하기 위해 하루도 빠지지 않고 실습까지 마쳤던 기억들, 한겨울 화장실이 얼어 역류하는 바람에 닦아내느라 힘들었던 시기, 출근 준비하려고 일어났는데 수돗물이 얼어 씻기 위해 사우나를 찾았던 기억들까지 홀로서기를 하며 고군분투하던 시간이 훈장처럼 걸려있다. 더 낮은 곳으로 삶의 경험이 주변의 어려움을 이해하는 깊이가 더욱 커지고 깊어지게 만들었다. 어려운 시기에도 불구하고 배움을 멈추지 않고 전문성을 키우기 위해 정진했던 것이 가장 자랑스럽고 현재 청도 재가 노인복지센터를 운영하면서 여러 부분에 도움이 되고 있다.

죽음 경험을 통해 성장과 느낀 것

살면서 이렇게 하면 좋았을 텐데 하면서 후회를 한 적이 여러 번 있다. 다른 선택을 했더라면 하는 자책과 소통하고 표현하는 방법을 알았더라면 하는 것, 힘들 때 도와달라고 얘기도 하고, 힘들다고 말할 수 있는 그 누군가가 있었더라면 좋았겠다는 생각이 밀려온다. 어려운 순간들을 잘 이겨내고 싶어 정작 최선을 다했던 나에게는 따뜻한 말을 해주지 못했다. 내가 잘못을 해서 이런 일이 일어났다는 자책과 자신에 대한 용서가 되지 않는 시기였다. 야근과 주말에도 근무하는 삶을 몇 년을 살다가 소진되고 지쳤을 때도 있었다. 이제는 그 과정에서 배웠던 것을 나누고 싶다. 사람들이 자유롭게 표현할 수 있는 소통법, 스스로 힘을 키우는 법, 관계를 잘 할 수 있는 방법을 사람들에게 전하고 싶다. 나를 사랑하는 법, 자신이 주인공으로 살아갈 수 있도록 위대한 존재라는 것을 발견할 수 있도록 기여하고 싶다.

노인복지 현장에서 만나는 어르신들과 가족들을 이제는 더욱 깊이 이해할 수 있다. 삶을 살아가면서 '용기'를 내길 바란다. 진정 자신이 사랑하는 삶을 디자인하면서 힘 있게 살아갈 수 있도록 힘을 내야 한다. 여러 죽음 경험과 복지 현장에서 경험한 죽음들을 보며 앞으로 어떻게 살아야 하는지에 대해 생각하는 시간을 가지게 되었다. 웰다잉을 통해 많은 사람에게 인생의 마지막을 준비하는 것이 필요함을 알리고, 복지 현장에서 삶의 보람과 만족감으로 최선을 다하고 있다. 미래에 이렇게 해야지 하는 것이 아니라 지금 현재에 깨어 살아가는 것이 기쁨이며, 사람들과 연결되어 세상에 기여할 수 있는 사람으로 성장할 수 있어 감사하고, 그 시기들을 견디고 극복하려고 부단히 노력했던 내게 고맙다고 토닥토닥해주고 싶다.

마음이 무겁고 어깨에 곰 아홉 마리쯤 매달고 매일 끌고 다닌 것 같다. 책임감, 잘해야 해, 모범이 되어야 해, 주변 사람들 반응에 이리저리 휘둘리며 살아온 시간이 많았다. 그렇게 살아올 때는 온전히 나 자신으로 살 수가 없었다. 마음을 누르고 있었던 감정들을 바라보고, 그대로 인정하고, 소유할 때 마음의 평화를 가질 수 있었다. 삶에 다양한 관점들을 가지며 살았다면 어려움을 만났을 때 여러 선택지를 고려해 볼 수 있을 것이다. 많은 어려움을 겪고 있는 독자들에게 나의 이야기가 희망이 되었으면 한다. 살아갈 힘을 내기를 바란다.

많은 경험과 훈장을 달고 살아가는 지금이 인생에서 가장 행복한 시기이다. 가능성의 세계에서 살며, 사람들에게 스스로 힘을 갖게 하는 삶과 함께 삶의 주인공으로 살아가도록 하고, 변화 치유사로 사람들의 자아 성장을 돕는 삶을 살아가고자 한다. 위기를 겪고 낮아진 자존감을 빠르게 회복하고, 삶의 목적과 방향을 찾도록 도와주며, 자신이 사랑하는 삶을 디자인한 대로 성취할 수 있도록 도움을 주는 삶을 살고자 한다. 마음을 나눌 수 있도록 공간이 되어주고자 한다. 다양한 곳에서 진정성 있게 사람들을 만나고 마음을 나누는 삶을 살아갈 것이다.

2019년 기관평가 '최우수기관'으로 선정되는 기쁨과 '국민건강보험공단' 표창장을 받기도 했다. 사회복지사와 NLP 치유학, 웰다잉 전문가로서 전문성을 키워나가고 있다. 또한 서울시 동대문구 관내 지역사회에서 올해 7월부터 전농1동 통장협의회 회장을 맡게 되어 더욱더 활발한 활동을 하길 기대하고 있다. 이처럼 사람들과 사람들을 연결하고, 지역사회 자원을 연계하여 마을공동체가 건강하게 운영될 수 있도록 힘쓰고자 한다. 앞으로도 지속적으로 성장과 변화와 발전해나가도록 하며, 지역 공동체가 행복해질 수 있는 따뜻한 곳으로 만들어나가고, 스스로가 힘있게 설 수 있도록 힘을 보태고자 한다.

시간 경영과 독서경영을 통해 매일 책을 읽고, 쓰고 있다. 매월 한 편씩 책을 쓰고 전자책을 출간할 계획이며, 종이책도 올해 출간할 계획이다. 그리고 '강덕우정통합복지센터' 설립을 계획하고 있다. 독서목록을 만들어 필요한 책을 많이 읽으라고 권하고 싶다. 무엇보다 중요한 것은 자신을 사랑해야 한다는 것이다. 타인이 해주는 인정이 아니라 나의 인정이 중요함을 배웠다. 나를 진정으로 사랑하고 부끄러운 모습조차도 인정하고 사랑할 수 있어야 한다. 고장 난 브레이크처럼 달리는 자동차 같은 삶이 아니라 휴식과 여유를 갖는 삶을 살아야 한다. 자신을 용서하는 삶을 살아야 한다. 힘들 때는 혼자 너무 애쓰지 말고, 마음 편히 나눌 수 있는 사람과 대화를 해보거나 전문가의 도움을 받기를 추천한다.

어떤 일이 생기더라도 내가 상황을 다루겠다는 마음으로 방법을 찾고 여러 선택지를 고려하며 행동한다면, 기적처럼 해결되는 경험을 할 수도 있을 것이다. 지금도 우정희는 자신을 계발하고 훈련하며 세상을 따뜻하게 만들고자 계속 힘쓸 것이다. 자신을 사랑하고 자유롭게 표현하고, 내가 사랑하는 삶을 디자인하며 사는 것, 삶에 주인공으로 힘 있게 살아갈 것이다.

| 에필로그 |

존재하는 모든 것에 감사하며

책이 주는 유익함은 간접 경험을 통한 배움과 깨달음이다. 더불어 생각의 확장과 전환 그리고 행동이다. 우리는 죽음에 대한 경험과 느낀 점 그리고 세상에 전할 메시지에 집중했다. 꾸미거나 가감 없이 진솔하게 우리를 표현했다. 우리의 이야기가 세상에 어떻게 전해질지 궁금하고 설렌다.

이 책은 앞서 기획한 전 편의 책들과는 다른 느낌으로 다가왔다. 기존에 죽음에 대한 여러 사람의 경험을 담은 책이 없었기 때문이기도 하고 삶의 본질을 말하는 매우 의미 있는 일을 하고 있다는 생각 때문이다. 우리는 원고를 쓰면서 과거 현재 미래를 돌아보게 되었고 삶의 의미를 정리해보는 소중한 계기가 되었다. 우리의 이야기기 세상의 빛이 되리라 믿는다.

모두가 바쁜 일상 속에서 시간을 내어 글을 썼다. 늘 그렇지만 글이 잘 써진 분도 있었고 아닌 분들도 있었다. 언제나 기다려주고 용기를 주는 것이 내가 하는 역할이다. 마음과 시간을 내어준 작가님들이 참 감사하다. 바쁜 시간을 쪼개어 열과 성을 다해 원고를 작성하신 작가님들의 노고를 알기에 칭찬과 격려를 전한다.

함께 한 시간이 좋은 추억으로 기억된다. 원고를 쓰면서 힘들었지만, 결과물이 나올 때의 성취감과 보람은 매우 크다. 함께 한 16분의 작가님들에게 무한한 감사와 찬사를 보낸다. 소중한 경험을 용기 있게 나누어준 임철홍 나경아 김나영 송대익 최은희 박선희 강승민 문영미 남규민 최순남 임해숙 최송실 이숙희 정남희 이대강 우정희작가님과 함께 출판의 기쁨을 나눈다.

또 이 프로젝트에 원고 교정 담당 스태프로 함께 하며 열과 성을 다해 원고를 교정하고 따뜻한 말로 작가님들에게 용기를 준 친구 이소희 작가님께 감사를 전한다. 아울러 책 출판을 도와주신 도서 출판 등 유정숙 대표님과 출판 관계자분들께 깊은 감사의 인사를 전한다. 마지막으로 우리의 책을 봐주신 독자분들께도 감사 인사를 전한다.

모두가 각자의 인생에서 주인이 되어 내일 죽어도 후회 없는 삶을 살기를 바라는 마음으로 이 책을 마무리한다.

총괄기획 진행 우경하

'나연구소'는 저의 결핍에서 탄생했습니다

'나연구소'는 나를 몰라 힘들었던 과거 저의 결핍에서 탄생했습니다. 나를 아는 것이 모든 성장과 변화의 시작이라는 깨달음으로 마음관찰, 질문, 글쓰기로 나라는 사람을 알아갔던 경험이 '나연구소'라는 이름으로 세상에 나왔습니다.

제 안에서 '나연구소'를 만난 것이 어떤 사명처럼 느껴졌습니다. '나연구소'의 핵심 메시지 3가지는 '당신이 가장 소중합니다.' '책은 보는 것이 아니라 쓰는 것입니다.' '1인 기업이 가장 거대한 기업입니다.'이고 '나연구소'의 사명은 '나를 몰라 인생이 힘든 사람들에게 나연구소의 철학과 메시지로 진짜 나로 살아가는 기쁨을 전한다.'입니다.

'나연구소'가 하는 일은 자기발견, 책 출판, 1인 기업 성공 코칭입니다. 3가지의 콘텐츠로 모두가 자기 인생의 주인이 되어 한 번뿐인 소중한 인생을 자유롭고 행복하게 살아가는 길을 돕고 있습니다. 질문과 글쓰기를 통해 나를 알아가는 '나연구프로젝트'를 통해서 많은 분이 깊은 자신을 만나고 자신이 원하는 것을 찾아갔습니다. 글을 쓰고 자신을 관찰하면서 내 안의 상처를 정화시키고 치유하며 자신과의 대화를 통해 나와 진짜 나를 알아가는 시간을 가졌습니다.

글이라고는 일기 외엔 써본 적이 없던 제가 관점과 만나는 사람과의 변화를 통해 93권의 책을 쓴 제 경험에서 만들어졌습니다. '나연구소책쓰기스쿨'의 ISBN 전자책 출판 과정과 공저프로젝트 리얼시리즈를 통해서 많은 분이 책 출판과 작가의 꿈을 이루고 있습니다.

15년 직장인에서 1인 기업 사업가, 작가, 강사로 변한 경험으로 왜 우리가 1인 기업을 해야 하는지, 왜 1인 기업이 가장 거대한 기업인가를 책, 강의, 코칭을 통해 세상에 전하고 있습니다. 오픈 채팅방 '나연구소사람들'을 통해서 진짜 나를 찾아가는 분들과 많은 것을 함께하고 있습니다. 매일 셀카 찍고 인증하기, 블로그 글쓰기, 유튜브 업로드, 강의하기, 수락산 등산, 마라톤, 전자책과 공저 프로그램을 통해 책 출판하고 작가 되기 등입니다. 함께 하며 서로의 성장과 성공을 응원하고 돕고 있습니다.

인생을 살면서 배운 많은 것 중 하나는 시간은 유한하고 우리는 무한하다는 것입니다. 우리에게는 죽음이라는 가장 큰 신의 선물이 있습니다. 죽음이 있기에 살아있는 지금 이 순간이 너무도 감사하고 소중합니다. 사람의 능력은 스스로 한계를 정하지 않는 한 무한합니다. 우리의 인생은 생각과 행동이 우리가 원하는 모든 것을 창조하고 존재하는 모든 것을 우리를 위해 존재합니다.

'나연구소'를 통해서 모두가 내 인생의 주인이 되길 원합니다. 진정으로 하고 싶은 일을 하면서 자신 있고 재미있게, 내일 죽어도 후회 없이 세상을 살아갔으면 하는 바람입니다. 모두의 성취와 이해를 넘어선 평화를 원합니다.

언제나 여러분이 가장 소중합니다. 나연구소 우경하대표